盘龙城与长江文明国际
学术研讨会论文集·2019

盘 龙 城 遗 址 博 物 院
武汉大学长江文明考古研究院　编

科学出版社
北 京

内 容 简 介

本书收录了2019年"盘龙城与长江文明国际学术研讨会"参会学者的论文21篇。内容涉及盘龙城遗址的发现与研究、盘龙城与中原等不同地区文化的关联及遗址博物馆陈列展览等相关方面，代表了该领域研究的较高水平。这些成果对于推进夏商时期考古与历史学研究，促进盘龙城遗址考古研究、保护利用、展示陈列工作，具有重要的参考价值。

本书适合考古学、历史学、博物馆学研究者及高等院校相关专业师生阅读、参考。

图书在版编目（CIP）数据

盘龙城与长江文明国际学术研讨会论文集·2019 / 盘龙城遗址博物院，武汉大学长江文明考古研究院编. —北京：科学出版社，2023.12
　ISBN 978-7-03-077157-5

　Ⅰ. ①盘… Ⅱ. ①盘… ②武… Ⅲ. ①古城遗址（考古）—武汉—国际学术会议—文集 Ⅳ. ①K878.34-53

中国国家版本馆CIP数据核字（2023）第221739号

责任编辑：王光明　蔡鸿博 / 责任校对：邹慧卿
责任印制：肖　兴 / 封面设计：张　放

科学出版社 出版
北京东黄城根北街16号
邮政编码：100717
http://www.sciencep.com

河北鑫玉鸿程印刷有限公司　印刷
科学出版社发行　各地新华书店经销
*
2023年12月第 一 版　开本：787×1092　1/16
2023年12月第一次印刷　印张：16 1/2　插页：1
字数：390 000
定价：228.00元
（如有印装质量问题，我社负责调换）

编 委 会

目　录

在盘龙城与长江文明国际学术研讨会上的讲话

李伯谦

（北京大学考古文博学院）

各位朋友，每参加一次学术讨论会都要长很多见识，受到很多教育、很多鼓舞、很多启发。这次会比历次的盘龙城的讨论会，我觉得收获更多。为什么这么说呢？尽管我们这个会参加讨论的人不是特别多，但是发言都非常的精彩，可以从中学到很多过去不知道的知识，对于怎么样组织材料，提出学术问题，怎么样进行分析去解决问题，我也受到了很多启发，所以我特别感谢会议组织方的精心组织和准备，我的讲话不能说是总结，而是有感而发，参加这个会有不少收获，我讲一些感想，不对的地方，请各位批评。

这次会议一共是有26位发言，不是很多，但确实都很精彩。根据提要和我听到的，我们这次会首先是围绕着盘龙城与长江文明这个主题，涉及这个主题的论述和研究范围非常广泛。首先是对盘龙城本身，盘龙城经过了几十年发掘，做了很多研究，这次有很多新的进展和研究成果，很多是过去没有碰到或者提到的，或是提到了但不够深刻的。我记得比较深刻的是张昌平教授在他的报告中讲这几年盘龙城发掘的一些新的收获，这里面特别值得注意的是对盘龙城遗址环境的研究，从20世纪70年代开始发掘以后，很长时间的研究多是针对它的年代、分期等的研究，而对环境注意得并不太够，武汉大学来了以后对环境问题比较注意，也有很大的进展，听了他的报告，和与此相关的几位先生的有关环境的发言，就形成一种印象，现在盘龙城的环境与当时建城及建好以后相当长时间的环境相比存在比较大的变化，现在是比过去水位提升了大概五米左右，如果说有这么大的落差，那么从那时到现在经历了相当大的变化，所以说要研究盘龙城的问题，必须回到那个时代，回到那个环境当中看盘龙城发现的这些遗迹、遗存，这是一个非常大的进展。

第二个，对盘龙城的研究，在原来分期的基础之上又进行了深化，发言中提到了三个阶段，针对这个分法的对错大家表现出了不同的看法，这是个好现象。作为考古学本身，研究的问题第一是个时间观念，必须根据发掘情况，利用地层学、类型学有关的发现，梳理出时代的变化，拿出一个标尺。盘龙城报告分了七期，有了一个标尺。七期涵盖的年代范围相当长，碳-14测定有二百多年，在这么长的一个时间段中，新的三个阶段的划分是把这大体二百多年的时间根据初兴、繁荣、衰落，划分了三个阶段，这从纵向上有所进展。从空间范围上来讲，最初是在城墙内、在李家嘴，以最大的墓M2那一片为中心，到了分期的第六期，中心则转移到杨家湾，有大型宫殿建筑基址、大型墓葬，这是空间上的变化，那么，为什么会有这个变化，还需要深入研究。总而言之，观察到现象以后得出结论，这是近几年的一个新的进展。同时，从微观的角度来讲，青铜器本身有很多微观的研究，特别是出土的那件金器，请了唐际根来组织了研究，这标志着我们对遗物、文物本身的研究也在深入，采用的科技手段更多，当然前面讲的同样也是科技手段参与的多，没有科技手段的运用，这些结果可能也得不出来，特别是环境的结果。具体的青铜器、金器的研究也很精彩。这次讨论会当中有7位是武汉大学青铜文明研究中心的博士、硕士生，涉及石器、仿铜陶器等好几个方面的研究，都标志着我们对盘龙城研究的范围扩大了，这是很重要的一个方面。

盘龙城的研究是有很大的进展，当然任务也很重，盘龙城延续了三百多年，对它的研究也是持续不断的，所以要做长期的思想准备。现在有一个很好的遗址博物馆建起来了，对原来的考古工作站还要进行改造，武大又和美国的芝加哥大学组成联合的研究团队，和省里、市里的考古人员一块来做这个研究，我觉得应该有一个比较长的规划，在这个规划的指导之下，再定一个比较具体的计划，两年或者三年做什么，目的很明确。总而言之，围绕着对盘龙城深入的了解，盘龙城显然是一个重要的区域中心，是一个古城，所以它一定是各个方面都需要我们来深入地揭露，这是我想说的一点。

我们这次会议主题是盘龙城与长江文明，研究的具体问题是盘龙城，但是并不仅仅局限于盘龙城，而是要把它放在长江文明这个大的格局之下——一个时间格局，一个空间格局，来考虑这个问题。我觉得这次会议对这方面也体现得比较多，在发言中，有很多跟郑州商城、跟金沙的比较等，都涉及这个问题。现在提倡一带一路，习近平总书记提到交流互鉴，其实我们这个也是交流互鉴，你这个城市和旁边那个城市互相比较，看出他的长处在哪，我的长处在哪，我缺的在哪，他缺的在哪，交流互鉴，共同进步，我觉得这也是很重要的，这是个互相促进的过程。同时在我们这个会上，还有几位发言是综合研究的，对盘龙城的研究、对长江文明的研究都有启发意义。比如说，高崇文教授讲到宫室建筑基址从早到晚有个什么变化，我听了之后很有启发。在东周以前，基本上是不存在大朝居中、左祖右社这样一个格局，这种格局是从东周开始的，后面历史时期一直延续，到故宫都是如此。启发我们用这样长时段的观察，看看盘龙城将来会是一个什么状态，我们发掘一号宫殿基址和二号宫殿基址的时候，说那是前朝后室，那有没有左祖右社呢？也没有发现。这样一种观念，至少是给我们提出了一个参考的标尺，这是给我印象比较深刻的一点。

还有张立东讲的水环境，一个城市、一个大的聚落跟水的关系，这实际也是牵涉到环境的问题，这对我们也是很有启发的。他总结了二里头、郑州商城，龙山的王城岗等等具有南边是河、旁边有湖等等几种规律性的东西，孤立地看可能彼此关系不大，但如果联系起来，对我们思考一个具体的聚落、城市的规划，那就有启发意义，这是我印象中比较深刻的一个。

另外就是具体对器物本身的研究，李永迪先生刚才讲到殷墟发现的骨耜和石刀的研究，那对我们现在的研究也是很有启发的。殷墟东西太丰富了，现在来讲呢，李永迪尽管离开台湾了，但是他的研究还是做的殷墟的东西，那对我们这个具体的文物的研究也有重要的启发意义。对于具体的，比如手工业遗址的研究，小嘴也做了好几年，应该说有很大进展，至少肯定了那是个跟铸铜有关的遗址，但是，毕竟还是发现得太少、发现得不够，盘龙城附近有没有铸铜的很典型的遗址呢？我觉得不见得没有，小嘴不敢肯定，那其他地方、周围是不是可以再看看？昨天我们去看鲁台山郭元咀，我觉得很受启发，它距离盘龙城三十千米左右，基本是在盘龙城这个时间段，在盘龙城的势力覆盖范围之内，这个铸铜遗址就很重要了，它和盘龙城是什么关系呢？从它出土东西来看，不是典型商文化系统的，而是和大路铺文化有比较多的关系，但是这个时间段又是一样的，它是个铸铜遗址……类似这样的，都给我们提供了一个思考的范围，立足盘龙城，周围要做彻底的调查，在它覆盖的范围之下，有没有可能存在为它服务的铸铜作坊等，这是我们都应该考虑的。

我们长江文明这几年取得了非常突出的研究成果。在探源工程和考古中国这样大的项目进行之下，这几年我们做的成果很多。从2011年叶家山开始，不到十年中，湖北省文物考古研究所（现湖北省文物考古研究院）和各个有关地区的其他单位参加的，包括叶家山、郭家庙、文峰塔、枣树林等，一系列遗址的发掘，把文献当中提到过但是又很不详细的曾国的历史搞清楚了，以方勤院长的《曾国历史与文化》那本书为代表，基本上搞清楚了。这就标志着我们现在在国家课题推动之下取得的很大研究进展。更早的，我们往前推，石家河遗址重新做了发掘，获得很重要的发现和很多新的认识，特别是把石家河遗址谭家岭那一块分出来，作为后石家河文化来看待。后石家河文化这个概念、这个文化的命名，我倒是同意有些学者提出的建议——换个名字，不要叫后石家河，而是要找一个最早发掘的和它类似的遗址，以它来命名，可能更好一些，总而言之是在石家河文化衰落以后又兴起的那个文化，一方面它和石家河文化有密切的继承关系，但是又有中原文化的介入，这个介入还不是微量的介入，还可能有相当部分的介入，叫肖家屋脊文化也可以。总而言之，区别开可能更好一点。这就是一个很重要的进展。尽管那时候发现了，但是认识上还没达到那个程度，现在认识清楚很重要。

从石家河往上追，到屈家岭，屈家岭的城河遗址非常好，石家河文化是紧接着它而来的，城河遗址就是当时最高水平的一个代表，显然它不是一般的聚落遗址，也是个中心遗址，而且存在着很明显的阶层的分化、阶级的分化，从那以后再往前又追，追到油子岭文化。这个系统、这个大的文化的变迁、社会的发展格局基本都弄清楚了。所以，我们从油子岭开始下来，屈家岭、石家河，就到了盘龙城了。从后石家河文化——我们叫肖家屋脊文化开始到盘龙城之间这一段，我觉得还不太够，有线索，但是做的工作量可能还比较少，典型遗址还不是太多，这一段应该还要再研究琢磨，这个正好是中原地区的河南龙山文化到二里头文化这个阶段。我们盘龙城虽有二里头的东西，但是零零星星不成系统。这个时期，在我们长江流域有没有一个典型的稍微大的遗址？我想可能会有，我们在荆州荆南寺就发现很典型的灰坑，是很典型的二里头文化二期末到三期这个阶段的遗迹，很纯粹，但它毕竟只是一个灰坑，而比较大的遗址有没有呢？恐怕作为考古中国这个课题来讲，也应该再注意一下，看看有没有可能发现。如果发现了，那么从肖家屋脊再加上这一块儿的相当于二里头文化阶段的遗址，然后就到盘龙城，这就很顺了。到盘龙城以后那段我们又缺，有没有一个很典型的晚商阶段的遗址，我们这个地方有没有能拿得出来的？汉阳的纱帽山与盘龙城地理上很近，但都被冲光了，以前我们都关注过，就是类似纱帽山这样的，我们也应该有一个。顺便说，这个阶段它的文化影响已经到了湖南，我在开幕式上讲了，湖南出土的商代晚期的青铜器确实值得重视，应该有一个跟铜器群相衬的城存在。郭伟民发掘的炭河里城址，挖的够不够再说，但是炭河里好像还不太够味，发现的铜器都比较晚，是西周早期的，总而言之，在这个线上，应该有这样的铜器群与城相匹配的一些布局。看鲁台山的时候，我觉得郭元咀遗址还真支持得住，因为它发现了铸铜的遗迹，铸的铜器还不是一般的铜器，所以这个阶段一定会有一个比较重要的东西，它的年代是比较早的，比殷墟要早，相当于二里岗的晚期、二里岗上层到殷墟一期这个阶段，它跟毛家嘴很近，毛家嘴也是跟鲁台山一样都是西周早期的。那么，相当于殷墟这个阶段，就是盘龙城之后的那个阶段，能不能再找一个这样的遗址来挖一挖，如此，湖北的这个序列就理直气壮了，我觉得这个很重要。也就是说，我们从盘龙城这个立足点往前追，至少一步一步往上追，把这个过程弄得清清楚楚。这是我围绕着这个主题想说的一些话。

我最后想说的一个问题呢：我刚才听几位发言，特别感慨。武大的好几位研究生，看到他们眉目清秀，一个一个讲得又很精彩，我就很感慨，我在台下就跟大家说"北大应该向他们学习"。我们都是培养学生的。你看这些学生，他们是怎么能够从材料当中寻找出问题来、发现问题的，发现问题就不得了，然后又能组织材料，通过对材料的分析来试图解决问题，解决到什么程度，那当然不敢说，但是至少他们提出了自己的看法，而且有些看法是很中肯的，我觉得我自己也很受启发。我又联想到作为一个老师，因为我是老师出身的，怎么去培养学生，那我觉得从这几位研究生身上，我看得出来，那是扎扎实实地做学问的。名师出高徒，张昌平老师是他们的导师，而且武大又是发掘盘龙城的团队之一，我也很感慨。同时我还想着，我们怎么做学问，因为我们都是考古出身的，做考古研究首先是要重视田野，如果不重视田野，即使水平再高、再聪明，也成不了大家公认的优秀的考古学家。历史证明就是如此，我们历史上那些有名的考古学家，都是从考古出身的，从我们现在的考古学开始、从李济开始，李济、梁思永、夏鼐、郭宝钧，新中国建立以后，邹先生、俞先生、张先生、严先生，这几位都是考古出身，都是从田野跟土打交道、跟陶片打交道出来的，没有这样一个基础，是提不出问题的，是发现不了问题的，所以我觉得这个非常重要。最近高等教育出版社出版了一本《中国考古学经典精读》，是由我和陈星灿所长，我们两个来选编的文章，三十几篇文章，每篇文章选了之后，都写了一篇导言，我写了个序，虽然很短，但是可以看出我们中国考古学它一步一步提出的重要的观点、重要的结论，这些代表性的观点在这基本都有了，这些人基本上都是从挖田野出来的，所以这一点是我想特别肯定的一点。

第二点，通过对挖出来的东西的整理、分析，消化材料，提出问题，经过研究，借鉴其他学科的相关成果，形成自己的一个结论，我觉得这个结论就是比较接近实际的，不敢说十分的准确，但是它是比较接近实际的。这个不是搞文学创作，搞文学创作你可以想象的空间就很大，那这里有空间没有？有，是要有想象的空间，但是必须立在扎扎实实的考古的田野基础之上、材料基础之上，有一分材料说一分话，张忠培先生有一个名言："让材料牵着鼻子走。"这是他的学生田建文经常挂在口头上的，让材料牵着鼻子走，没有材料不能说话，有了材料才能说话，说话才硬气，我觉得我们研究任何问题都是这样，不能靠想象。我为什么要讲这些话，因为我们很多学生在这，我想这是我们大家需要共同注意的。学习了很多，感慨也很多，我今天参加这个会确实受到了很多的启发。

我在多个场合讲到盘龙城的考古遗址公园。我看到的考古遗址公园并不多，但也有几个，我觉得这里是做得最好的。现在盘龙城和省、市联合，和芝加哥大学联合，在这里培养学生，我也希望这里成为一个培养人才的样本，拿出自己的一套。实际上现在苗头已经有了，今天7位同学的发言就是一个很好的苗头，适当的时候可以总结，这也是很重要的。对盘龙城这个博物馆，我也很感慨。1974年俞先生带过刘绪老师、高老师他们那个班实习，那时候基本上住在老乡家里边，而且那个时候还有血吸虫，我是1976年带了一个班的一半儿到这来，也还是一样的状况，面貌改变不大，现在看这个博物馆很气派，不能不承认，新中国的考古事业确实有很大很大的发展，虽然，问题也不少，但要看到我们这个成绩也是很大的，也希望盘龙城遗址博物院在人才上加大培养力度，要给他们一定的时间来多学习、多看书、多下田野。研究水平提高了，展陈的水平就一定会更高。

同时，现在我特别呼吁的是，学科的发展离不开不同学科之间的交流和融合。前几天，我在江西看大洋洲那边的遗址博物馆改造开幕，又看了筑卫城旁边的国字山东周大墓的发掘，开了个座谈会。我看了遗址以后，觉得我们现在到了一个考古学的发展时期，尽管我们这些年很注意科技考古、文物保护，确实也取得很大成绩，但是，到了像组织国字山大墓这样一种大型遗址发掘的时候，一定要设一个搞科技的副队长，参加决策、蹲在工地，否则，稍不注意，很多好东西可能就毁掉了。最近好多地方都在准备挖一个比较大的遗址，特别是墓葬，都会有很多很多好东西要出来，但是科技这点跟不上，可能就要出问题，所以我想呢，看到我们考古学的这个成绩、这些前途，我也很兴奋。感谢万院长，你们很好的组织了这个会，为我们提供了一个互相交流的场所，我觉得非常好，也特别感谢在座的各位发言，使我长了很多见识，希望以后有更新的成果出来，谢谢各位。

附记：本文根据现场发言录音整理而成，经李伯谦先生本人同意刊登，特此说明。

商王朝的南土

——在"盘龙城与长江文明国际学术 研讨会·2019"闭幕式上的讲话

刘　绪

（北京大学考古文博学院）

　　针对商王朝的南土这个主题，我将主要从两个方面来讲。我所指的商王朝是考古学上的二里岗文化和殷墟文化这两个阶段。南土主要是两湖地区，包括周围的安徽和江西，也就是长江中游地区，再远的地方则不包含在我讲的内容中，这是一个基本的时空界定。

　　长江中游地区被纳入中原王朝的考古学文化是从二里岗文化开始的，再早一点是否有这种趋势的迹象，我下面也会提到，但是二里岗阶段作为长江流域纳入中原商文化系统的时间标志是毫无疑问的。盘龙城类型是大家公认的一个商文化类型，属于商文化系统，这个没有异议。而在二里岗期以前，则尚未达到这个程度。不过关于二里岗时期以前中原与南方地区考古学文化关系的讨论一直存在。如屈家岭与仰韶文化的关联，河南龙山文化取代石家河文化成为所谓的后石家河文化，后石家河文化与三苗的关系等等，都是近些年学界讨论的问题，但这些问题尚没有定论。从现有考古材料看，屈家岭、石家河文化是长江流域的代表性考古学文化，长江中游地区与中原地区在商代以前的统属或者互动关系，还需要更多研究。而到了二里岗期，长江流域与中原的归属问题就可以确定了。

　　二里岗分上、下层，首先要统观一下二里岗下层文化。考古学文化的内涵以陶器为重点，先从陶器来看二里岗下层文化分布的范围，如果说以郑州商城为中心，或者再加上洛阳偃师商城，以这一片区域为商文化的中心，其周围二里岗下层文化所及最远则是以盘龙城为代表的长江流域，这已被大家所公认。往正南方到了湖南岳阳，以铜鼓山遗址[1]为代表。往东南方向则是黄梅的意生寺遗址[2]，有二里岗下层的文化堆积。再南下越过长江，是江西九江的石灰山文化[3]。石灰山文化包含多个遗址，对发表的材料和实物进行考察，我认为其中包含了一些比较典型的二里岗下层遗存，其中比较典型的遗物是绳纹鬲，这种绳纹很细，胎很薄的鬲，是典型二里岗下层的特点。但石灰山文化是否属于商王朝，甚至是否可属商文化的一个类型还很难说，不过石灰山文化与二里岗下层商文化关系密切，是可以肯定的。往西面的荆州，荆南寺遗址[4]可以到二里岗下层，属于二里岗下层偏晚。往东去到安徽省，在合肥附近的几个县都有属于这一阶段的遗址，过去王迅老师做硕士论文[5]和博士论文[6]的时候，就在这些地方发掘过。近年潜山市薛家岗[7]也有类似的发现，证明东边也有二里岗下层的遗存。

那么其他地方怎么样？再往东到山东，虽然距离郑州较近，可几乎不见二里岗下层的堆积[8]。往西二里岗下层最远到了陕西礼泉的朱马嘴遗址[9]，张天恩博士在那做的发掘工作。在此之前，徐天进先生在陕西耀县的北村遗址做了考古工作[10]，北村遗址的文化层堆积可以早到二里岗下层。再往西就是周原，离朱马嘴遗址也不是太远，周原的京当类型商文化，基本都是二里岗上层的，并没有二里岗下层的遗存[11]。

以郑州为中心，东、西、南三个方向相比较：往东去不太远，整个山东都没有发现二里岗下层遗存，这个现象很特殊；往西也不太远，二里岗下层遗存基本上只到西安一带，再往西一点点，周原也没有二里岗下层的遗存；而在南面，二里岗下层的分布是越过了长江，这些情况从陶器方面能看得出来，所以在二里岗下层的时候，往南发展是商王朝主要的经略方向。

到二里岗上层阶段，遗存相当丰富。如盘龙城遗址，其中铜器墓相当一部分都属于二里岗上层阶段。在其他地点二里岗上层遗存就更多了，在此不一一列举。

总的来说，从陶器上来看，在二里岗下层时期，长江中游地区至少长江以北区域已纳入了商文化的范围，长江以南是否属于商文化范围，学界至今仍有争论，讨论较多的是铜鼓山遗址和石灰山文化。针对这些争论，另有讨论空间。

从目前的资料看，商代晚期长江中游以南文化面貌较为贫瘠，至今在湖北地区，尚未能命名一个商文化的类型。但这并不意味着湖北地区没有发现商代晚期遗存。比如近几年发表报告的大路铺遗址[12]，它的年代上限应该到商代晚期，下限可能到西周。再早一点，同属荆州地区的周梁玉桥遗址[13]，基本与大路铺遗址同时，上限可能到商代晚期，下限可能进入西周。东面安徽也相同，从陶器来看商代晚期商文化在南方的分布范围往北退了。

这种现象背后的原因，与商代晚期时商王朝对原属二里岗文化的区域的控制有关，是统治模式的改变，还是控制力的丧失，都还需要进一步讨论。但是考古学证据表现出来的是商代晚期商文化在南方的分布范围有向北退缩迁移的迹象。

在殷墟期，长江以南有命名的考古学文化，以吴城文化为代表，那是很早就被命名的长江流域商代考古学文化，并进行了分期[14]。与之相似，同时期在湖南有费家河文化[15]。

目前湖北晚商考古学文化发现不多，有些商代晚期的零星发现，如大路铺一类的遗存，是否为一个独立的考古学文化？目前看跟商文化有较大的区别。以上是商代从早到晚长江中游地区跟中原地区考古学文化的关系，是陶器说明的问题。

第二个方面我想从铜器上探讨，铜器也是从二里岗时候开始广泛出现的。但真正的二里岗下层的铜器墓葬，全国发现都不多，包括郑州在内也不算太多，但是二里岗下层偏晚的时候，长江中游地区出现了一部分铜器墓葬，盘龙城就是其中的代表。如果统计二里岗下层和上层，除了河南郑州发现的铜器比较多，另一处铜器发现较集中的遗址就是盘龙城。虽然铜器在其他地方也有发现，但是并不多见，例如河北藁城台西[16]，但它大部分时代偏晚，晚于盘龙城，晚到中商或者更晚。

从铜器来看，长江流域盘龙城是中原地区之外出土铜器最多的地方。当然，在安徽也有相当于二里岗时期的铜器，发现总数也不算太少[17]。陶器和铜器都能说明，盘龙城作为商文化的一个地方类型，与中原特征一致。要强调的是，目前二里岗时期的大墓基本都发现在盘龙城，郑州商城、偃师商城目前皆未发现能与盘龙城相比的大墓。

此外，二里岗时期的诸多铜器仅见于盘龙城地区，这是盘龙城的显著特点。当然，可以推测郑州商城应该也会有更多的铜器发现，但是仍有待进一步考古学证据的支持。在现有材料下，盘龙城是商代早期发现铜器数量最多，年代相对较早的遗址。从铜器反映的情况看，盘龙城属于中原文化系统，盘龙城的铜器与陶器一样，商代晚期发现较少，但是铜器却有个特殊的例外。

二里岗时期，铜器在长江流域出现较多，时代比较早，铸铜是当时的高端技术，但铸铜技术在长江流域却延续了下来，长江流域的晚商时期继承了这种技术和传统。虽然目前湖北发现的并不太多，安徽也只有一些零星的发现，但在湖南和江西，如湖南宁乡等，常见有铜器群并伴出青铜大铙等具有本地特色的青铜器。

还有一些铜器，虽然也有学者认为是西周，但是多数人认为还是商代晚期的。以长江中游地区而言，东边就是吴城以及著名的大洋洲遗址[18]，出土有丰富的特色鲜明的青铜器，表明二里岗时期的青铜器铸造技术被当地所继承，并更明显更突出地向南传播。

铜器与陶器不同，得益于早商二里岗时期打下的基础，把先进生产技术传到了南方。至西周时期，铸铜技术的传播方向更为靠南，在比江西、湖南更靠南的地方，也都开始发现有青铜器。这是铜器发展的趋势，像滚雪球一样，分布的范围越来越大。

所以，从铜器的出土情况可以看出，长江中游地区在早商二里岗时期已与中原关系密切，部分地区已经属于中原商王朝的控制范围。至晚商时期长江中游地区发生了较大变化，这与陶器发展序列反映的演变基本对应。

从铜器来看长江中游地区与中原的关系，殷墟一期[19]之前的商代，包含唐际根先生所提的中商时期[20]和殷墟一期在内，我统一称之为早商时期，这一阶段目前已有七八处遗址发现了青铜器铸造作坊。在中原地区，有郑州商城[21]、偃师商城[22]、小双桥遗址[23]、垣曲商城[24]、洹北商城[25]这五处遗址发现有青铜铸造作坊。而长江流域的盘龙城遗址近年的考古工作也有所突破，发现了铸铜作坊[26]。在更往东的阜阳台家寺遗址，年代大约为二里岗上层的最晚阶段，也存在青铜铸造作坊[27]。

在中原以外的长江流域发现铸铜作坊绝非偶然，中原的五处遗址是商王朝的腹地，而长江流域的盘龙城遗址和台家寺遗址则远离中原，处于商王朝的外围区域。铸铜作坊的发现说明殷墟一期之前的长江流域与中原文化关系密切。这一现象早在二里头文化时期就已经有了苗头，早期盘龙城遗址的不少遗存都有二里头文化因素，可见盘龙城与二里头遗址可能有一定的联系；安徽斗鸡台文化也与二里头文化的陶器风格接近；在更远的长江下游地区，如上海马桥文化的鸭形壶，也可以看出与二里头文化的联系，这些现象都反映出在二里头时期，中原与长江流域存在密切关系。

另外，可以由这个问题，再观察下二里头时期的情况。二里头时期中原与东边、西边的地区也有联系。在东边，二里头文化的分布范围与二里岗下层基本一致，山东岳石文化遗存在二里头文化时期的中原地区时有发现，但在山东却很少见到二里头文化的典型器物，这一文化现象非常特殊。在西边，二里头文化的分布范围也与二里岗下层基本一致，陕西西安以西缺少二里头文化遗址。由此可见，二里岗时期中原与长江流域关系密切可能与二里头时期的基础有关，背后的原因还值得研究讨论。

除了陶器和铜器两方面，大型建筑也值得分析。目前已发现不少商代大型建筑，早商时期的偃师商城保存情况最好，郑州商城、洹北商城[28]也有大型建筑，中原地区以这三处著名遗址为代表。外围的长江流域，在殷墟一期以前的商代早期，盘龙城遗址发现了大型建筑基址[29]。台家寺也发现与中原相似的大型建筑，主体建筑内有分间、各分间独立开门、互不相通，外有回廊的，这也是商代中原大型建筑的普遍模式[30]。从这一点来看，商代早期长江流域与中原商王朝联系密切，是商领土的一部分。

以上，是以陶器、铜器和大型建筑三个方面，对商王朝南方疆至范围中"南土"的一些认识。囿于考古材料的局限与个人认识，所论不可能全面，也未必正确，欢迎各位批评指正。谢谢大家！

附记：本文根据现场发言录音整理而成，发言经刘绪先生本人修改，特此说明。

注　释

[1] 湖南省文物考古研究所、岳阳市文物工作队：《岳阳市郊铜鼓山商代遗址与东周墓发掘报告》，《湖南考古辑刊》（第5集），求索杂志社，1989年。

[2] 湖北省文物考古研究所纪南城工作站：《湖北黄梅意生寺遗址发掘报告》，《江汉考古》2006年第4期。

[3] 江西省文物工作队、德安县博物馆：《江西德安石灰山商代遗址试掘》，《东南文化》1989年第Z1期；江西省文物考古研究所、江西省德安县博物馆：《江西德安石灰山商代遗址发掘简报》，《南方文物》1998年第4期；江西省文物考古研究所、九江市文化名城管理处、九江县文物管理所：《江西九江县马回岭遗址的调查》，《东南文化》1991年第6期；江西省文物考古研究所、九江市文化名城管理处、九江县文物管理所：《九江县龙王岭遗址试掘》，《东南文化》1991年第6期；另外在新发现的荞麦岭等遗址中，也可见二里岗下层文化的因素。

盘龙城与长江文明国际学术研讨会论文集·2019

［4］ 荆州博物馆：《荆州荆南寺》，文物出版社，2009年。

［5］ 王迅：《试论安徽江淮地区的考古学文化》，北京大学硕士学位论文，1985年。

［6］ 王迅：《试论夏商时期东方地区的考古学文化》，北京大学博士学位论文，1988年。修改扩充后更名出版，王迅：《东夷文化与淮夷文化研究》，北京大学出版社，1994年。

［7］ 安徽省文物考古研究所：《安徽潜山薛家岗遗址第六次发掘简报》，《江汉考古》2002年第2期；安徽省文物考古研究所：《潜山薛家岗》，文物出版社，2004年。

［8］ 燕生东、丁燕杰：《商文化前期在东方地区的发展特点》，《中原文物》2016年第6期。

［9］ 北京大学考古系商周组、陕西省考古研究所：《陕西礼泉朱马嘴商代遗址试掘简报》，《考古与文物》2000年第5期；张天恩：《关中商代文化研究》，文物出版社，2004年。

［10］ 北京大学考古系商周组、陕西省考古研究所：《陕西耀县北村遗址1984年发掘报告》，《考古学研究》（二），北京大学出版社，1994年；徐天进：《试论关中地区的商文化》，《纪念北京大学考古专业三十周年论文集（1952—1982）》，文物出版社，1990年。

［11］ 刘绪：《商文化在西方的兴衰》，《纪念殷墟发掘八十周年学术研讨会论文集》，中国台北历史语言研究所，2015年。

［12］ 湖北省文物考古研究所、湖北省黄石市博物馆、湖北省阳新县博物馆：《阳新大路铺》，文物出版社，2013年。

［13］ 沙市市博物馆：《湖北沙市周梁玉桥遗址试掘简报》，《文物资料丛刊》（10），文物出版社，1987年；荆州市周梁玉桥遗址博物馆：《湖北沙市周梁玉桥遗址1987年的发掘》，《考古》2004年第9期。

［14］ 李伯谦：《试论吴城文化》，《文物集刊》（第3辑），文物出版社，1981年；江西省文物考古研究所、樟树市博物馆：《吴城——1973～2002年考古发掘报告》，科学出版社，2005年。

［15］ 湖南省博物馆、岳阳地区文物工作队、岳阳市文管所：《湖南岳阳费家河商代遗址和窑址的探掘》，《考古》1985年第1期。对于这一考古学文化，也有不同的命名，如《中国考古学·夏商卷》建议用"对门山—费家河文化"命名湘、资二水下游的晚商时期考古学文化。

［16］ 河北省文物研究所：《藁城台西商代遗址》，文物出版社，1985年。

［17］ 安徽大学、安徽省社会科学院、安徽省文物考古研究所：《安徽江淮地区商周青铜器》，文物出版社，2014年；安徽大学、安徽省文物考古研究所：《皖南商周青铜器》，文物出版社，2006年。

［18］ 江西省文物考古研究所、江西省博物馆、新干县博物馆：《新干商代大墓》，文物出版社，1994年。

［19］ 邹衡：《试论殷墟文化分期》，《北京大学学报（人文科学）》1964年第4、5期。

［20］ 唐际根：《中商文化研究》，《考古学报》1999年第4期。

［21］ 河南省文物考古研究所：《郑州商城——一九五三年——一九八五年考古发掘报告》，文物出版社，2001年。

［22］ 中国社会科学院考古研究所：《偃师商城》（第一卷），科学出版社，2013年。

［23］ 河南省文物考古研究所：《郑州小双桥——1990～2000年考古发掘报告》，科学出版社，2012年。

［24］ 中国历史博物馆考古部、山西省考古研究所、垣曲县博物馆：《垣曲商城（一）——1985—1986年度勘察报告》，科学出版社，1996年；中国国家博物馆田野考古研究中心、山西省考古研究所、垣曲县博物馆：《垣曲商城（二）——1988～2003年度考古发掘报告》，科学出

版社，2014年。

［25］中国社会科学院考古研究所安阳工作队、安阳师范学院历史与文博学院考古系：《河南安阳市洹北商城铸铜作坊遗址2015～2019年发掘简报》，《考古》2020年第10期。

［26］韩用祥、余才山、梅笛：《盘龙城遗址首次发现铸造遗物及遗迹》，《江汉考古》2016年第2期；武汉大学历史学院、湖北省文物考古研究所、盘龙城遗址博物院：《武汉市盘龙城遗址小嘴2015～2017年发掘简报》，《考古》2019年第6期；武汉大学历史学院、湖北省文物考古研究所、武汉市文物考古研究所、盘龙城遗址博物院：《武汉市盘龙城遗址小嘴2017～2019年发掘简报》，《江汉考古》2020年第6期。

［27］武汉大学历史学院考古系、安徽省文物考古研究所：《安徽阜南县台家寺遗址发掘简报》，《考古》2018年第6期。

［28］中国社会科学院考古研究所安阳工作队：《河南安阳市洹北商城宫殿区1号基址发掘简报》，《考古》2003年第5期；中国社会科学院考古研究所安阳工作队：《河南安阳市洹北商城宫殿区二号基址发掘简报》，《考古》2010年第1期。

［29］湖北省文物考古研究所：《盘龙城——1963～1994年考古发掘报告》，文物出版社，2001年。

［30］郭明：《黄河流域商周时期建筑的考古学观察》，北京大学博士学位论文，2013年。

盘龙城祭祀遗址蠡测

高崇文

（北京大学考古文博学院）

2014年和2017年，武汉大学历史学院等单位对盘龙城杨家湾坡顶遗址进行了发掘[1]，在发掘的83平方米内，清理商代灰坑17个。本文试对该遗址的性质作初步推测。

一、杨家湾坡顶灰坑分布和埋藏规律

杨家湾坡顶遗址位于盘龙城城址北部，距北城墙约300米左右。坡顶地势较为平坦，海拔32.2米，是盘龙城区域内地势最高处（图一）。从发掘简报介绍的情况看，灰坑比较密集，互有打破关系，形状多为不规则的椭圆形或长椭圆形（图二）。详细报道的6个灰坑，多椭圆形，坑口直径多为2至4米左右，弧壁，圜底。坑内填土未分层，多黑灰色黏土。坑内包含物多为动物骨骼、石头、木炭、红烧土块和陶片。陶片多能复原成形，有鼎、鬲、盆、罐、尊、缸等。简报推定的年代大致分为三个阶段：第一阶段应在盘龙城二、三期之交，大概接近于夏商之际；第二阶段当属盘龙城遗址第四期；第三阶段属盘龙城遗址第五期，接近第六期。

根据这些遗迹现象可以看出，这些灰坑有以下的规律性。其一，坡顶最初的生土面是经过人工平整的。其二，从灰坑的形状看，不似坑坑洼洼的原生态，而应是人工有意挖出的。其三，灰坑多有打破关系，表明是长时期多次人工开挖使用。其四，坑内填土未分层，应是一次性回填，且填土均为黑灰色黏土，土质较致密，不似生活垃圾随时随意丢弃之状。其五，这些灰坑位于杨家湾坡顶最高处，此地比较平整，没有发现建筑遗迹。杨家湾的建筑遗迹位于杨家湾坡顶之下较远的南坡之处，且时代比较晚，相当于盘龙城遗址的第六、七期[4]，南坡居住区的生活垃圾不可能运至坡顶高处丢弃。其六，各坑内包含物大都相似，有一定的规律性，多是动物骨骼、石头、木炭、红烧土块和陶器等。

学者研究，将整个盘龙城聚落布局变化分为三个阶段，大型基址出现之前的第一、二期为第一阶段，为形成期；盘龙城城址及之内大型宫殿使用的第三至五期为第二阶段，为繁盛期；宫殿基址转移到杨家湾为第三阶段，属盘龙城遗址第六、七期，为衰落期[5]。杨家湾坡顶遗迹的年代正与盘龙城城址繁盛期相始终。根据杨家湾坡顶"灰坑"的规律性及存续时间，推测这些"灰坑"应是祭祀坑，杨家湾坡顶应是盘龙城繁盛时期的大型祭台。

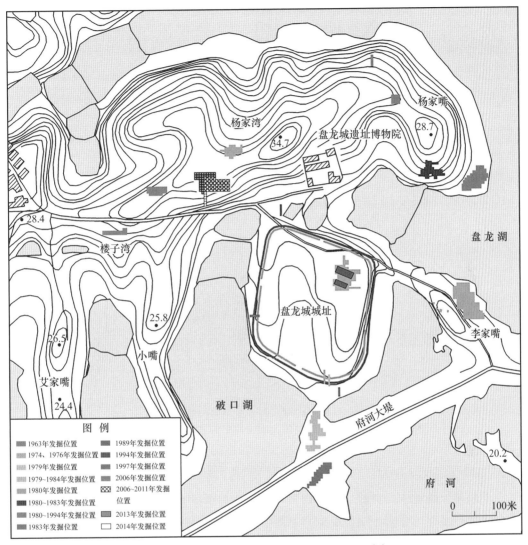

图一　盘龙城遗址分布及杨家湾坡顶位置图[2]

二、杨家湾坡顶遗址与夏商都城祭祀遗址比较

　　将杨家湾坡顶遗址推定为祭台，也涉及盘龙城的性质问题，那就是盘龙城有没有资格设立专门的大型祭台。对于盘龙城的性质，有"方国"说[6]、"军事据点"说[7]、商王朝"直辖邑"说[8]、"行都"说[9]等，还有认为盘龙城是"具有军事重镇、区域军事中心和区域性政治中心功能的商代南土之方国都城"[10]。不论哪种说法，都认为盘龙城是商王朝设在南土的最为重要都邑，是以商王朝的政治、思想、文化和军事来管控南土地域的。这在盘龙城所呈现的总体考古学文化面貌及建筑风格几乎与中原商文化完全一致而得以印证。既然如此，盘龙城的城市规划也应遵从商代建制。

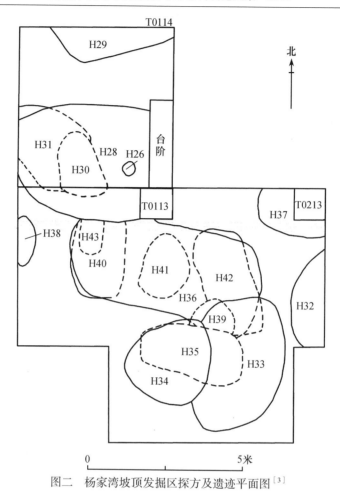

图二　杨家湾坡顶发掘区探方及遗迹平面图[3]

　　《墨子·明鬼下》记载，夏商周三代建国营都必须先筑社坛和宗庙："昔者虞夏商周三代之圣王，其始建国营都日，必择国之正坛，置以为宗庙，必择木之修茂者，立以为丛社。"为什么夏商周三代建国营都首先要建宗庙和社坛，是因为三代凡国之大事都要举行祭祀以贞询于神，听命于神的旨意。从殷墟卜辞中也可以看出，商王的施政是唯神命是从，凡事都要贞问天地诸神和祖先神，对天地神、祖先神进行祭祀之礼以取得行政之命，征得它们的同意才能施行。因此，夏商周三代在建都置邑时，必将设立祭祀场所作为头等重要之事。这在夏商都邑考古中得以证实。

　　河南偃师二里头遗址被确认为夏后期都城遗址，体现了中国古代都城所特有的浓厚祭祀文化[11]（图三）。二里头宫城内东、西两组大型宫殿基址均发现许多祭祀遗迹（图四、图五）。尤其是西部的1号遗址的庭院发现与该遗址同时的许多墓葬和祭祀坑，祭祀坑多埋有被捆绑处死的人骨，有的还与兽骨埋在一起。所谓"墓葬"中，也是埋的被处死的人骨，死者多俯身，两臂屈折于背后，似被捆绑而处死。有的手、足、腿被砍断，呈跪姿掩埋。东部的2号宫殿与1号宫殿有所不同，主殿基上筑有三间大房间，庭院内没有那么多的祭祀遗迹，庭院中央只有一个烧土坑，从其所处位置看，

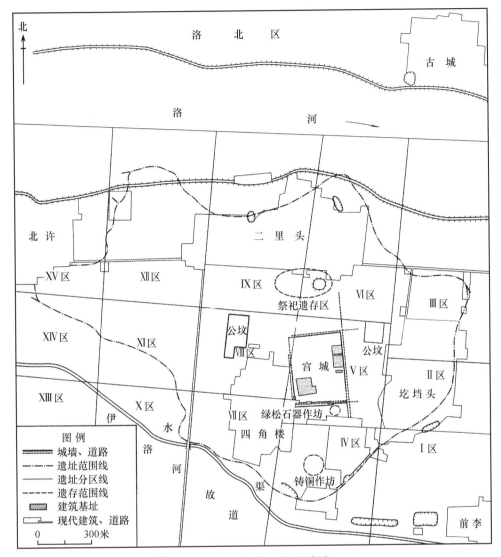

图三 二里头遗址平面图[17]

此应是用于祭祀的遗迹。主殿后面有一座所谓"大墓"，在"大墓"内发现一具装于红漆木匣中的狗骨架，在填土中出土1件沾染朱砂和红漆的陶龙头，在盗洞中发现少量朱砂、漆皮和蚌饰片等。在坑口还出土1块卜骨。根据此种现象，有报道此墓为"迁骨葬"或"衣冠葬"，墓中所葬是当时统治者的始祖或高祖（遗骸或其象征物）[12]。对于这两组宫殿的性质，有学者认为西部1号宫殿是夏社遗址[13]，东部2号宫殿是宗庙遗址[14]。当然还有一些不同的观点，但都认为是与祭祀有关的建筑[15]。这反映了夏时期对祭祀的重视。《尚书·甘誓》记禹子启征伐有扈氏，称有扈氏"威侮五行，怠弃三正，天用剿绝其命，今予惟恭行天之罚……用命，赏于祖；弗用命，戮于社"。《墨子·明鬼下》对此解释得更清楚："是以赏于祖而僇于社。赏于祖者何也？言分命之均也；僇于社者何也？言听狱之事也。故古圣王必以鬼神为赏贤而罚暴，是故赏

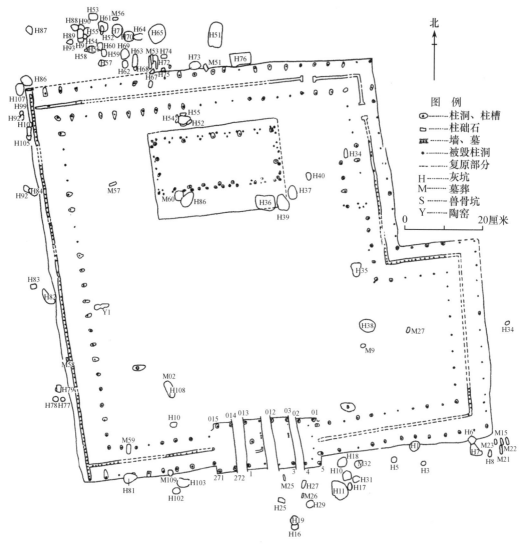

图四　二里头遗址1号宫殿祭祀坑图[18]

必于祖，而僇必于社。"这就是说，夏启是遵照上天之命率军讨伐有扈氏的，完成此天命的，在宗庙中得以封赏，没有完成此天命的，则在社坛中将其处死。二里头宫城内东、西两组宫殿的祭祀遗迹是否也印证了此文献记载。

在二里头宫城之北还发现东、西两处大型祭祀区，东部遗迹的主要特征是凸出地表的圆形土坛。《礼记·祭法》云："天下有王，分地建国，置都立邑，设庙、祧、坛、墠而祭之。"郑玄注："封土曰坛，除地曰墠。"孔颖达疏："起土为坛，除地曰墠。"东部的遗迹应是祭坛。西部遗迹的主要特征是半地穴式的祭祀坑，此是否是"除地曰墠"的墠类祭祀遗址。以上东西两种祭祀遗迹，究竟是祭祀何神灵，据《礼记·祭义》云："郊之祭，大报天而主日，配以月。夏后氏祭其闇，殷人祭其阳，周人祭日以朝及闇。祭日于坛，祭月于坎，以别幽明，以制上下。祭日于东，祭月于

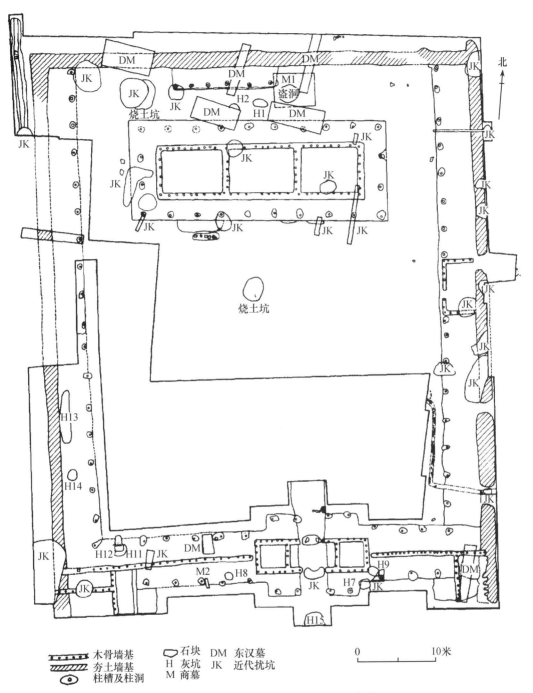

图五 二里头遗址2号宫殿基址平面图[19]

西，以别外内，以端其位。"这两处一东一西的祭祀遗迹，可能如学者指出的，应是坛、墠一类的祭祀遗迹[16]，分别用于祭祀日神和祭月神。

可以看出，二里头夏都主要是以祭祀性建筑为主的格局，正反映了夏王朝是依靠神的权威来施政的国家统治形态。

盘龙城与长江文明国际学术研讨会论文集·2019

　　偃师商城是一座商代早期的城址，对于该城的性质，学术界先后提出了太甲桐宫说[20]、商初别都或重镇说[21]、商汤西亳说[22]、太戊新都说[23]、两京之一说[24]等。刘绪先生在梳理了有关商汤建都的文献资料后指出，偃师商城应是商汤所建之陪都[25]。此城应是商王朝设于西土的重要都邑。该城由宫城、郭城组成，宫城内发现多处祭祀遗址和宫殿建筑基址，研究者将其分为三期七段[26]。第一期宫城内的主要遗址分布是，西部的七号、九号（九号东部有1号附属建筑）、十号宫殿基址由南而北呈南北纵轴线排列，再往北是C祭祀区。东部是4号宫殿基址，再往北部则是B祭祀区。祭祀区之北是一人工水池（图六）。祭祀区规模比较大，位于宫城北部的大部区域，东西绵延达200米，主体部分由东往西可分A、B、C三个区域。A区的面积近800平方米，由若干"祭祀场"和祭祀坑组成。B区和C区是两处精心设计、规模庞大的"祭祀场"。B区总面积约1100平方米，C区总面积约1200平方米。两区的布局、形制和结构等方面基本一致，东西并列，平面形状为长方形，四周筑有夯土围墙，在南面夯土围

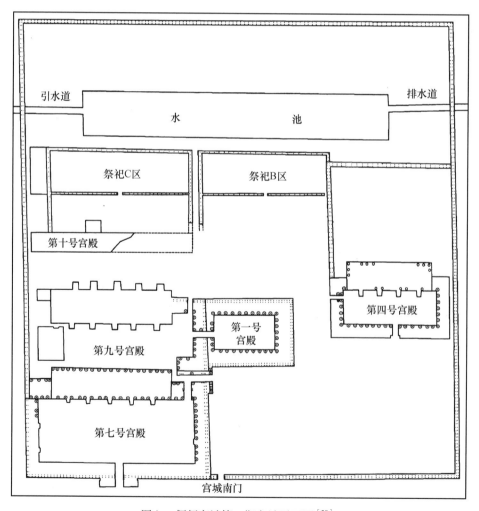

图六　偃师商城第一期宫城平面图[28]

墙中部辟有一门，围墙内分布密集的祭祀沟和祭祀坑。用以祭祀的牺牲多是猪、牛、羊等，有的是被杀死，有的是活埋，有的是单独掩埋，有的是多个个体一起掩埋，有的牺牲还可能放置在漆案上。从使用时间看，B、C两区与整个城址相始终，A区开始使用的时间要晚。所以发掘者认为，B、C区经长期使用已经饱和后，又开辟了新的A区祭祀场地[27]。从已发现的第一期遗迹现象来看，北部的祭祀场是最早建成使用的，并且规模庞大，一直使用到商城废弃之时，表明此祭祀场是该宫城的最为主要的组成部分。

郑州商城城址内东北部分布有密集的大型夯土建筑基址，应属于商王朝的大型宫殿区（图七）。在紧邻宫殿区的北部发现祭祀遗迹，在一平坦的高地上，发现埋石六块，其中三块埋在祭祀区中部，有一块最高，另三块埋在东南部附近。还发现烧土坑1个，烧土面一片，殉狗坑8个，殉人坑14座[29]（图八）。这些殉狗、殉人坑，似乎是以埋石

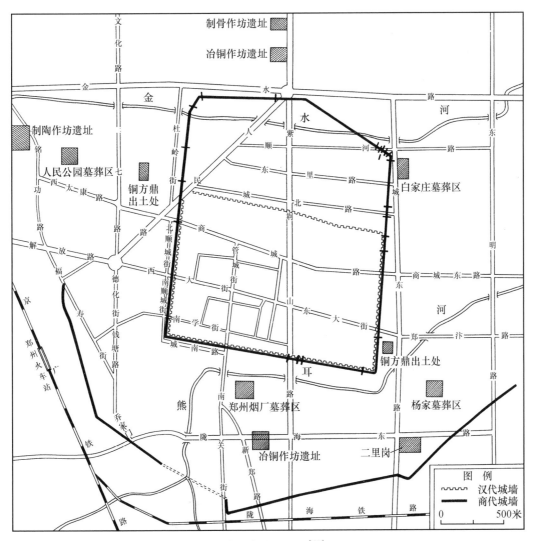

图七　郑州商城平面图[35]

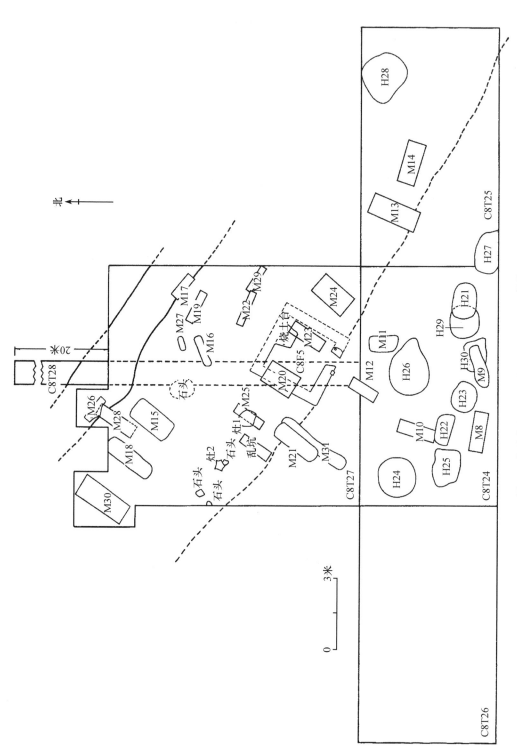

图八　商城宫殿区北部祭祀场地平面图[36]

为中心而分布的。宫殿区北部以石为神主的祭祀遗址，研究者认为可能是"亳社"遗址，此也为郑州商城内出土的文字资料所证实。李维明先生对1953年在郑州二里岗遗址出土的牛肋骨刻辞重新进行研究，新发现"乇"字，整个释文则为："又　乇土羊乙丑贞从受　七月"。"乇土"即"亳土"，也即"亳社"[30]。常玉芝先生进一步研究认为，这是上、下两辞，下辞为："乙丑贞：及孚。七月"；上辞为："□□〔贞〕：又乇土羊"。指出："郑州出土的牛肋骨上的两条刻辞，一条辞卜问'及孚'，即抓捕敌人作祭牲，一条辞卜问用羊侑祭亳社，很显然，抓捕人牲也是为了祭祀'乇土'即亳社的。"[31] 此既证实商汤所居之亳即是郑地，同时也表明汤都亳城内设有亳社。《淮南子·齐俗训》载："殷人之礼，其社用石。"郑州商城宫殿区北部的以石为主的祭祀遗址正可谓"亳社"。商王之所以在都城内置社以祭，是认为"社者，土地之主。土地广博，不可遍敬，故封土以为社而祀之"[32]；"社者，土地之神也，土生万物，天下之所主也，尊重之，故自祭也"[33]。商人祭社，正反映了"礼之三本"中的地之所本[34]。

　　通过与夏商都城的祭祀遗址相比较，发现杨家湾坡顶遗址与之有非常相似之处。①位置均位于城址或宫殿的北部高地处。②祭祀遗址与宫城、宫殿均是最先建立的。③祭祀遗址的使用与宫城、宫殿相始终。④祭祀坑均比较密集，互有打破关系，表明是连续多次进行祭祀。⑤所埋物多动物、石头等。当然，郑州商城祭祀遗址多有殉人，这与郑州商城作为商王都城的至上地位有关，盘龙城不能与之相比。通过这些比较，推测杨家湾坡顶遗址应是盘龙城繁盛时期的祭台。另外还发现，杨家湾北坡比较陡峭，发掘出大量的石头堆积，多呈南北向坡状条形排列，其时代相当于盘龙城遗址第五至六、七期[37]。根据这些石头堆积状况，推测此应是加强对北坡的保护作用（图九）。此是否也表明，当盘龙城聚落中心由城址转移至杨家湾一带时，此高地的

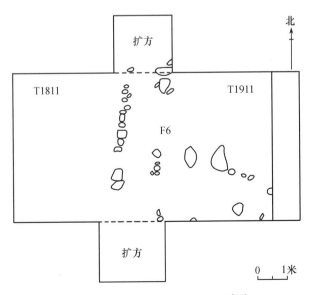

图九　杨家湾北坡发掘区平面图[38]

祭台仍然继续使用。

三、杨家湾祭台所祭神祇

杨家湾坡顶祭祀坑内多发现木炭、红烧土块及动物骨骸等，此是否是进行"燎祭"时所形成的。《礼记·祭法》载："燔柴于泰坛，祭天也。"孔颖达疏："燔柴于泰坛者，谓积薪于坛上，而取玉及牲置柴上燔之，使气达于天也。"《周礼·春官·大宗伯》："以禋祀祀昊天上帝；以实柴祀日月星辰；以槱燎祀司中、司命、风师、雨师。"郑玄注："三祀皆积柴实牲体焉，或有玉帛，燔燎而升烟，所以报阳也。"根据坡顶祭祀坑内的木炭、红烧土块、动物骨骸等遗迹，推测当时应举行"燔柴祭天"之礼。当然，祭天之礼在周代已是周王的独有特权，因周王首创了"王权神授"的思想观念，周王成了上天的儿子，称为"天子"，即"周天子"，只有周天子才有祭天的资格，也就是只有周天子才有替天行命的权力。但在商代祭天还不是商王的独有特权，推测盘龙城地方政权也可举行祭天之礼。

杨家湾坡顶祭祀坑内还多发现石头，特别是H33发现"疑似为柱础石的大石块"，如此大的石块不会是作为废料搬至坡顶丢弃，而应是专门用于祭祀。在岗地中部也发现人工搬运来的石块遗迹，其时代不晚于商代[39]，此是否也与祭祀有关值得重视。《周礼·春官·小宗伯》郑玄注"社之主盖用石为之。"《吕氏春秋·贵直论》："（晋文公）城濮之战，五败荆人，围卫取曹，拔石社，定天子之位，成尊名于天下。"《淮南子·齐俗训》："殷人之礼，其社用石。"郑州商城宫殿区北部已发现以埋石为主的祭祀遗址。以此推测，杨家湾坡顶祭坑内所埋之石是用于祭社。殷人祭地与祭天一样，同样非常重视，殷墟卜辞中的祭"土"即祭"社"[40]。"贞，勿秦年于𡇌土。"王国维释"𡇌土"为"邦社"[41]。陈梦家释"𡇌土为𡇌地之社"，正如"亳土即亳地之社"[42]。这说明，商王朝除了在都城立"亳社"之外，其外部地方上也立有"社"。江苏铜山丘湾发掘了一处商末的社祀遗迹，遗址位于台地之上，遗址中心矗立四块天然大石作社神，在四周掩埋了多次祭祀时杀祭的人和狗。这处遗址应是地方上所立之社[43]。"社"是古代的土地崇拜场所，所以卜辞中祭"土"即祭"社"。卜辞中"土（社）"或写作 、 、 ，是"象血滴于社主之上"，"春秋时代用俘虏于社，正是殷商野蛮风俗的遗存"[44]。杨家湾坡顶祭坑内多发现动物骨骸与石块在一起，应是以动物作为牺牲以祭社神。祭"社"是商代的一项非常普遍的礼仪活动，除了按季节进行祭社外，每逢大事也要向社神祭祀、祈祷、占卜吉凶等。

从人类早期的祭祀活动看，人们最早是从对地神、天神的祭祀开始的。地能生万物，认为是地神主宰，所以要祭祀地；天有雷雨风雪之变化，认为是天神所为，所以要祭天。至夏商周三代，重要的都邑中首先设立祭祀场地以祭天地诸神，这是都邑中不可或缺的重要组成部分。由此可推测，杨家湾坡顶遗址可能是盘龙城繁盛时期祭祀天地诸神的综合性祭台。

拙论仅就现有杨家湾坡顶发掘迹象而略陈管见。由于发掘面积有限，整体遗迹情况还不十分清楚，希望今后有机会继续对坡顶进行发掘和研究，以探究竟。

注　释

［1］　武汉大学历史学院、湖北省文物考古研究所、盘龙城遗址博物院：《武汉市盘龙城遗址杨家湾坡顶发掘简报》，《江汉考古》2018年第5期。

［2］　武汉大学历史学院、湖北省文物考古研究所、盘龙城遗址博物院、武汉大学考古系：《武汉市盘龙城遗址杨家湾2014年发掘简报》，《考古》2018年第11期。

［3］　武汉大学历史学院、湖北省文物考古研究所、盘龙城遗址博物院：《武汉市盘龙城遗址杨家湾坡顶发掘简报》，《江汉考古》2018年第5期。

［4］　武汉大学历史学院、盘龙城遗址博物院、武汉市文物考古研究所：《武汉市盘龙城遗址杨家湾商代建筑基址发掘简报》，《考古》2017年第3期。

［5］　张昌平、孙卓：《盘龙城聚落布局研究》，《考古学报》2017年第4期。

［6］　江鸿：《盘龙城与商朝的南土》，《文物》1976年第2期。

［7］　高大伦：《论盘龙城遗址的性质与作用》，《江汉考古》1985年第1期。

［8］　王立新：《从早商城址看商王朝早期的都与直辖邑》，《新果集——庆祝林沄先生七十华诞论文集》，科学出版社，2009年。

［9］　程涛平：《论盘龙城为商王南土行都》，《楚简楚文化与先秦历史文化国际学术研讨会论文集》，湖北教育出版社，2013年。

［10］　张国硕：《关于盘龙城商城的几个问题》，《盘龙城与长江文明国际学术研讨会论文集》，科学出版社，2016年。

［11］　许宏、陈国梁、赵海涛：《二里头遗址聚落形态的初步考察》，《考古》2004年第11期；中国社会科学院考古研究所二里头工作队：《河南偃师市二里头遗址宫城及宫殿区外围道路的勘察与发掘》，《考古》2004年第11期。

［12］　中国社会科学院考古研究所：《中国考古学·夏商卷》，中国社会科学出版社，2003年，第129页。

［13］　杜金鹏：《二里头遗址宫殿建筑基址初步研究》，《考古学集刊》（第16集），科学出版社，2006年。

［14］　中国社会科学院考古研究所二里头队：《河南偃师二里头二号宫殿遗址》，《考古》1983年第3期。

［15］　有认为1号宫殿是"宗庙或庙寝合一"的建筑，北京大学历史系考古教研室商周组：《商周考古》，文物出版社，1979年，第27、28页。有认为2号宫殿是"夏社"建筑（参见赵芝荃：《夏社与桐宫》，《考古与文物》2001年第4期）；或认为是"陵寝"建筑（参见张国硕：《夏商时代都城制度研究》，河南人民出版社，2001年，第173、174页）。

［16］　中国社会科学院考古研究所：《中国考古学·夏商卷》，中国社会科学出版社，2003年，第129页。

［17］　中国社会科学院考古研究所：《二里头：1999～2006》（壹），文物出版社，2014年，第7页。

［18］　中国社会科学院考古研究所：《偃师二里头：1959～1978年考古发掘报告》，中国大百科

全书出版社，1999年，第139页。

［19］ 中国社会科学院考古研究所：《偃师二里头：1959年～1978年考古发掘报告》，中国大百科全书出版社，1999年，第152页。

［20］ 邹衡：《偃师商城即太甲桐宫说》，《北京大学学报（哲学社会科学版）》1984年第4期。

［21］ 郑杰祥：《关于偃师商城的年代和性质问题》，《中原文物》1984年第4期。

［22］ 赵芝荃、徐殿魁：《河南偃师商城西亳说》，《殷都学刊》增刊《全国商史学术讨论会论文集》，1985年。

［23］ 杜金鹏：《偃师商城始建年代与性质的初步推论》，《华夏文明》（第三集），北京大学出版社，1992年。

［24］ 许顺湛：《中国最早的"两京制"——郑亳与西亳》，《中原文物》1996年第2期。

［25］ 刘绪：《再论偃师商城是不准确的界标——兼答方酉生先生》，《东南文化》2003年第1期。

［26］ 中国社会科学院考古研究所：《中国考古学·夏商卷》，中国社会科学出版社，2003年，第203页。

［27］ 中国社会科学院考古研究所：《河南偃师商城商代早期王室祭祀遗址》，《考古》2002年第7期。

［28］ 王学荣：《偃师商城废弃研究——兼论与偃师二里头、郑州商城和郑州小双桥遗址的关系》，《三代考古》（二），科学出版社，2006年，第261页。

［29］ 河南省文物考古研究所：《郑州商城——一九五三年——一九八五年考古发掘报告》（上册），文物出版社，2001年，第493～505页。

［30］ 李维明：《郑州出土商代牛肋骨刻辞新识》，《中国文物报》2003年6月13日。

［31］ 常玉芝：《郑州出土的商代牛肋骨刻辞与社祀遗迹》，《中原文物》2007年第5期。

［32］ 《风俗通义·祀典》。

［33］ 《白虎通义·德论上》。

［34］ 《荀子·礼论》云："礼有三本：天地者，生之本也；先祖者，类之本也；君师者，治之本也。"

［35］ 河南省文物考古研究所：《郑州商城——一九五三年——一九八五年考古发掘报告》（上册），文物出版社，2001年，第2页。

［36］ 河南省文物考古研究所：《郑州商城——一九五三年——一九八五年考古发掘报告》（上册），文物出版社，2001年，第495页。

［37］ 武汉大学历史学院、湖北省文物考古研究所、盘龙城遗址博物院：《武汉市盘龙城遗址杨家湾北坡发掘简报》，《江汉考古》2018年第5期。

［38］ 武汉大学历史学院、湖北省文物考古研究所、盘龙城遗址博物院：《武汉市盘龙城遗址杨家湾北坡发掘简报》，《江汉考古》2018年第5期。

［39］ 张海、王辉、邹秋实等：《商代盘龙城聚落地貌演变的初步研究》，《江汉考古》2018年第5期。

［40］ 《诗·大雅·绵》："乃立冢土。"毛传云："冢土，大社也。起大事，动大众，必先有事乎社而后出谓之宜。"郑笺："大社者，出大众将所告行也。"载《十三经注疏·毛诗正义》。陈梦家："亳土即亳地之社。"载《殷墟卜辞综述》第十七章，中华书局，1988年。

［41］ 王国维：《殷卜辞中所见先公先王考》，《观堂集林》卷九。

［42］ 陈梦家：《殷墟卜辞综述》第十七章，中华书局，1988年。

［43］ 俞伟超：《铜山丘湾商代社祀遗迹的推定》，《考古》1973年第5期。

［44］ 丁山：《中国古代宗教与神话考》，龙门联合书局，1961年，第501、502页。

方 菱 额 花

——史前与早期文明的神性标识

王仁湘

（中国社会科学院考古研究所）

湖北武汉盘龙城遗址杨家湾17号墓有一个重要发现，出土一件绿松石与金片组合镶嵌的"龙形器"，时代属于商代早期，发现的时间是2014年1月1日（图一，1）。

由于这件镶嵌器在埋葬和发掘过程中经历了不同程度的扰动，已经失去了原貌，复原研究成为当务之急。这个发现过去5年的时间里，有若干研究者参与复原研究，但始终没有找到一个理想的复原方案。

最近南方科技大学的唐际根教授公布了他的一个复原设计方案，这是他领导的一个研究小组科技攻关得到的结果。我们注意到在研究过程中，他们通过对原件1厘米

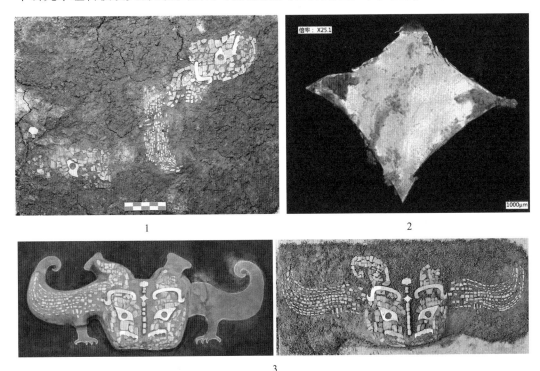

图一　盘龙城遗址出土"龙形器"

1."龙形器"出土情况　2."龙形器"复原研究过程中重新发掘出的方菱形金饰　3."龙形器"复原研究结果

范围的"微发掘"取得关键资料，发掘得到了一片方菱形金饰（图一，2）。

这件方菱形金饰，是"龙形器"的重要构成元素，也是商代多数龙虎类图形的构成元素。它是频频出现在龙虎额间的一个标志性符号。我相信这个发现给了唐际根教授莫大的信心，他因此最终完成了这个不易得来的复原研究（图一，3）。

在冠帽前面缀上一个标识，我们将它定义为头徽（图二）。头徽的源起，我们已经讨论过了，这一次又涉及一个相关问题，与头徽相关但并非是它，定义为额花。额花有种种色色，这里专门讨论的是方菱额花。

图二　石峁双虎拥人石雕所见头徽

在额头位置装饰的方菱形，我们称之为方菱额花。额花出现在额头位置，在双眉之间的上方，是一种很单纯的菱形图案"◇"，而且多呈竖立状。

方菱额花与头徽的不同，首先是主体的区别，头徽与人及人神图像装饰有关，而方菱额花主要与动物神像有关，是出现在动物神像额头的装饰，而且是流行如一的装饰，是中国古代文明史前期动物神的固定神性标识。

方菱额花最为流行的时间段，是商代至周代前期。方菱额花所见的载体，主要是青铜器和玉器上的动物形雕刻。估计装饰有方菱纹的艺术品，大体应当占到半数左右或以上。

方菱额花较早的发现，是在二里头文化中。二里头遗址出土陶片上的双体蛇纹，额角上出现了方菱形（图三，1）。二里头文化发现铜器不多，铜器纹饰也少见，所以相关证据还没有见到。

商代早期，青铜纹饰中的兽面纹已经不少，但很多并不装饰方菱额花，兽面纹鼻梁位置立着一条扉棱，左右并无方菱形（图三，2、3）。到二里岗期，铜器上兽面纹装饰方菱额花的例证逐渐多起来，兽面纹中间无论是否有扉棱，都可以加饰方菱额花，如湖北黄陂和河南郑州铜器上的虎面纹都见有加饰方菱额花的例子，其中还包括一件牛头纹也装饰有方菱额花（图四，1~3）。

商代后期到晚期，方菱额花成为兽面纹常见的风格，这样的例子可举出不少，蟠龙纹和虎面纹都有加饰方菱额花的（图四，4~7）。

商代晚期殷墟的发现更值得关注，兽面纹加饰方菱额花已经非常流行。除了容器，头盔、兵器、工具、车饰和乐器上都出现有方菱额花兽面纹，而且并不限于铜器装饰，还有木器、陶器、玉石器（图四，8~16）。

7

8

9

16

17

18

26

32

33

34

9. 商代后期铜铲（河南安阳殷墟）　　10. 商代兽面木鼓（河南安阳侯家庄M1217）　　11. 商代兽面纹骨埙

17. 商代司母辛觥（殷墟妇好墓）　　18. 商代兽面玉斧纹饰（殷墟妇好墓）　　19. 商代晚期玉斧（殷墟妇好墓）

28. 商代铜器龟纹　　29. 商代铜器蛙纹　　30. 商代晚期铜鼎蝉纹　　31. 商代铜四牛尊纹饰（四川广汉三星堆）

1

2

3

8

9

10

14

1.西周龙纹铜盘　2.西周早期铜辕饰（陕西宝鸡）　3.西周早期铜

9.西周早期铜饰（陕西宝鸡）　10.西周早期铜鼎纹饰（

图四　商代纹饰上所见方菱额花

1. 商代早期二里岗期铜罍（湖北黄陂盘龙城）　2. 商代早期二里岗期铜罍　3. 商代早期二里岗期铜牛首尊（河南郑州）　4. 商代蟠龙铜盘　5. 商代蟠龙铜盘　6. 商代铜器虎面纹（陕西渭南）　7. 商代晚期铜鼎虎面纹　8. 商代后期铜方彝（河南安阳大司空（河南安阳侯家庄M1001）　12. 商代兽面纹铜钺（河南安阳大司空）　13. 商代石虎面饰（河南安阳侯家庄M1001）　14. 商代青铜头盔纹饰（河南安阳侯家庄M1004）　15. 商代青铜兽面（河南安阳郭家庄）　16. 商代双兽石枕（河南安阳侯家庄M1001）

20. 商代偶方彝纹饰（殷墟妇好墓）　21. 商代小圆鼎纹饰（殷墟妇好墓）　22. 商代蟠龙纹铜盘（殷墟妇好墓）　23. 商代蟠体玉龙（殷墟妇好墓）　24. 商代玉虎（殷墟妇好墓）　25. 商代玉梳（殷墟妇好墓）　26. 商代兽面纹（殷墟妇好墓）　27. 商代后期铜

32. 商代青铜尊纹饰（四川广汉三星堆）　33. 商代铜胄（河南安阳殷墟）　34. 商代铜胄（山东滕州前掌大）

图五　西周时期纹饰上所见方菱额纹

纹饰（四川彭州）　4.西周早期铜觥纹饰（河南信阳）　5.西周早期铜提梁卣纹饰（陕西扶风）　6.西周早期铜鼎纹饰（陕西扶风）　7.西周早期父丁簋纹饰（河南信阳）　8.西周早期兽面纹铜簋纹饰（陕西宝鸡）

西长武）　11.西周早期兽面纹铜甗纹饰　12.西周成王时期利簋纹饰　13.西周恭王时期师眉簋纹饰　14.西周早期牛头纹铜钺纹饰（四川彭州）　15.西周早中期圈方鼎纹饰　16.西周早中期凤纹铜卣纹饰

图三　夏商时期陶器、铜器纹饰

1.二里头遗址出土陶片上的蛇纹　2.商代前期青铜鼎的兽面纹（江西清江）　3.商代前期青铜罍的兽面纹

类似的例子在妇好墓中也有很多，兽面纹加饰方菱额花的有不同质料的不同器具，有青铜容器，也有玉器等（图四，17~25）。

由殷墟妇好墓的发现观察，商代晚期兽面方菱额花有分有合的不同，有时中间的扉棱将菱花分作左右两半，更多的时候是合为一体（图四，26）。

不仅常见龙虎类兽面纹，还有如牛首纹、龟纹、蛙纹和蝉纹也有加饰方菱额花的，可见方菱额花非为龙虎类兽面纹所专用（图四，27~30）。

四川广汉三星堆出土青铜器的兽面纹上，也出现了方菱额花，与中原风格无异（图四，31、32）。

在一些地点出土的商代铜冑上，饰有兽面纹的额部位置，也有的出现了方菱纹，它只是兽面纹的一个组成部分，并非是独立的装饰（图四，33、34）。

方菱额花兽面纹的艺术传统延续到西周，西周早期铜器上的兽面纹也多见方菱额花，风格与商代相近（图五，1~5）。也见到少量以类似扉棱的隔断将菱花分为左右两半的例子，即有时即便没有隔断菱花也明显分列左右（图五，6、7）。方菱额花多见于虎类兽面纹（图五，8~13），也有牛类兽面纹和鸟首类纹（图五，14~16）。

西周时期也有一些不明归属的兽面纹加饰有方菱额花，纹饰小而规整（图六，1、2）。也有蝉纹加饰方菱额花（图六，3）的，成都金沙的昆虫类纹也加饰有方菱额花（图六，4）。

这样看来，青铜器与玉器艺术中出现的许多动物图像，如龙、虎、牛、鸟、蛙、蝉等，都有加饰方菱额花的，说明方菱额花不是某一类动物纹的专享，它应当具有一种较为普遍的意义。

三代之初方菱额花已经成为兽面纹上的固定表现程式，商代早期青铜器上出现了完整构图的兽面纹，但加饰方菱额花还并不普遍。到商代后期至西周早期，兽面纹多

图六　西周时期的方菱额纹

1. 西周晚期车饰（河南浚县）　2. 西周晚期四马方座簋
3. 西周成王时期保卣底蝉纹　4. 西周昆虫类纹玉饰（成都金沙）

见有方菱额花。西周晚期青铜器随着兽面纹的退出，少有方菱额花出现了。

我们还注意到，商周时期人面形基本不见方菱额花，可以确定它是动物图像的一种专用标识。

我曾经试图解构青铜兽面纹，也注意到了方菱额花的存在。当初的认识是，商周青铜器制作有模有范，纹饰也有专范。起初兽面的左右两范常常并没有完全对正，所以出现的那个兽面左右并不完全对称。后来出现的整范动物头面，可以看到有一个特别的方菱形额标，当时有考虑它是很特殊的一个象征标志。但又做出推测说它是早先两侧面动物头面额角的轮廓线，两额角对顶合体会自然形成一个菱形线框。

现在看来，这个推测有所欠缺，需要重新认识。由于这样的方菱额花是出现在较早的年代，是在二里头文化时期，还没有范模铸造的兽面纹，但在陶器的刻画中却见到了方菱额花，所以说它的出现与铸造技术无关。

其实，方菱额花并不始于二里头文化。方菱额花的出现，有相当长时间的酝酿。

我们知道菱形纹本来就很不平常，虽然在彩陶纹饰上已经见到不少，但并没有见到出现在人或动物额头的方菱形。

但是在彩陶之后，当成熟的玉器艺术开始表现信仰观念的时候，我们见到了方菱额花。我们知道商周时期人面形基本不见方菱额花，但在石家河文化晚期（或称后石家河文化）却有发现，湖北天门石家河遗址出土的玉器中，有一件玉神面像的额部镂刻出一个空心十字，它接近方菱额花的形状，也应当就是方菱额花（图七，1）。美国弗利尔博物馆藏品中的一件石家河文化玉神面，则镂刻着标准的方菱额花（图七，2）。湖南澧县孙家岗遗址出土石家河文化玉神面，在额部位置突起一个方菱形，只是不能确认是方菱额花（图七，3）。

有意思的是，湖南澧县孙家岗遗址同时出土的一件玉蟾，它的背部出现了一个方菱形，这是一个很有意义的发现，表明那个时代方菱形一定是一个广为认同的特别符号（图七，4）。这种方菱形还出现在了龙山文化玉鸟的背部（图七，5），这也让我们可以判断出石家河遗址玉鸟形佩的鸟背纹也应当是方菱形（图七，6）。

显然，早期的方菱形出现的位置并不固定，在动物形象上如鸟和蟾是在背部，在神面则是明确的方菱额花。

其实追索到石家河文化，似乎还不是方菱额花最早的源头。良渚文化玉器纹饰中有一种龙首纹，在余杭反山、瑶山玉器中发现不少。方向明先生论及于此，注意到了龙首纹鼻梁部位的菱形刻符，这个非常重要（图八，1~5）。这是非常标准的方菱形纹，但刻画的位置是在鼻梁上而非额部，作为标识的意义与后来的方菱额花应当没有什么不同。

方菱额花的出现，其实还可以追溯到良渚文化以前。最近承顾万发先生告知，他反复观察了江苏常州新岗遗址崧泽文化墓葬中出土的一件陶猪，它的表面刻画有装饰意味浓厚的条带纹，而且在额头刻画了两个内外典型的方菱形，也是将这种特别纹饰于猪联系在一起的例证，是非常重要的发现（图八，6）。

古代艺术如此流行方菱额花，它定型于石家河文化，而且源头可以追溯到良渚以至崧泽文化，它的意义何在？

此前一些学者注意到了这个问题，萧兵先生比较了各家之论，提出了自己的认识[1]。最早发表意见的是林巳奈夫，他认为方菱形原出于排列在扬子鳄头下方的鳞板，"◇"象征雷和雨。邵望平1997年在上海一次龙文化研讨会据此以为龙的起源是鳄。

尤仁德认为"◇"形是鳄或鳄神所特有的，这种纹饰也是"蚩尤：饕餮"的特别标记。他甚至断定，只有额上具备此纹的才是饕餮纹[2]。

又据钱志强分析，商代二里岗期它已出现[3]。《商周青铜器纹饰》中收录青铜器1006件，其中商周兽面纹额部有菱形纹者45件，占兽面纹总数262件之六分之一。据钱志强统计，以商周之际这种菱形纹最为流行，认为"这种菱形符号的含义之是表示人们赖以生存的谷物"[4]。他说，西周中期以后转移到凤鸟的头上。它可能"还有表示天地四方的意义"。

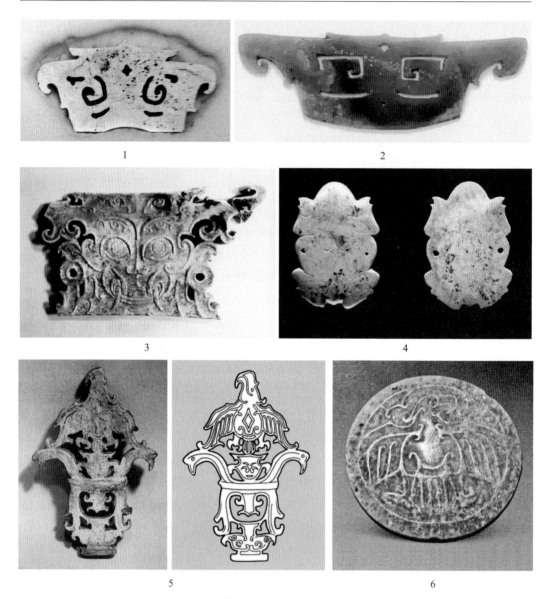

图七　石家河文化和龙山文化出土玉器

1.石家河文化玉神面（湖北天门石家河）　2.石家河文化玉神面（美国弗利尔博物馆藏）

3.石家河文化玉神面（湖南澧县孙家岗遗址出土）　4.石家河文化玉蟾（湖南澧县孙家岗遗址瓮棺出土）

5.龙山文化旋目玉鸟饰（天津艺术博物馆藏）　6.石家河文化玉鸟饰（湖北天门石家河）

　　萧兵指出，南方良渚文化所谓"龙首纹"或"蛙形纹"已有"十字纹"，即类似菱形开口。台北故宫博物院所藏的17节高体琮也有菱形符号，张弛注意到，良渚画有心形的"龙首"（或"蛙形"）的璜与环，多系女性墓，此种物品多为妇女佩带，"可能暗示着瑶山与反山墓地中部分女性出自另一族系"[5]。

　　萧兵认为，这种"开口"，当初也可能主要与女性相关。他援引靳之林的话说，它是生殖孔的变形，民俗艺术学家如范明三、赵国华等，都注意到古今许多蛙蟾图形

图八　良渚文化和崧泽文化出土玉器

1.良渚文化龙首玉管（浙江余杭瑶山M9）　2.良渚文化龙首玉管（浙江余杭瑶山M10）　3.良渚文化龙首玉管（浙江余杭瑶山M10）　4.良渚文化龙首玉镯（浙江余杭瑶山M1）　5.良渚文化龙首玉镯（浙江余杭瑶山M1）　6.崧泽文化陶猪（江苏常州新岗遗址）

背都有一个巨大"◇"形开口，它是"破裂坼碎"的生殖孔[6]，被移植到显眼的背部（"负子蛙"更在背部负卵育儿）。这有时被称为"蛤蟆嘴"或"蛙口"，是北方农村"女阴"的隐语。它也发现于新石器时期器饰之上，靳之林指诸如"辛店文化羊头鼻梁正中的'◆'，正是商周双角饕餮，兽面鼻梁正中的生命符号'◆'"[7]。如果这个假说得以成立，则菱形纹与饕餮纹"蚌贝化"的鼻梁或额饰，就是相补且互动的"生命符号"，是"繁育记号"。这无异于是说，菱形纹表现的是生死崇拜观念。

　　以上诸说，值得多方面推敲。由方菱额花探寻龙之源起，认识显然并不完备，何况许多的兽面还有人神都用它作标识，并非龙形所特有。谷物之说更属臆断，很难服人。就中以"生殖孔"之论，似有可取，但却于理不通，在额头上开个这样的孔道，堂而皇之，很难理解。

　　方菱形由鼻花、脊花，再到额花，从游移不定的位置到固定在额头，这是一种信仰认同，可不仅仅是艺术表现方式的趋同而已。不过对于方菱额花性质的判定，我们还有很多研究要做。当然首先是方菱形图案意义的判定，前些时我在探讨龙虎性征时，总结出圆弧形为阳、方菱形为阴的艺术表现规律，如果与上面所言"生殖孔"之论对照，真是暗合起来了。

但是，我觉得并不能如此简单地在两者之间画等号。主要是诸多例证中，不能排除体表饰圆弧纹被判定为阳性的龙虎，却也有加饰方菱额花的，这两者的混搭抵消了等同的可能性。

我们最有可能认可的结论为：方菱额花是中国古代文明史前期动物神的固定神性标识，在史前末期它还曾是人神的神性标识。当然这里也还是留下了一个有待解释的问题，为何还有许多相同的神兽面纹，却并不见方菱额花？方菱额花有选择地出现，选择的原则是什么？

注　释

［1］　萧兵：《中国上古图饰的文化判读——建构饕餮的多面相》，湖北人民出版社，2011年。
［2］　尤仁德：《古代玉器通论》，紫禁城出版社，2002年，第107、108页。
［3］　钱志强：《西周青铜器兽面纹上菱形符号新探》，《周秦文化研究》，陕西人民出版社，1998年，第493页。
［4］　见《商周青铜器纹饰》，收录有商代二里岗期青铜罍腹有带菱形饕餮纹。
［5］　张弛：《良渚文化大墓试析》，《考古学研究》（三），科学出版社，1997年，第64页。
［6］　范明三：《中国的自然崇拜》，中华书局，1994年，第131页。
［7］　靳之林：《生命之树与中国民间民俗艺术》，广西师范大学出版社，2002年，第182页。

盘龙城早商期灰烬沟遗迹探索

陈贤一

（湖北省文物考古研究院）

早商时期长江两岸的铜料是通过江汉抵达中原。当时商王朝以盘龙城为据点，牢固掌握南方的矿产资源。盘龙城在巩固商王朝的统治，保障王朝物质资源方面发挥了重要作用。盘龙城遗址发现多处灰烬沟遗迹，其内置成组陶坩埚，缸片留有熔渣残迹。灰烬沟遗迹显然与制铜业有关，表明盘龙城已出现铸造场所，是早商南方青铜器的铸造基地。

一、盘龙城早商期灰烬沟遗迹的发现

盘龙城城址以北是一片低岗坡地，这里文化堆积丰富，是盘龙城重要的遗存所在。遗址从东边的杨家嘴经杨家湾，直至西边的小嘴、楼子湾等地，普遍发现有木炭灰烬土及坩埚、陶缸片。在农业学大寨的年代，遗址所在的杨家湾被开成一片片梯田，在梯田田埂上常露出成片灰烬，有的上下还可连成一条线。这种现象引起了考古工作者注意。在1979～1986年间，盘龙城工作站配合当地兴建鱼池，对杨家湾一带进行考古发掘，发现了灰烬沟遗迹，即在岗坡上呈现一条长灰沟，内置三五成组的陶坩埚、陶缸，沟内积满木炭屑。已发现的这类遗迹有5处，即杨家嘴灰烬沟遗迹、杨家湾灰烬沟遗迹、杜家塘灰烬沟遗迹、破口湖灰烬沟遗迹以及小嘴灰烬沟遗迹等（图一）[1]。

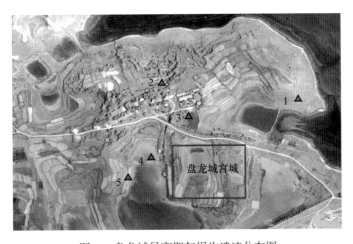

图一　盘龙城早商期灰烬沟遗迹分布图
1. 杨家嘴灰烬沟　2. 杨家湾灰烬沟　3. 杜家塘灰烬沟　4. 破口湖灰烬沟　5. 小嘴灰烬沟

1. 杨家嘴灰烬沟遗迹

杨家嘴位于盘龙城遗址的东北部，南隔盘龙湖与城址相望，西面与杨家湾岗地相连。1980～1983年，为配合当地修鱼池，盘龙城工作站在此开方发掘，揭露面积约1214平方米，发现灰烬沟遗迹1处及房基、灰坑和墓葬等。灰烬沟位于杨家嘴岗地南坡，濒临盘龙湖，南北长27.5、最宽达5米（图二）。

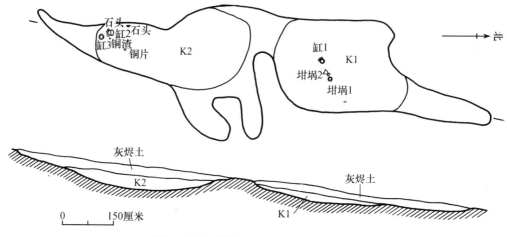

图二　杨家嘴灰烬沟遗迹平、剖面图

2. 杨家湾灰烬沟遗迹

杨家湾位于盘龙城遗址的北部，盘龙城城址的西北，东连杨家嘴，西接楼子湾。1980年，为配合当地兴修农田灌溉水渠，盘龙城工作站在此发掘，揭露面积950平方米，发现灰烬沟遗迹1处及房基、灰坑、祭祀坑和墓葬等。灰烬沟全长29.8、口宽1.8～3米（图三）。

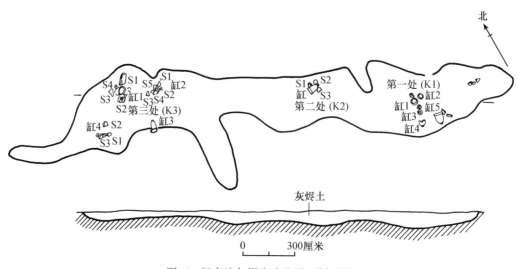

图三　杨家湾灰烬沟遗迹平、剖面图

3. 杜家塘灰烬沟遗迹

杜家塘位于北城垣西段与盘龙城工作站之间。1973年，笔者与中国社会科学院考古研究所李文杰先生对遗址进行考古调查时，当地的杨厚学老人给我们讲述1970年当地修鱼池时，在杜家塘西侧的塘埂中发现1件陶坩埚（PYW：604），出土时器身侧置。离坩埚口旁20～30厘米处发现1件铜凿（PYW：0116）和1枚铜块（PYW：0115）。1979年，盘龙城工作站在杜家塘西北开探沟试掘，共开2米×4米探沟10条，揭开淤土后，即发现一片黑木炭烬土夹红烧土，内置三五成组的陶坩埚和陶缸。由于是试掘，考虑到以后能完整揭露遗迹，当即覆盖保护。

4. 破口湖灰烬沟遗迹

遗迹位于西城垣以西的破口湖北部。1984年为配合当地兴修鱼池在此开2米×4米探沟5条。揭开淤土约1米处即发现一片黑灰烬土，内置三五成组的陶坩埚，推断为制铜作坊所在。为保护遗迹全貌，当即覆盖。

5. 小嘴灰烬沟遗迹

小嘴位于盘龙城遗址西南部，岗地东、西、南三面被破口湖环绕，北与杨家湾相连。2015年11月～2017年3月，武汉大学历史学院考古专业等在此考古发掘，总面积为1190.3平方米。发现一种由多条纵横分布的灰烬沟共同构成一处东西长达26、南北延伸近40米的大型遗迹。

二、灰烬沟的形制特征

盘龙城遗址灰烬沟有如下几个特征：

（1）灰烬沟一般营筑在岗坡上，沟身存在一定的坡度。杨家嘴灰烬沟南北两头高差1.5米。杨家湾灰烬沟因位于杨家湾岗地最高处，面临盘龙湖，四面迎风，故坡度较缓。

（2）形制作长条沟槽状。杨家嘴灰烬沟长27、宽约5米。杨家湾灰烬沟长29.8米，沟内积有黑灰土木炭屑。厚约2厘米以上。灰烬沟沟身宽，首尾两端呈窄条尖状。杨家湾灰烬沟首部长3.4、宽0.5米，由白膏泥筑成，中空，疑为进风口。杨家嘴灰烬沟首部长3.8、中宽约1.8米，尾部长约5、宽约1米，此段沟顶部覆盖一层陶片，疑为出烟处。

（3）灰烬沟沟身设置灰烬坑。杨家嘴灰烬沟设置灰炉坑2个（K1长7.9、宽4.7米；K2长8.5、宽3.3米，深达0.5米）。杨家湾灰烬沟内设灰烬坑3个，坑内置陶坩埚和陶缸并积有大量木炭屑、黑灰土、红烧土和少量熔渣，同出有铜刀。

（4）旁设灰烬场。在杨家嘴灰烬沟南端东侧外约8米，面临盘龙湖，有一片灰烬场，范围东西约20、南北宽约10米，面积约200平方米。灰烬由北向南，由高向低倾斜，面临盘龙湖，灰烬呈层层叠压，填土以灰黑土为主，次为灰褐土、灰白淤泥土。各层厚约0.15～0.22米，灰黑土夹杂有木炭屑、红烧土颗粒，土质松软，包含有一些碎陶片，可辨器形有缸、鬲、盆等，还夹杂有少量碎铜片和熔渣等。

三、灰烬沟遗迹的性质

早商盘龙城建造的灰烬沟遗迹的属性，有以下几点认识：

1. 与铜料加工有关

在杨家湾灰烬沟沟身发现有灰烬坑3个（K1、K2、K3），坑内发现有1～5个陶缸。K1位于灰烬沟东段，凹坑较深，坑内放置5个较为完整的陶缸，呈丁字形排列，缸内外皆积满黑灰土，夹杂大量木炭屑。有4个陶缸出土时口向下底朝上，有1个陶缸作侧置状，口朝北底朝南（图四，1）。K2位于灰烬沟中段北壁，有1件形体较大的红陶缸，出土时缸口向西倾斜，缸底有3块石头支撑（图四，2）。K3位于沟槽西段，出土有4个陶缸，呈方形排列，缸周围积有较厚黑灰木屑，出土时仅见一个保存较好，缸口朝南倾斜，其他三个原地打破，缸底均有石头支撑（图四，3）。

1. K1出土陶坩埚　　　　　　2. K2出土陶坩埚　　　　　　3. K3出土陶坩埚

图四　杨家湾灰烬沟出土陶坩埚

以上3个灰烬坑内的陶缸，出土时有的倒置，有的作侧卧，有的打成碎片。已打破的缸片中，发现有一缸片上粘有一块长方形小铜渣。在T23西部的黑灰烬土中，出土一块长条状铜器残片，断面呈菱形。

在杜家塘灰烬沟附近的田埂中出土1件坩埚。出土时作侧卧状，坩埚口旁约20厘米处放置有1块铜块和1把铜凿。

已发现遗迹中陶坩埚被打破或侧置，意味着已加工的铜料成品已取出，因而推断这一作坊应与铜料加工有关。

2. 与熔铜浇铸有关

在杨家嘴灰烬沟沟身发现灰烬坑2个
（K1、K2），作南北向排列，间距约1米。
K1位于灰烬沟偏北，平面近椭圆形，南北
长7.9、东西宽4.7、深0.3～0.5米。坑内积
满黑灰烬土，包含大量木炭屑和少量红烧
土块。坑内置坩埚2件（PYZT11⑤：4、
PYZT11⑤：11）以及陶缸1件（PYZT11⑤：
3），同出有铜刀，残铜片和铜渣。两个
坩埚置于坑的中部，并列放置，中有一

图五　杨家嘴1号灰烬沟K1出土坩埚

长方形石块相隔（图五）。坩埚PYZT11⑤：11出土时作直立状，口略向西倾斜，
内积满黑灰烬土和红烧土块。坩埚PYZT11⑤：4出土时口朝西南，底向东北。陶缸
PYZT11⑤：3置于坩埚PYZT11⑤：4的西南，出土时作直立状，缸底西侧和南侧各有
石块支撑，缸内遗留有少量木炭屑和陶片。

K2位于灰烬沟南部，形制作不规则梯形，南北长8.5、东西宽2.5～3.3、深0.3米。
坑内置2个较完整陶缸（PYZT11⑤：6、PYZT11⑤：7），同出有一些残缸片及石头、
铜片和铜渣。散布在陶缸周围。陶缸PYZT11⑤：6出土时作斜置状，口向北底朝南，
缸内积满木炭屑及红烧土块，缸底有石头支撑。陶缸PYZT10⑤：46出土时作直立状，
周围散布有残铜片2块，似铜爵的足尖部；铜渣1块，呈椭圆形，通体蜂窝孔状，推断
灰烬坑K1、K2之旁设有浇铸场所。

在小嘴灰烬沟局部范围发现有铜颗粒、铜渣颗粒、铜冶金渣、炉壁及青铜器残
块、陶范、陶坩埚片、孔雀石、砺石、木炭屑等[2]。尤其坩埚内壁附有渣层，表明这
里存在青铜器铸造活动（图六）。

图六　小嘴灰烬沟遗迹出土青铜颗粒

四、从盘龙城墓葬看盘龙城的制铜业

　　贵族墓葬随葬青铜礼器、玉器，象征着墓主生前的社会等级地位，而随葬有青铜生产工具则应与墓主生前的职业身份有关。如洹北商城铸铜作坊区发现有随葬陶范的墓葬，研究者推断当为殷墟铸铜工匠墓[3]。而盘龙城贵族墓中至少有8座（李家嘴M2、M4，杨家湾M4、M11、M13，杨家嘴M9，楼子湾M1、M3）伴随青铜礼器、武器同出青铜生产工具，约占盘龙城已发掘墓葬的21.7%。有7座墓葬随葬有陶坩埚或陶缸（楼子湾M3、M5、M10，李家嘴M2，杨家湾M9、M11、M12），约占19%。如楼子湾M3出土有1套青铜礼器觚、爵、斝、鼎，1套青铜武器戈、矛、刀、镞等，同时在二层台上出土1件坩埚，据此推断墓主生前应是盘龙城带兵的小头目，又是盘龙城铜料加工与青铜铸造生产的管理者。李家嘴M2出土大铜钺与多达4套青铜礼器，还出土了青铜生产工具锛、凿，同时在二层台上的奴隶骨架旁发现1件陶缸，这大概象征着具有军事率领权的最高统治者，肩负着掠夺铜矿的重任。

　　盘龙城墓葬出土的青铜工具，器类有锛、斧、凿、镢、锯、刀、斨、臿等[4]（图七）。

图七　盘龙城遗址出土青铜生产工具

　　此外，盘龙城遗址采集的青铜生产工具也为数不少。这批工具有部分与大冶铜绿山矿冶遗址出土的生产工具类似。如杨家湾M11出土的铜斧PYWM11：36与铜绿山遗址出土铜锛采：6近似；出土的铜斨PYWM11：35与铜绿山遗址出土的Ⅰ、Ⅱ式铜镢采：18、采：2近似；出土的铜锛PYWM11：41与铜绿山遗址出土的A型铜凿近似[5]。由此推断，盘龙城墓葬出土的青铜生产工具应是铸铜作坊铜料加工、浇铸使用的工具。

　　综上，盘龙城城址以北一带低岗坡地的杨家嘴、杨家湾、杜家塘、破口湖、小嘴等遗址均发现有灰烬沟遗迹。结合盘龙城贵族墓葬有随葬陶坩埚、陶缸、青铜生产工具等现象，推断上述盘龙城城址周围的灰烬沟遗迹应与铜料的提纯加工及青铜铸造有关[6]。杨家湾一带在二里岗期应是盘龙城重要的青铜铸造场所。

　　盘龙城是早商时期商王朝在南方的政治中心，城外分布数量较多、规模较大的制铜遗迹，体现了铜料加工及青铜铸造在盘龙城日常生产、生活中扮演十分重要的角色。制铜业为贵族阶层所垄断，是属于贵族的一项重要职能。因此，贵族死后，除随葬青铜礼器、武器外，还随葬一套制铜的生产工具和陶坩埚、陶缸等。历史上，"资源的获取、控制和垄断，是维持一个王朝统治的重要因素"[7]。商王朝为牢固掌握南方丰富的铜资源。在盘龙城建立城邑，并以此为据点，东征西伐，控制鄂、豫、皖地区，盘龙城与大冶铜绿山仅有一江之隔，与港下、铜岭、铜陵、南陵古铜矿几乎在一条长江运输线上，方圆不过数百千米，长江两岸的铜料正是通过江汉平原抵达南阳盆地，这是中原王朝始终控制的一条南铜北输的生命线。盘龙城是商王朝掠夺南方矿产的中转站，是早商时期具有特色的城市，肩负着不寻常的历史使命。

注　释

[1]　湖北省文物考古研究所：《盘龙城——一九六三年——一九九四年考古发掘报告》，文物出版社，2001年。小嘴灰烬沟遗迹是由武汉大学考古专业发现的，参看武汉大学历史学院、湖北省文物考古研究所、盘龙城遗址博物院：《武汉市盘龙城遗址小嘴2015—2017年发掘简报》，《考古》2019年第6期。

[2]　武汉大学历史学院、湖北省文物考古研究所、盘龙城遗址博物院：《武汉市盘龙城遗址小嘴2015—2017年发掘简报》，《考古》2019年第6期。

[3]　中国社会科学院考古研究所：《洹北商城作坊区内发现铸铜工匠墓》，《中国文物报》2019年6月21日第5版。

[4]　雷雨、陈春：《披荆斩棘，铸造辉煌——盘龙城商代青铜工具》，《文物天地》2016年第11期。

[5]　陈树祥：《盘龙城与铜绿山古铜矿业关系》，《商代盘龙城学术研讨会论文集》，科学出版社，2014年。

[6]　徐劲松、余夏红：《盘龙城遗址灰烬沟遗迹性质浅析》，《江汉考古》2016年第2期。

[7]　王巍：《推进盘龙城及江汉地区的考古和历史研究——商代盘龙城学术研讨会上的讲话》，《商代盘龙城学术研讨会论文集》，科学出版社，2014年。

夏商都城规划中的水体

张立东

（河南大学历史文化学院）

水是人类不可或缺的物质之一，在衣食住行各个方面都扮演着重要角色，对于人口高度集中的城市而言，水更是城市规划必然要充分考虑的因素。

关于城市规划中的水体，至迟在东周时期已有一些理论总结。《管子·乘马》云："凡立国都，非于大山之下，必于广川之上。高毋近旱而水用足，下毋近水而沟防省。因天材，就地利，故城郭不必中规矩，道路不必中准绳。"[1]这是说都城选址时既不能太高也不能太低，太高的话很难保证水用充足，而太低的话则必须挖沟筑堤以保证排水。

文献记载的周代城市规划活动中，水体也是非常重要的因素。《尚书·洛诰》述及西周初年东都的选址时说："我卜河朔黎水。我乃卜涧水东，瀍水西，唯洛食。我又卜瀍水东，亦唯洛食。"[2]当时先占卜黄河以北的黎水，又连续占卜洛阳附近的涧、瀍二水之间和瀍水之东，结果显示黎水是凶兆，而涧瀍之间或瀍水之东靠近洛水的地方都是吉兆，由此可见当时临水建都的基本思路。《吴越春秋·阖闾内传第四》记载伍子胥为吴王阖闾建城时，曾经"相土尝水，象天法地，造筑大城，周回四十七里。陆门八，以象天之八风。水门八，以法地之八聪"[3]。其中的"尝水"和"水门"充分反映了城市与水体的关系，前者主要是测试饮用水的质量；后者是城市水系的重要节点，是给排水、航运和防御的重要通道。

已有学者从不同的角度综合讨论古代城市水体的重要性。例如吴庆洲探讨了中国古代的城市水系[4]，汪德华分析了水文化与城市规划的关系[5]，杨华等讨论了中国早期城市与河流的关系[6]，王晞月归纳了陂塘系统与古代城市的关系[7]，张应桥梳理了夏商城市的水利设施及其功能[8]，徐良高论述了先秦城市聚落中的水与水系[9]，侯欣则聚焦于先秦池苑遗存[10]，至于关于夏商时期具体都城的讨论更是不胜枚举。

本文试从城市规划的角度讨论夏商都城的水体，希望在全面梳理各个都城的河流与湖泊之后，能够归纳出夏商时期都城规划中对水体的处理度。

一、登封王城岗

王城岗龙山晚期城址位于河南省登封市告城镇八方村之东。最早发现的是东西相接的两座小城，后来又发现一座外侧有壕的大城。大城的北城壕和西城壕北段保存较好、东、南两侧未见专门的城壕，应该是利用自然的河道为城壕。北、南城墙的复原长度约600米，西、东城墙的复原长度约580米，复原后城内总面积达34.8万平方米。

早在小城发现之初，已有不少学者指认其为禹都阳城；大城发现之后，越来越多的学者认同其为禹都阳城[12]（图一）。

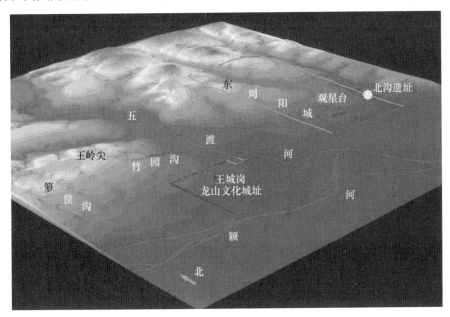

图一　登封王城岗龙山城址与战国阳城[11]

该城位于嵩山以南的平原地带，颍河和五渡河交汇之处。颍河从西向东流，五渡河从西北向东南流，城址恰好位于两河交汇之处西北方的"锐角"之处，正是交汇之处的上游。

二、新　密　新　寨

新寨遗址位于河南省新密市东南的新寨村一带。发掘者勘探出里面的一圈内壕和外面的一圈城壕[13]（图二）。内壕现存北、西、东三段。北壕完整、平直；西壕似为两节链条相接，但总体上与北壕呈90°相交；东壕短、粗，虽似乎向西南斜行，但难以排除总体与北壕呈90°相交的可能，因此可以将内壕以北墙为基准大致复原为正方形。城壕可以分为五段，与内壕北墙平行的北墙比较平直而稍内曲，只是在中、西部有两处向外突出，总长924米。与内壕的东西两段大致平行的两段也比较平直，唯东墙北端外鼓，西墙北端有一缺口。另有两段将北墙与西、东二墙连接起来，西北一段稍内曲，而东北一段稍外曲。以上述五段的划分为基础，可以将城壕复原成八边形。内壕与城壕大致构成为内四（边）外八（边）的格局[14]。

新寨遗址的第二次发掘之后，学术界一般认为它应是夏启之都[15]。

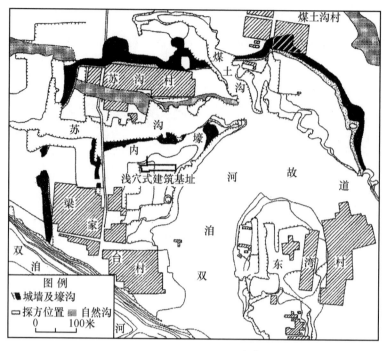

图二　新寨遗址平面图[16]

新砦遗址紧临双泊河的东北岸，遗址废弃之后，很多地方已被双泊河冲刷掉。

三、偃师二里头

二里头遗址位于河南省偃师市西南的二里头村一带（图三）。尚未发现外围的城墙，已经探明的遗址范围呈不规则形，东西最长约2400米，南北最宽约1900米，现存面积约300万平方米。遗址由棋盘格式的街道分割成大小约略相当的"坊"。中心的"宫城"总体略呈长方形，四周建有宽约2米的墙。东、西墙的复原长度分别约为378、359米，南、北墙的复原长度分别约为295、292米，面积约10.8万平方米。"宫城"以南为铸铜作坊，以北为仓储区，东西各有两"坊"[17]。

二里头遗址的年代、位置、规模、文化遗存等都与夏都斟寻相合[18]，因此学术界已基本公认其为夏代中晚期的都城。

二里头遗址位于现代洛河的南岸，而夏都使用时期则位于洛河的北岸，这一点已被多种学科的研究所证实[20]。

四、郑州商城

郑州商城已经确定的内城、外城以及尚未最后圈定的小城，是从小到大依次建成

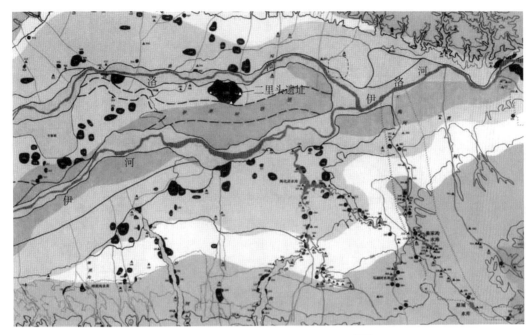

图三　二里头遗址与洛河的相对位置[19]

的，我们在讨论郑州商城的规划之时，首先应该考虑的是小城初建之时的情势。内、外两城是在使用过程中逐渐成形的，因此很可能分别在小城、内城的基础上重新规划而成的（图四）。

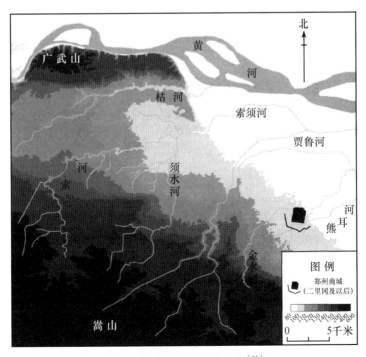

图四　郑州商城及附的地势[23]

　　尽管发掘资料十分有限，但已有的信息足可以给出一个初步的复原方案。1985～1986年在黄委会青年公寓发现一道东北—西南走向的夯土墙W22，已发掘部分长25.2米，方向北偏东23°。经过钻探之后，当时的已知长度为80米左右，宽度为7米，向北的延长线与内城北墙的东段接近垂直[21]。1998年又发掘出一段长约24米的城墙，方向也是23°，宽度接近8米，其向东北延伸约30米后与早年发现的W22相连。该墙西南端的基槽斜向上内收，不再向南延伸[22]。

　　鉴于该墙的厚度，发掘者推测可能存在一座早期的小城，可惜发掘报告及相关研究都没有复原出该墙所属的城圈。经对《郑州商城》图一一二进行测量，北城墙东段的方向为东偏南30°，长度约为830米[24]，因此与北偏东23°的W22并非准确的垂直。二者之间接近垂直的现象提示我们：它们也许可以构成一个闭合的城圈。至于这个城圈是在W22的东侧还是西侧呢？我们倾向于是在西侧。可供参照的有以下三点：第一，在W22的西侧发现有郑州商城已知规模最大的宫殿C8G15，其方向为北偏东22°，与W22方向一致。第二，在内城北墙的东段发现有一个缺口。第三，W22西南端有稍向北折的趋势。若以内城北墙的转折、W22的南端、W22与内城北墙东段的交叉口为这座小城的本个城角，可以粗略地复原出最早的郑州商城（图五）。

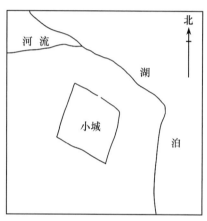

图五　最早的郑州商城示意图
（郑晓娟绘制）

　　对于内城北墙的转折以及东段的方向，过去一直没有很好的解说。刘亦方根据河南省文物考古研究所寻找外城北、东两墙时的钻探资料，认为："郑州商城内城北墙上的拐角恰与花园路以东的积水区相对应。"[25]循此，可以推测小城北墙东偏南30°的方向正是为了与湖岸平行，而开在北墙的城门则面对湖岸。另在疑似外城北墙的外侧发现有宽20、深6米的河道[26]。依此则最初的郑州商城建在大湖之西、河流之南。

五、洹北商城

　　洹北商城位于河南省安阳市的西北郊，因位于洹河之北而得名。已发现郭城、宫城、宫殿、手工业区等。郭城平面近方形，东西宽2150、南北长2200米，总面积约473万平方米，方向13°（图六）。宫城位于郭城中部偏南，南北长795、东西宽度超过515米，面积约41万平方米。宫城内钻探发现大型夯土基址30余处，已发掘F1、F2两座大型建筑。

　　关于洹北商城的历史归属，有河亶甲所迁之相与盘庚所迁之殷两种说法[27]，现

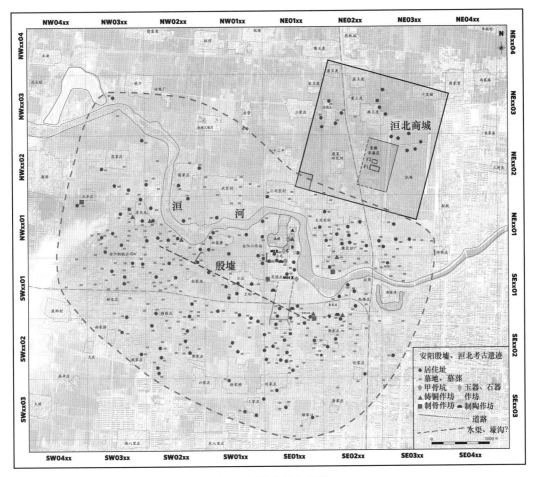

图六　洹北商城与殷墟
（荆志淳提供）

在看来，该城很可能是河亶甲时首次建造，至盘庚时再次建造的都城。

洹北商城建在洹河以北，其北偏东13°的方向恰与略呈西北、东南走向的洹河相对应，而弯弯的洹河恰似对洹北商城形成环抱之势。

武丁之时洹北商城废弃，商王将宫庙区搬迁到洹河以南，但洹河以北仍有商王的墓地、一些手工业作坊和居民点，从而形成一座跨河而居的商都，即传统意义上的殷墟。

六、邢台中商遗址

河北省邢台市区内成群分布着商代中期遗址（图七）。早在20世纪50年代，河北省文物管理委员会就对其中的曹演庄遗址进行了发掘，并指出邢台地区的商代遗址有10处以上[28]。鉴于遗址的年代"大都属于早商文化第四段，绝对年代约在武丁以前"，邹衡先生提出这里很可能就是商王祖乙所迁之邢[29]。

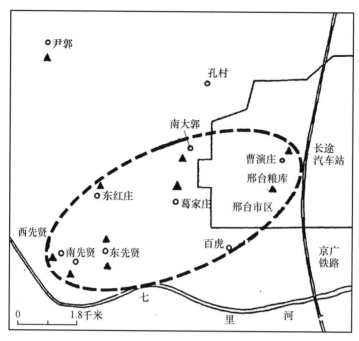

图七　邢台中商遗址分布图[32]

夏商周断代工程组织的东先贤考古队1998年在东先贤村北侧进行了试掘，并进行了一系列调查。不仅再次验证这是一处规模很大的遗址群，而且东先贤的第一期商文化正好介于郑州小双桥和殷墟一期之间，从而证明邢台的中商遗址群很可能就是祖乙所迁之邢[30]。在过去的20多年里，此说逐渐成为学术界的共识[31]，只是与都城相配的城墙、宫殿等大型建置尚有待将来的考古发现。

在邢台中商遗址南侧有七里河从西往东流过。"七里河"一名最早见于成书于明代的《顺德府志》："县南，一名洺河，源出清风岭，下注百泉。"光绪《邢台县志》对七里河描述得颇为详尽。鉴于清以前七里河曾注入的大陆泽以及北侧同样汇入大陆泽的白马河都在先秦史籍中出现过，研究者认为不能排除七里河在先秦时代已存在的可能性[33]。

七、结　语

通过梳理登封王城岗、新密新寨、偃师二里头、郑州商城、洹北商城和邢台中商遗址六处夏商都城，可将夏商都城规划中的水体归纳为三种类型：第一，单河型，包括新密新砦、偃师二里头、洹北商城、邢台中商遗址四处；第二，双河型，仅登封王城岗一处；第三，湖河型，仅郑州商城一处。

本次梳理没有包括偃师商城、郑州小双桥和殷墟三座商都。殷墟并非是原生的城市，它是在洹北商城的基础上稍做改动后形成的，从而形成跨河而居的非常规形势。

偃师商城是特意在夏朝旧都二里头遗址附近新建的一座别都，而此城建成之后二里头遗址尚未废弃，因此其选址必然受到二里头遗址的影响。郑州小双桥遗址距离郑州商城很近，而其使用之时郑州商城仍然繁荣，因此其选址也受到郑州商城的影响。偃师商城、郑州小双桥这两座不完全原生的都城，在规划之时受到郑州商城的强烈影响，也可以归入湖河型。

　　四座单河型都城都位于河流的北侧，湖河型的郑州商城、小双桥遗址都位于河流之南，而双河型的王城岗城址也位于河流之北，由此可见夏商都城大都选在河水之阳。湖河型都城郑州商城、偃师商城和小双桥遗址的湖泊都位于都城之东，而双河型的王城岗城址位于两河交叉口的上游，也有可能是有意为之。这些做法直接影响了后世各级城市的规划。

注　释

[1]　黎翔凤：《管子校注》，中华书局，2004年，第31页。

[2]　顾颉刚、刘起釪：《尚书校释译论》，中华书局，2005年，第1457、1461～1463、1502页。

[3]　周生春：《吴越春秋辑校汇考》，上海古籍出版社，1997年，第39页。

[4]　吴庆洲：《中国古代的城市水系》，《华中建筑》1991年第2期。

[5]　汪德华：《试论水文化与城市规划的关系》，《城市规划汇刊》2000年第3期。

[6]　杨华、杨勇：《试论中国早期城市与河流的关系》，《商代盘龙城学术研讨会论文集》，科学出版社，2014年；韩国河：《都市文明与河流关系的思考》，《郑州商都3600年学术研讨会暨中国古都学会2004年年会论文选编》，中州古籍出版社，2005年。

[7]　王晞月：《中国古代陂塘系统及其与城市的关系研究》，北京林业大学博士学位论文，2019年。

[8]　张应桥：《试论夏商城市水利设施及其功能》，《华夏考古》2006年第1期。

[9]　徐良高：《先秦城市聚落中的水与水系》，《三代考古》（三），科学出版社，2009年。

[10]　侯欣：《先秦池苑遗存研究》，河南大学硕士学位论文，2020年。

[11]　北京大学考古文博学院、河南省文物考古研究所：《登封王城岗考古发现与研究》，大象出版社，2007年，彩版六，1。

[12]　张玉霞：《"禹都阳城"的发现与研究》，《河南历史考古研究的回顾与展望》，大象出版社，2018年，第276～291页。

[13]　赵春青、张松林：《新砦聚落考古的回顾与展望——纪念新砦遗址发掘30周年》，《中原文物》2010年第2期。

[14]　张立东：《试论郑州商城的总体规划》，《中华之源与嵩山文明研究》（第三辑），科学出版社，2017年。

[15]　赵春青：《新密新砦城址与夏启之居》，《中原文物》2004年第3期。

[16]　中国社会科学院考古研究所河南新砦队、郑州市文物考古研究院：《河南新密市新砦遗址浅穴式大型建筑基址的发掘》，《考古》2009年第2期，图一。

[17]　许宏：《二里头文化聚落动态扫描》，《早期夏文化与先商文化研究论文集》，科学出版社，2012年；赵海涛：《二里头都城布局的新发现及其意义》，《光明日报》2021年2月8日

第14版。

［18］　张立东：《夏都斟寻与商都亳合考》，《考古学研究（五）——庆祝邹衡先生七十五寿辰暨从事考古研究五十年论文集》，科学出版社，2003年，第213～226页。

［19］　许宏：《最早的中国》，科学出版社，2009年，第71页。

［20］　许宏、袁靖：《二里头考古六十年》，中国社会科学出版社，2019年，第31～36页。

［21］　河南省文物研究所：《郑州黄委会青年公寓考古发掘报告》，《郑州商城的考古新发现与研究》，中州古籍出版社，1993年，第208、209、223页；宋国定：《1985～1992年郑州商城考古发现综述》，《郑州商城的考古新发现与研究》，中州古籍出版社，1993年，第53、54页。

［22］　河南省文物考古研究所：《河南郑州商城宫殿区夯土墙1998年的发掘》，《考古》2000年第2期。

［23］　刘亦方：《试论郑州城垣形态及相关河道的变迁》，《古代文明》（第13卷），上海古籍出版社，2019年，图二。

［24］　河南省文物考古研究所：《郑州商城——一九五三年—一九八五年考古发掘报告》，文物出版社，2001年，第179页。

［25］　刘亦方：《试论郑州城垣形态及相关河道的变迁》，《古代文明》（第13卷），上海古籍出版社，2019年。

［26］　河南省文物考古研究所：《郑州商城外郭城的调查与试掘》，《考古》2004年第3期。

［27］　何毓灵、岳洪彬：《洹北商城十年之回顾》，《中国国家博物馆馆刊》2011年第12期。

［28］　河北省文物管理委员会：《邢台曹演庄遗址发掘报告》，《考古学报》1958年第4期。

［29］　邹衡：《夏商周考古学论文集》，文物出版社，1980年，第207页；邹衡：《邢台与先商文化、祖乙迁邢研究》，《三代文明研究（一）：1998年河北邢台中国商周文明国际学术研讨会论文集》，科学出版社，1999年，第42～44页。

［30］　邢台东先贤考古队：《邢台东先贤商代遗址发掘报告》，《古代文明》（一），文物出版社，2002年，第371～451页。

［31］　段宏振：《邢墟考古简论》，《中国考古学跨世纪的回顾与前瞻》，科学出版社，2000年；李恩玮：《商王祖乙居邢建都新考》，《纪念殷墟甲骨文发现一百周年国际学术研讨会论文集》，社会科学文献出版社，2003年，第546～549页；庞小霞：《商周之邢综合研究》，社会科学文献出版社，2014年，第36页，图1-1。

［32］　庞小霞：《商周之邢综合研究》，社会科学文献出版社，2014年，第36页，图1-1。

［33］　孙雨：《邢台七里河流域商周遗址遥感考古研究——以东先贤遗址和葛家庄遗址为重点研究区域》，河北师范大学硕士学位论文，2019年，第14页。

考古学视域下的晚商王畿格局与周革殷命策略

何毓灵

（中国社会科学院考古研究所）

《尚书·西伯戡黎》讲述了周革殷命的重要一环，历来为史家所关注，针锋相对之见频出，黎与耆、饥等关系，商之黎与周之黎的纠葛，西伯何人，与其他事件相互关系等等，莫衷一是。近年来，因清华简《耆夜》篇所载"武王八年，征（征）伐郚，大戡（戡）之"[1]，使得"西伯戡黎"问题更加复杂。虽歧见纷呈，但也有一致之处，其一，西伯（文王或武王）确曾戡黎，并引起商臣祖伊恐惧；其二，所戡之黎位于太行山迤西的上党盆地。2006年黎城西关墓地的发掘[2]证实，周代黎国政治中心应在此附近。刘起釪认为商代黎国位于长治市南面壶关县镜内[3]。目前在该区域尚未找到规模较大的商代遗址，但上党盆地零星出土了一些商代青铜礼器[4]。李零认为，商代的黎国疆域范围大致可以判定在"今长治地区，特别是今黎城—潞城—长治市—长治县一线。武乡、沁县、襄垣、屯留、长子、沁源在其西，平顺、壶关在其东，可能也在它的范围里"[5]。

历经亶父、季历、文王、武王四代，周革殷命。文王之时，通过解决虞芮之讼控制郜函咽喉要道之后，铺平了东征之路。即便如此，周人仍难以迅速出击剪灭势力仍很强大的商王朝。文献关于周人灭商线路、步骤多有记载，历代学者多有考证，应符合实情。文、武王采用逐步渗透的策略，从外向内，完成对商王朝合围之势，最终牧野决战而灭商。那么，如何从考古学的角度来解读晚商时期王畿及周边的地理格局以及殷周对峙各自战略布局呢？

一、晚商王畿地理格局

自盘庚迁殷后，商王朝的中心迁徙至殷墟。殷墟位于太行山东侧的安阳盆地向东敞开的端口，发源于太行山的洹河自西向东从中流过，把殷墟分为南、北两部分。实际上，盘庚最初迁殷之地位于洹河北部的洹北商城，后约武丁王前后，宫殿区南移至洹河以南的小屯村附近[6]。

太行山东麓有多条发源于太行山的河流，向东注入古黄河，如此在太行山与古黄河漫流区形成东西宽度少则有20千米，多则超过100千米[7]冲积平原。自南部沁水到北部的滹沱河等多条河流把这个南北狭长地带分割成多个地块[8]。这些河流切穿太行山形成的大小不一峡谷，也就自然成为沟通太行山东西两侧的交通要道，著名的"太行八陉"便是典型代表。

春秋以前，黄河自荥阳以西向北拐折，完全挣脱了山地、丘陵等高地的束缚，窜流于华北平原腹地，据谭其骧考证，至少有"汉志河""山经河""禹贡河"三条先后不同的主要路线，而且黄河河道既不是固定的、也非单一的，而是在一定范围内呈扇形展开，在洪水期窜流于不同的河道间，甚至淹没整个下游地区[9]。发源于太行山向东流淌的河流多是古黄河的一级支流。

商王朝实行内外服制。多数研究者认为，晚商王朝内服区就是其王畿之地，西界于孟津及太行山以东，东界大体在河南省柘城、商丘以西和濮阳迄东一线，南界在淮阳、鲁山一线，北界在邢台、内丘附近[10]。显然，上述区域基本位于太行山与古黄河之间。而从考古调查与发掘表明，以殷墟都城为中心，在太行山东侧大量分布着晚商时期大小不一的聚落，其密集程度是其他区域无法比拟的。而在古黄河以东，现豫东、鲁西、河北南部区域地势低洼，河湖、沼泽居多，人类不易生存于此，极少有晚商时期的遗存[11]。

古黄河南岸至今也是中原腹地的"十"字路口，地理位置十分重要，商代早期以郑州商城为中心，周边有大量同时期的聚落，到晚商阶段虽然政治中心北移到殷墟，但遗址分布十分密集，代表性的有荥阳小胡村"舌"族墓地[12]、关帝庙[13]、马良寨[14]、竖河[15]、黄河路109号院[16]、人民公园[17]等。特别是"舌"族墓地的发现，表明这里仍是商王朝重点把控的区域，因为此处是晚商王朝获取东方、南方重要资源的唯一通道。东方的食盐、南方的铜料等战略物资经由水路、陆路汇集于此，渡黄河后就到达王畿之地。由郑州、荥阳往南，晚商时期的遗址数量大大降低，但仍处于王朝的掌控之下，大体沿京广铁路一线，有重要的大小不等的聚落分布，其中驻马店正阳闰楼的"亚禽"族墓地[18]、信阳罗山天湖"息"族墓地[19]就是其中代表。由郑州、荥阳往东和东南方，沿淮河大小支流可以顺利进入鲁西、苏北、皖北等地，沿途目前虽然尚未发现规模很大的晚商时期聚落，但遗址也不少。由郑州、荥阳往西情况比较特殊。洛阳盆地到晚商时期好似急剧衰落，同时的遗址较少，未发现高等级的聚落。该区域恰好是周武王盟津观兵、牧野之战的必经区域。多位学者考证，被文王拼尽全力才荡平的崇国就在郑洛地区。这与考古调查形成了较大反差，因为高等级聚落的存在，其周边区域必定要有与之匹配的中、小型聚落。

由于地域不同，晚商文化虽然分布很广，但考古类型学研究表明，晚商文化殷墟类型主要分布于太行山以东、以南，古黄河以西地区，这个区域全部是王畿之地。到古黄河以南的郑州、荥阳地区，其地域文化明显加强，多红褐色盘口鬲[20]，此类型陶鬲几乎不见于黄河以北区域。因而如以考古学界定晚商王畿范围的话，其南部应以古黄河为界，而非许多历史学家认为的已到黄河以南。

王畿内部，由殷墟向北直线距离约15千米漳河北岸的下七垣遗址，曾出土包括四觚三爵共11件青铜的墓葬，青铜铭文有"受""启"[21]。沿漳河的临漳、磁县、涉县境内也发现一系列晚商时期遗址。再往北到达以洺阳河及其支流区域，以武安赵窑遗址为代表，遗址众多。赵窑遗址南距下七垣遗址直线距离约60千米，曾于1960、1975年发掘[22]。已公布的1960年发掘资料以一觚一爵的铜器墓为主，但零星披露的1975年发掘资料分析，该遗址应有等级较高的铜器墓[23]，铜器铭文有"矢"。自邯郸至邢台，目前还没有正式发掘的铜器墓，但该区域内晚商遗址众多，曾征集或偶然出土有青铜器。

由殷墟往南，太行山逐渐转向西南方向，与古黄河之间也最为宽阔，区域内晚商遗址同样密切分布。常怀颖曾对此区域的晚商铜器墓进行了很好的梳理与研究[24]，指出太行山南麓与崤函故道的交通，是晚商时期安阳与关中间的主干道。自殷墟往南40千米的鹤壁地区，文献所载之朝歌历来为史家所重视，虽然目前尚无法从考古学上坐实，但屡有发现晚商遗址、铜器[25]等，其中淇县大李庄经正式发掘[26]，仅发现一座随葬青铜觚、爵、鼎、簋各1件的铜器墓。自鹤壁往南到黄河北岸，历年出土青铜器的地方有辉县褚丘[27]与琉璃阁[28]、武陟龙睡村[29]与宁郭村[30]、温县小南张[31]、孟县涧溪[32]等。上述地点自淇县、辉县、武陟到温县，相互间距离30~50千米不等。其中褚丘与琉璃阁最为重要，特别是琉璃阁，虽然被盗严重，但双墓道的M150表明这是等级很高的贵族墓。褚丘的大量青铜器虽非发掘出土，但有两套觚爵的墓葬，且有像祖辛卣这样的高等级青铜器。武陟县宁郭村出土有殷墟三期的铜鼎、罍、斝，均有铭文。这显然不是该批铜器的全部，应至少有一或两套铜觚爵。而温县小南张共出土有9件青铜容器（爵3、觚2、斝1、簋1、甗1、方鼎1）和3件一套的编铙。这批铜器造型精美，鼎、簋、斝、爵上有铭文"徙"字。小南张是也除殷墟之外出土铜编铙的地方，这些均表明此为"徙"族墓地。

二、王畿周边方国形态

王畿之外分布着大量的方国。所谓方国，一般是指甲骨文中记载的"方"，其首领称方伯，周文王称为"西伯"就是一例。甲骨文中可推定为方国名"实在数百以上"[33]，某种意义上来说，商王朝也就是最大的方国。方国之间的关系十分复杂，方国要想生存和壮大，必须在方国之间的战争中不断取胜。甲骨文中常和商王联合作战的方国多是被商王打败后成为军事同盟者的。作为参盟方国，主要任务是参加联合的军事行动，向商王提供贡赋，办理各种事务。在受到外敌入侵时，方国可以请求商王予以保护。

王畿之外的方国可以理解为商王朝的外服，外服之内的方国与商王朝同样十分复杂，时叛时服、反复无常的方国不在少数，敌、我方国甚至形成了犬牙交错之势，甲骨文献中可以梳理很多这样的经典案例，不过从考古学角度来考察，同样可以有所收获。

自殷墟往西穿过太行山就是太行山西侧的山前盆地——上党盆地，也就是西伯戡黎之地，甲骨文中的旨方被认为就是黎国[34]。关于黎国地理形势，李零从军事地理的角度深入解读，指出黎国所在的上党盆地与太行八陉中的四陉（井陉、滏口陉、白陉、太行陉）有关，而《汉书·地理志》所载上党郡有四个重要关口：上党关、壶口关、石研关和天井关，除上党关位于屯留，是太岳山的关口外，其他三关都是太行山的关口[35]。学者们也多引用《左传·昭公四年》载"商纣为黎之蒐，东夷叛之"来突出黎国的重要性。

实际上，太行山西侧，从上党盆地南下、北上形成殷墟王畿西部的第一道屏障。由此往西越过太岳山，北为太原盆地，南为临汾盆地。考古发掘表明，商王朝在此布设了第二道屏障。

旌介墓地位于山西省灵石县静升镇旌介村，该墓地东南距殷墟直线距离约240千米，地处汾河中游，东为太岳山，西为吕梁山，南接临汾盆地，北通太原盆地，是沟通南北的咽喉要道。墓葬形制与葬俗与殷墟高度一致，3座墓葬面积虽然不大，但均随葬了大量青铜器，特别是M1、M2两座墓中都有4件觚、10件爵，如此等级即便是殷墟也不多见。青铜铭文表明，这里是"丙"族墓地，时代为殷墟晚期[36]。

由旌介墓地往南100千米，在临汾尧都区庞杜村也发现晚商时期的墓地，地处晋南盆地东部边缘，泜河南岸台地上，扼守临汾盆地经浮山通往晋东南之要道。共发掘4座墓葬，出土大量青铜容器，时代为商代晚期至西周早期[37]。

浮山桥北墓地位于山西省浮山县北王乡桥北村西南的坡梁上，地处太岳山西麓，紧邻临汾盆地东部。墓地被盗严重，已发掘33座，其中有3座为带墓道的大型墓葬，且陪葬有马车。浮山桥北出土铜器有"先"字铭文，这里应是先国墓地，与甲骨文中所记"先侯"相印证[38]。时代为殷墟二至四期。

由临汾盆地向东南进入运城盆地，学术界以前认为该区域内几乎不见晚商文化遗址，商王朝失去对该区域的控制。但近几年的考古发掘表明，并非如此。

酒务头墓地位于山西省闻喜县河底镇酒务头村西北，地处运城盆地东部边缘，中条山西侧的山前坡地上，扼守晋南盆地经石门镇穿越中条山通往垣曲盆地的交通要道。该墓地同样因盗掘发现，2017~2018年抢救发掘殷墟时期墓葬12座，其中有5座为带墓道大墓。保存完好的M1共随葬了包括5件觚、6件爵共23件青铜礼器[39]。与之相距不远的绛县东吴墓地发现于2019年，已发掘的M1被盗严重，出土的青铜壶、觚具有典型的殷墟特征，青铜戈上有铭文"丙"字，这与上述灵石旌介墓地的丙族可能有关。而陶簋的地域特征十分明显[40]。

从墓葬形制、随葬青铜礼器可以看出，以上墓地的墓葬制度与王畿地区高度一致，而且墓葬等级很高。这是商王朝在太行山以西布置的又一道屏障控制着重要的交通要道，也是与其劲敌直接对抗的最前线，来自于晋陕高原的李家崖文化同样自北向南分布，形成东西对垒之势[41]。而李家崖文化多被认为是甲骨文所载之鬼方，与商王朝战争不断。

与早、中商相比，晚商时期，商王朝北方、西方、南方的势力范围大大收缩，唯有东方仍在极力扩张中[42]，成为除王畿之外商王朝的另一个中心区，以至于在周初"三监之乱"时，仍有强大势力，以奄、薄姑为首与三监共同叛乱，周公二次东征之后才彻底平息。在山东大部、苏北、皖北及豫东密布晚商时期的遗址，特别泰沂山南北两侧、渤海南岸遗址密集程度甚至超过了王畿地区。鲁北以青州苏埠屯"亚丑"族墓地[43]为代表，鲁东南以滕州前掌大"史"族墓地[44]为代表，墓葬制度与王畿之地完全一致，苏埠屯墓地甚至有四条墓道的大墓，堪称王级。帝乙、帝辛之时，东夷不断叛乱，商夷战争旷日持久。从帝辛征人方路线来看，反叛的人方主要分布于苏北一带。东方战争极大地牵制了商王朝的军力，从而让西部的周人有了可乘之机。

三、周人战略部署

周人翦商深谋远虑，历经太王、季历、文王、武王，长达百年，罗琨对此予以详细论证[45]，大体可分为稳固后方、分割包围、伺机决战三个步骤。

《史记·周本纪》载周文王："明年，伐犬戎。明年，伐密须。明年，败耆国。殷之祖伊闻之，惧，以告帝纣。纣曰：'不有天命乎？是何能为！'明年，伐邘。明年，伐崇侯虎。而作丰邑，自岐下而徙都丰。""（文王）九年，武王上祭于毕。东观兵，至于盟津……诸侯不期而会盟津者八百诸侯。诸侯皆曰：'纣可伐矣。'武王曰：'女未知天命，未可也。'乃还师归。""居二年（文王十一年）武王遍告诸侯曰：'殷有重罪，不可以不毕伐。'乃遵文王，遂率戎车三百乘，虎贲三千人，甲士四万五千人，以东伐纣。十一年十二月戊午，师毕渡盟津，诸侯咸会。"

文王对犬戎与密须[46]的征伐显然出于东征之前稳固后方的考虑。之后开始败耆、伐邘、伐崇，并作丰邑、徙都丰，但关于征伐东方诸国的顺序素有不同记载。《史记·周本纪》记载伐耆在先，然后是邘与崇。而耆即黎位于商王朝腹心之地，且其外围有多道防线。无论是文王，还是武王戡黎或伐耆，在没有解除邘国、崇国，以及太岳山西侧商王朝部署的第二道防线的情况下，很难直捣黎国，即便冒险孤军深入，在当时行军速度缓慢的情况下，极易被商王反包围，如此也就不会引起祖伊的恐惧了。有学者注意到此问题，指出黎应是最后被征伐者[47]。唯如此，才符合周人步步为营、渐次渗透的战略。即使如此，从考古资料分析可知，商王朝在太岳山、中条山沿线以友好方国为主的第二道防线在武王灭商时仍未被全部歼灭。《逸周书·世俘解》记载周武王在牧野之战后，派出军队四处追击商之方国，其中的霍方就位于山西霍县一带。

自唐、宋代开始，有学者提出戡黎者是武王，而非文王。清华简《耆夜》所载的

"武王八年伐耆"让李学勤等认为《史记》等书所载文王戡黎有误，《尚书·西伯戡黎》之西伯就是清华简《耆夜》之武王伐耆之事[48]。于薇认为《耆夜》记武王伐耆是指武王克商后四年在山西地区的军事行动，与西伯戡黎是两回事[49]。但多数文献记载武王克商后二年而亡，未见武王克商后仍有重大军事活动的记载。

伐邘、崇与戡黎使翦商之事取得实质性进展，基本解除了商王朝西部防线，完成了对王畿的合围之势，使得商王处于孤立无援的境地。而商与东夷长年战争给武王提供了最后一击的良机。

至周武王时，已彻底打通了自关中东进的障碍，但周武王仍心存疑虑，九年于孟津观兵后撤回西部，因为此时商王势力仍很强大。直到十一年再次率军自孟津渡黄河，沿太行山南部平坦之地迅速北上，在牧野与商军决战。周武王两次出兵，选择的路线都是相同的。此条线路早已无敌军，且多平原，便于兵车迅速前行。另外，选择从南部进军，而非自太行山以西出兵奇袭商都，笔者认为，周武王意图十分明显，防止商王兵败后南逃。

虽然帝乙、帝辛之时常年与东夷为战，但战争主要是在鲁南、苏北的淮河流域，而鲁北、鲁中等山东大部分地区仍在商王朝有效掌控之中。大量有铭青铜器表明，商王朝分封了许多高级贵族驻守于此，商代中期之都城奄也位于此区域内，盘庚正是自奄地迁到殷。甲骨文记载，征伐东部的人方、林方等，商军都是在今新乡市原阳县境内的扈地渡黄河南下，这里应该有完善的渡河设施。王畿以东的黄河及低洼的沼泽地是天然阻挡商王直接东逃的屏障。理论上，商王还可以北退，从邯郸、邢台，再往北到石家庄、定州，沿太行山东侧，都有许多方国驻守。周武王率军从南部征讨，借助于东部的黄河和西部早已打通的线路，迅速完成了对商王都的三面合围之势。纣王也曾迅速组织军队应战，无奈众叛亲离，军队倒戈，自焚而亡。

武王入商都后，乘胜追击，征讨四方，共灭国"九十有九"，"服国六百五十有一"，其中的陈本"伐磨"、百韦"伐宣方"、新荒"伐蜀"均位于晋南；向北追击霍方（山西霍县），"禽霍侯、俘艾侯、佚侯、小臣四十有六"（《逸周书·世俘解》）。据此可知在太行山以西还有大量与商友好的方国。

四、结　语

文献关于周革殷命多有记载，史家也多有研究，但借助于考古资料可以清晰地得出以下几点认识：

其一，晚商王畿之地东、南为古黄河，西为太行山，是天然的固守屏障。甲骨、金文所载之大邑商、天邑商既是商人对王畿之称谓，也是商人对王都的自信与骄傲的反映。截止目前殷墟遗址内尚未发现城墙，这与商代早期都城与一般城址形成巨大反差。张国硕先生认为这表明商人对自身安全充满信心[50]。商王对王畿直接管辖与治理，是商王朝的核心之地。

其二，王畿之外的友好方国是商王朝的安全屏障。持续不断的战争压力让商王朝有意在王畿四周进行军事布防，"四土"之内友好方国都有守护王畿的职责。考古发掘表明，太行山以西至少有两道防线，友好方国借助于地形天然屏障抗击入侵之敌，甲骨文相关记载不胜枚举，考古材料同样铁证如山。

其三，周人翦商蓄谋已久，历经四代。在扫除后顾之患开始东征时，文王、武王仍小心翼翼，不敢冒进，忌惮于商人防线。伐邘灭崇后，由中条山南侧的羊肠坂道可北上直达上党盆地，痛击黎国。如此就切断了太行山以西商人防线的有效联系，更失去了来自于太行山以东的王畿的支援，戡黎引起的祖伊恐慌实在情理之中。武王先于孟津观兵，二年后才与纣王决战，表明其仍有顾虑。借助于黄河天险，自南部进击，而非自太行山西侧伐商，应是出于防止商人南逃、东进的考虑。周公二次东征山东的薄姑、奄地就表明牧野之战后，东土仍有强大的军事实力可与商人抗衡。如果纣王南逃进入山东地区，甚至会让武王举兵前功尽弃。

附记：本文为国家社科基金重大招标项目"安阳洹北商城铸铜、制骨、制陶考古发掘整理与研究"（编号：21&ZD239）研究成果。

注　释

［1］　清华大学出土文献研究保护中心编，李学勤主编：《清华大学藏战国竹简（壹）》（下册），中西书局，2010年，第149～156页。

［2］　山西省考古研究院：《山西黎城西关墓地M7、M8发掘简报》，《江汉考古》2020年第4期；山西省考古研究院、黎城县文物博物馆：《山西黎城西关墓地M1与M10发掘报告》，《中国国家博物馆馆刊》2021年第4期；山西省考古研究院、长治市文物旅游局、黎城县文博馆：《黎城楷侯墓地》，文物出版社，2022年。

［3］　顾颉刚、刘起釪：《尚书校释译论》，中华书局，2005年，第1056页。

［4］　山西省文物管理委员会：《山西长子县北郊发现商代铜器》，《文物资料丛刊》（3），文物出版社，1980年；侯艮枝：《山西屯留县上村出土商代青铜器》，《考古》1991年第2期；王进先、杨晓宏：《山西武乡县上城村出土一批晚商铜器》，《文物》1992年第4期。

［5］　李零：《西伯戡黎的再认识——读清华楚简耆夜篇》，《经学与诗史系列丛书：简帛·经典·古史》，上海古籍出版社，2013年。

［6］　关于洹北商城的性质，学术界还有一定的争论。洹北商城发现的前十年间，考古调查与发掘表明，以宫殿基址为代表的重要遗存的年代多属洹北商城早期，晚期的遗存较少且只有普遍的灰坑、小型墓葬等。但近些年洹北商城作坊区发掘表明，作坊区内的铸铜、制骨、制陶生产持续了整个洹北商城时期，这在一定程度表明晚期仍是都城。一些学者提出洹北商城早期属河亶甲居相之地，但文献表明河亶甲居相年代较短，且与盘庚迁殷之间还有较长的时间间隔。鉴于此，笔者倾向认为洹北商城应是盘庚迁殷之地。

［7］　吴忱、王子惠、许清海：《河北平原的浅埋古河道》，《地理学报》1986年第6期。

［8］　常怀颖：《殷墟出土晚商陶器所见晋陕冀地区诸考古学文化因素》，《文物》2021年第7期；
　　　　常怀颖：《略谈晚商太行山南麓及临近地区的铜器墓》，《中原文物》2020年第4期。

［9］　谭其骧：《西汉以前的黄河下流河道》，《长水集》（下），人民出版社，1987年。

［10］　宋镇豪：《论商代的政治地理架构》，《中国社会科学院历史研究所学刊》（第一集），社
　　　　会科学文献出版社，2001年。

［11］　黄铭崇：《晚商文化的分佈及其意義——以山東地區為例的初步探討》，《東亞考古學的再
　　　　思——張光直先生逝世十週年紀念論文集》，2013年。

［12］　贾连敏等：《河南荥阳胡村发现晚商贵族墓地》，《中国文物报》2007年1月5日第5版；河
　　　　南省文物考古研究院：《河南荥阳小胡村墓地商代墓葬》，《华夏考古》2015年第1期。

［13］　河南省文物考古研究所：《河南荥阳市关帝庙遗址商代晚期遗存发掘简报》，《考古》2008
　　　　年第7期。

［14］　河南省文物考古研究院、河南省文物局南水北调文物保护办公室：《郑州市马良寨遗址晚商
　　　　文化遗存发掘简报》，《考古》2017年第4期。

［15］　河南省文物考古研究所：《河南荥阳竖河遗址发掘报告》，《考古学集刊》（10），地质出
　　　　版社，1996年。

［16］　郑州市文物考古研究院：《郑州黄河路109号院殷代墓葬发掘简报》，《中原文物》
　　　　2015年第3期。

［17］　河南省文物考古研究所：《郑州商城——一九五三年——一九八五年考古发掘报告》，文物出
　　　　版社，2001年。

［18］　驻马店市文物考古管理所：《河南驻马店闰楼商代墓地发掘报告》，《考古学报》2018年第
　　　　4期。

［19］　信阳地区文管会、罗山县文化馆：《河南罗山县蟒张商代墓地第一次发掘简报》，《考古》
　　　　1981年第2期；信阳地区文管会、罗山县文化馆：《罗山县蟒张后李商周墓地第二次发掘简
　　　　报》，《中原文物》1981年第4期；信阳地区文物会、罗山县文管会：《罗山蟒张后李商周
　　　　墓地第三次发掘简报》，《中原文物》1988年第1期；河南省信阳地区文管会、河南省罗山
　　　　县文化馆：《罗山天湖商周墓地》，《考古学报》1986年第2期；河南省文物考古研究院、
　　　　信阳市博物馆、罗山县博物馆：《河南罗山天湖商周墓地M57发掘简报》，《华夏考古》
　　　　2016年第2期。

［20］　此种陶鬲在郑州地区晚商遗址中十分常见，如关帝庙遗址、人民公园遗址等，往南到驻马店
　　　　正阳县闰楼遗址仍有发现。

［21］　罗西平：《河北磁县下七垣出土殷代青铜器》，《文物》1974年第11期。

［22］　河北省文物研究所、河北文化学院：《武安赵窑遗址发掘报告》，《考古学报》1992年第3期。

［23］　常怀颖：《殷墟出土晚商陶器所见晋陕冀地区诸考古学文化因素》，《文物》2021年第7期。

［24］　常怀颖：《略谈晚商太行山南麓及临近地区的铜器墓》，《中原文物》2020年第4期。

［25］　耿青岩：《河南淇县鲍屯发现一件晚商青铜觯》，《考古》1984年第9期。

［26］　河南省文物考古研究院：《河南淇县大李庄商代晚期墓葬发掘简报》，《考古》2018年第5期。

［27］　齐泰定：《河南辉县褚丘出土的商代铜器》，《考古》1965年第5期；新乡市博物馆：《介
　　　　绍七件商代晚期青铜器》，《文物》1978年第5期；王守谦：《河南辉县出土的商代祖辛
　　　　卣》，《文物》1979年第7期。

［28］　郭宝钧：《山彪镇与琉璃阁》，科学出版社，1956年；中国科学院考古研究所：《辉县发掘

报告》，科学出版社，1956年。

［29］ 千平喜：《武陟县龙睡村北出土两件商代铜器》，《中原文物》1984年第4期。

［30］ 武陟县博物馆：《武陟县出土三件商代青铜器》，《文物》1989年第12期。

［31］ 杨宝顺：《温县出土的商代铜器》，《文物》1975年第2期。

［32］ 河南省文化局文物工作队：《河南孟县涧溪遗址发掘》，《考古》1961年第1期。

［33］ 林沄：《第一讲：商代的国家形式》，《商史三题》，历史语言研究所，2018年。

［34］ 陈梦家：《殷墟卜辞综述》，中华书局，1988年，第285～287页；杨树达：《积微居甲文说·释旨方》，上海古籍出版社，2007年，第69页。

［35］ 李零：《西伯戡黎的再认识——读清华楚简耆夜篇》，《经学与诗史系列丛书：简帛·经典·古史》，上海古籍出版社，2013年。

［36］ 山西省考古研究所：《灵石旌介商墓》，科学出版社，2006年。

［37］ 临汾市文物局：《临汾文物集萃》，三晋出版社，2012年，第192～194页。

［38］ 桥北考古队：《山西浮山桥北商周墓》，《古代文明》（第5卷），文物出版社，2006年，第347～394页。

［39］ 白曙璋、高振华：《山西闻喜酒务头商代墓地》，《2018中国重要考古发现》，文物出版社，2019年；高振华、白曙璋、马昇：《山右吉金——闻喜酒务头商代墓地出土青铜器精粹》，山西人民出版社，2020年。

［40］ 运城市文物保护中心、运城市考古队、运城市文物工作站：《山西绛县东吴村商墓发掘简报》，《中国国家博物馆馆刊》2021年第12期。

［41］ 田伟：《商代晚期的东西对峙》，《中国国家博物馆馆刊》2021年第2期。

［42］ 刘绪：《商文化在北方的进退》《商文化在西方的兴衰》《商文化在东方的拓展》，《夏商周考古探研》，科学出版社，2014年；刘绪：《商王朝的南土——在"盘龙城与长江文明国际学术研讨会·2019"闭幕式上的讲话》，《江汉考古》2021年第4期。

［43］ 山东省博物馆：《山东益都苏埠屯第一号奴隶殉葬墓》，《文物》1972年第8期；山东省文物考古研究所、青州市博物馆：《青州市苏埠屯商代墓葬发掘报告》，《海岱考古》（第1辑），1989年。

［44］ 中国社会科学院考古研究所：《滕州前掌大墓地》，文物出版社，2005年。

［45］ 罗琨、张永山：《中国军事通史·夏商西周军事史》，军事科学出版社，1998年。

［46］ 据杨宽先生《西周史》知，密须位于甘肃灵台西五十里的百里镇，犬戎显然也位于周人西部。

［47］ 陈民镇、江林昌：《"西伯戡黎"新证——从清华简〈耆夜〉看周人伐黎的史事》，《东岳论丛》2011年第10期。

［48］ 李学勤：《清华简〈郎（耆）夜〉》，《光明日报》2009年8月3日；李学勤：《清华简九篇综述》，《文物》2010年第5期。

［49］ 于薇：《清华简〈郎夜〉时、地问题辨正》，《中国国家博物馆馆刊》2012年第12期。

［50］ 张国硕：《殷墟城墙商榷》，《殷都学刊》1989年第2期。

盘龙城YWM6年代、属性与墓主身份

刘森淼

（盘龙城遗址博物院）

盘龙城杨家湾6号墓（YWM6）是目前所见该遗址最早有青铜器、玉器随葬的贵族墓。弄清它的年代、文化属性、墓主身份，对探讨盘龙城青铜文化发展源流具有重要意义。下面述一己之得，供学界参考。

一、杨家湾6号墓的年代

此墓竖穴土坑，长2.3、宽1~1.16米，未见腰坑，葬式不明，缺乏层位关系。出土文物8件。有铜爵、斝、鬲各1件，玉戈1件，陶罐2件，陶鬲、盉各1件（图一）。《盘龙城——1963~1994年考古发掘报告》（以下简称《盘龙城》）编写者将其定为盘龙城文化三期，相当于二里头文化四期偏晚或二里岗下层一期偏早[1]，但没有解说缘由。这不利于深入探讨后续相关问题。郭立新、郭静云先生认为盘龙城文化三期相当于二里头文化三期[2]，本人认为偏早了点。为此，有必要将该墓与周边同时期遗物作一个较为细致的比较，从而确定它的年代。

盘龙城陶器的陶色总体上偏红。YWM6陶器也是这样。它与河南等地这一时期陶器多呈灰黑色，视觉效果不同。

陶盉（YWM6：7），残片修复。泥质红陶。《盘龙城》报告作"夹砂红陶"。实为细腻的泥质陶内夹有少许细砂。它与陶鬲一类常见的粗质夹砂红陶，不是一回事。圆形袋状足，有鋬，口沿及腰部缺失。鋬外侧上端饰两个乳丁，乳丁两侧向下饰竖线划纹（图二，3）。其形制纹饰与二里头三期ⅣM7：1（图二，1）、二里头四期

图一　盘龙城杨家湾6号墓平面图
1.铜爵　2.铜鬲　3.玉戈　4.铜斝
5.陶高领罐　6.陶鬲　7.陶盉　8.陶小高领罐

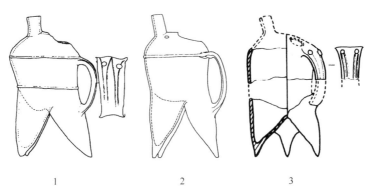

1　　　　　　　　2　　　　　　　　3

图二　盘龙城与二里头文化三、四期陶盉比较

1. 二里头文化三期ⅣM7：1（《偃师二里头：1959年～1978年考古发掘报告》，第254页，图166-2）
2. 二里头文化四期1984ⅥM9：5（杜金鹏、许宏：《偃师二里头遗址研究》，第707页，图七；原见
《考古》1986年第4期）　3. 盘龙城YWM6：7（《盘龙城》，第222页，图一五九，4）

1984ⅥM9：5（图二，2）相似，表明了它们之间的联系性。如器鋬上的乳丁与乳丁两侧的竖线划纹，与二里头三期的盉ⅣM7：1如出一辙。但ⅣM7：1为泥质深灰色陶，1984ⅥM9：5为泥质灰白陶，属于地域差别。陶盉是二里头文化的标志性器物。故盘龙城此盉年代，不会晚于二里头文化四期。

陶高领罐（YWM6：5），《盘龙城》报告中描述为"泥质灰陶"，实际为泥质灰胎而表泛淡红色。圆广肩，斜腹，底微凹，口、颈部残。肩饰四道凹弦纹，腹饰分道交错细绳纹（图三，5）。

此类有领罐在盘龙城所见不多，但石家河文化晚期（或称"后石家河文化"，下同）肖家屋脊有很多这种形状的罐（图三，1），淅川下王岗龙山文化晚期也有（图三，4）。二里头文化一期陶罐Ⅱ.ⅤH146：13（图三，2）与陶罐Ⅱ.ⅤH148：12（图三，3），一为凹底，一为平底，且均为折肩，形制上有差异，但肩饰弦纹、下腹饰绳纹的风格与盘龙城陶罐YWM6：5相同，表现了一种时代特色。东下冯文化四期（相当于二里头文化四期）陶罐M7：1（图三，6）折肩特征与二里头陶罐一脉相承，只是时代更晚。盘龙城陶有领罐YWM6：5，肩、腹、底部造型与石家河文化晚期及下王岗龙山文化晚期有领罐相似，属文化基因传承；纹饰风格接近二里头文化一期陶罐，属于时代风格。故其总体上晚于石家河及河南龙山文化晚期、二里头文化一期，早于东下冯文化四期，约与二里头文化三期或四期早段相当。

陶小高领罐（YWM6：8），泥质红褐陶。圆唇，有领，圆肩，下腹残。肩及上腹部饰凹弦纹（图四，2）。它是盘龙城遗址圆肩罐的早期型式，与石家河文化晚期石板巷子小高领罐T5⑤：1[3]的陶质、陶色、形制均为接近（图四，1），显示了与石家河晚期文化之间的承续关系。其与陶罐YWM6：5共存，年代相同。

陶鬲（YWM6：6），夹砂红陶。体较方，卷沿，联裆，三锥足较直（图五，1）。此类联裆鬲，与袋足鬲共存，是北方袋足鬲文化南下后，经盘龙城人创新形成的一种

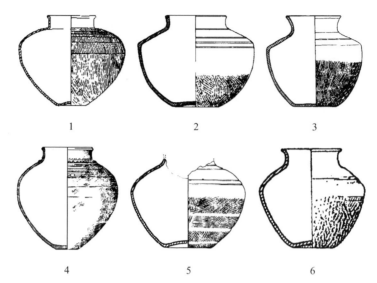

图三　盘龙城与石家河文化、下王岗、二里头文化、东下冯文化陶高领罐比较

1. 石家河文化晚期肖家屋脊H254∶8（《肖家屋脊》，第242页，图一五三，1）　2. 二里头文化一期

Ⅱ.ⅤH146∶13（《偃师二里头：1959年～1978年考古发掘报告》，第58页，图29，8）　3. 二里头文化一期

Ⅱ.ⅤH148∶12（《偃师二里头：1959年～1978年考古发掘报告》，第58页，图29，6）　4. 下王岗龙山文化晚期

H2∶9（《淅川下王岗》，第260页，图二五二，2）　5. 盘龙城YWM6∶5（《盘龙城》，第222页，

图一五九，1）　6. 东下冯文化四期M7∶1（《夏县东下冯》，第137页，图一二九，3）

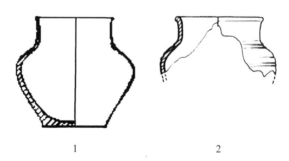

图四　盘龙城与石家河文化陶小高领罐比较

1. 石家河文化晚期石板巷子T5⑤∶1（《考古》1985年第11期，图一一，12）

2. 盘龙城YWM6∶8（《盘龙城》，第222页，图一五九，2）

新器型。它不见于二里头文化，但见于郑州南关外遗址的南关外期文化，只是形态上略有差异。南关外期陶鬲大多为夹砂红褐陶，与盘龙城陶鬲的质色接近，而与北方地区常见的灰黑陶存在区别。其器形，介于袋足与尖锥状实心足之间，属于一种袋足形式的联裆鬲（图五，2、3）。《郑州商城——一九五三年——一九八五年考古发掘报告》编写者推测，南关外期遗存是"从外地迁来郑州的人们遗留下来的文化遗存"，与河南东南部淮河流域固始一带部分遗存的"陶色与器形接近"[4]。这种推测是合理的。实际上，这种夹砂红褐陶联裆鬲最早见于盘龙城遗址，而固始与盘龙城仅一座大

别山相隔，处于盘龙城与郑州的中介点。它融合盘龙城联裆鬲与北方袋足鬲的双重特征，合乎文化传播与创新的基本逻辑。在这个意义上，可以说盘龙城联裆鬲是南关外期文化联裆鬲的祖型之一。据研究，南关外期文化与洛达庙三期遗存时代相当，早于二里岗下层文化，相当于二里头文化四期。如是，则盘龙城文化此类联裆鬲的年代，至少与二里头文化四期相当。

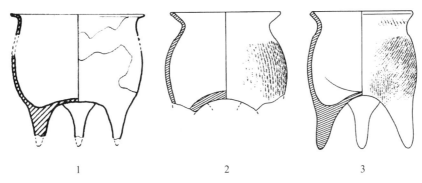

图五　盘龙城与郑州南关外期文化陶联裆鬲

1.盘龙城卷沿联裆鬲YWM6∶6（《盘龙城》，第222页，图一五九，3）　2.郑州南关外期扁圆腹联裆鬲C5T87④∶132（《郑州商城——一九五三年——一九八五年考古发掘报告》，第128页，图八〇，2）　3.郑州南关外期联裆鬲C5H62∶19（《郑州商城——一九五三年——一九八五年考古发掘报告》，第128页，图八〇，5）

　　铜鬲（YWM6∶2），薄胎。宽折沿，无立耳，深垂腹，分裆，三袋状空足。颈部饰二周凸弦纹，腹裆部饰双线交叉网格纹（图六，1）。

　　铜鬲是商及两周时期的典型器物之一，但发现的早期器不多。除盘龙城外，只有郑州商城铜鬲T166M6∶1时代较早。郑州商城T166M6∶1（图六，2）与盘龙城YWM6∶2铜鬲，同为宽平折沿、深垂腹，可将其时代早晚作一比较。发掘者认为，T166M6属二里岗下层早期，是"郑州商城内年代最早的一座商墓"[5]。其地层关系：第5层（商文化层）→G2（二里岗下

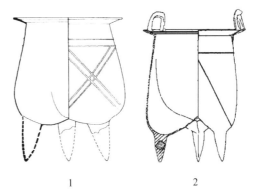

图六　盘龙城与郑州最早的铜鬲

1.盘龙城YWM6∶2（《盘龙城》，第222页，图一五九，8）　2.郑州商城T166M6∶1（《文物》2003年第4期）

层）→M6。M6以下，发掘者没有明说，我视为生土。也就是说，此墓下葬时，这一片还是空地。G2为"大灰沟"。我推断这条大灰沟，可能是与宫殿区相关的一条排水或防护沟。这种排水或防护沟，开挖年代与使用年代有着先后的区别。沟内的二里岗下层堆积，属于这条沟的使用或废弃堆积，绝对晚于其开挖年代。人们挖沟时，也许不知此地存在贵族墓葬，不然是不会让一个高级贵族的墓葬无故受废水浸灌。故此墓

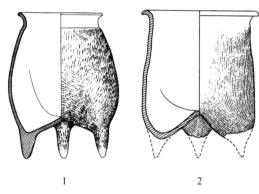

图七　二里头文化与郑州洛达庙期出土陶分裆鬲

1. 二里头文化三期ⅢT22③：1（《考古》1984年第7期，图六，9）　2. 洛达庙三期C20T23③：12（《郑州商城：1953～1985年考古发掘报告》，第113页，图七一，6）

早于G2与宫殿修建时间，也早于二里岗下层文化。有研究者认为T166M6墓主是二里岗下层时期商城宫殿区内居住的高级贵族[6]，这在地层关系上说不过去。郑州商城宫殿区一带，有较多的洛达庙期遗存分布。此墓出土的铜盉，也与二里头文化四期陶盉形制相同。郑州洛达庙三期出土分裆陶鬲C20T23③：12（图七，2），其深垂腹特征与铜鬲T166M6：1基本相近，也说明它们的年代相当。因此我认为其年代可能在洛达庙三期。这与许宏、赵海涛先生将此墓年代定于二里头文化四期晚段[7]

的认识不谋而合。盘龙城铜鬲YWM6：2、偃师二里头文化三期分裆陶鬲ⅢT22③：1（图七，1），均腹部下垂外鼓，形制接近，年代应相当。且铜鬲YWM6：2为空心足，铜鬲T166M6：1为实心锥足。按照考古类型学的一般分析，空心足较实心足的年代要早。因此，盘龙城这件铜鬲，形制上应较铜鬲T166M6：1为早，应为相当于二里头文化四期早段的遗物。

铜斝（YWM6：4），薄胎。口、颈部残。圜底釜形，三尖锥状空足，单鋬中脊起棱。颈部饰二组凸弦纹（图八，2）。参考盘龙城杨家湾采集的同型铜斝采Y：084（图八，3），知其为喇叭状口，口径大于腹径，宽折沿。

此类圜底釜形青铜斝（《盘龙城》报告称为"鬲形斝"），流行于二里头文化四期至二里岗下层期，形制大同小异。它们一个共同点，都是口径大于腹径。盘龙城遗址发现3件。此件之外，另有采集品PWZ：040、PCY：084，都属于《盘龙城》所定第三期。二里头文化四期87YLⅤM1：2（图八，1）与1件铜鼎共存[8]。二里岗下层期垣曲铜斝M16：8[9]（图八，4）、登封王城岗铜斝M49：1[10]各与1件铜爵同出。盘龙城与王城岗斝高21～24厘米，型体较小；二里头斝高26.8厘米，垣曲商城斝高28.4厘米，型体较大。形制上，盘龙城斝腰部较粗，口部外侈的幅度较大，空心足根部较粗，总体形态较为胖矮。二里头四期与垣曲斝略显细高，且二里头斝空心足下端为尖锥状实心，介于空心足与尖锥状实心足之间，有可能较盘龙城斝的时代略晚。依此，我将盘龙城这类斝的时代定为相当于二里头文化四期，略早于二里头文化四期的铜斝87YLⅤM1：2。

此外，二里头文化四期Ⅴ采M：66铜斝（图八，5），虽属釜形，但底部近平，与上述诸斝形制有差异，是商代二里岗期及殷墟期流行铜斝的祖型。我们注意到，它的口沿上没有矮立柱。不过，二里头遗址出土的一件属于二里头文化四期的陶斝（图八，

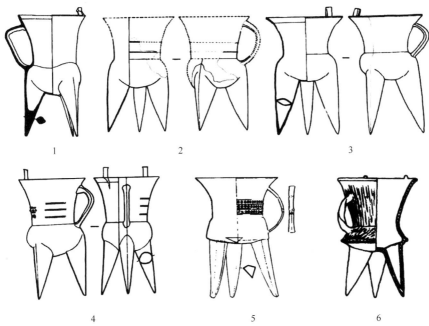

图八　盘龙城与二里头文化、垣曲商城釜形铜斝和陶斝

1.二里头文化四期铜斝87YLⅤM1：2（《偃师二里头遗址研究》，第710页，图一右；

《考古》1991年第12期）　2.盘龙城铜斝YWM6：4（《盘龙城》，第222页，图一五九，7）

3.盘龙城采Y：084（《盘龙城》，第412页，图二九九，1）　4.垣曲商城铜斝M16：8（《垣曲商城（二）：

1988～2003年度考古发掘报告》，第283页，图二〇八，6）　5.二里头文化四期铜斝Ⅴ采M：66

（《偃师二里头：1959年～1978年考古发掘报告》，第343页，图240）　6.二里头文化四期陶斝

（《偃师二里头遗址研究》，第601页，图五，11；《考古》1965年第5期）

6），形制与铜斝Ⅴ采M：66相类，口沿上却有矮立柱。它们与前述圜底釜形铜斝可能是一种并行关系。盘龙城铜斝YWM6：4的复原图上没有立柱。按一般理解，立柱较器口沿厚实，就算口沿锈蚀不存，立柱也会留下蛛丝马迹。也许它是真的没有。但综合考虑上述资料，知它口沿上有无矮立柱，可能和时代早晚关系不大。

铜爵（YWM6：1），薄胎。流、尾、足有残损。体形宽矮而较扁。粗腰、弧腹、短尾、短流，流折处有矮柱，平底，三足较直（图九，4）。

需要注意的是，这件爵因为流、尾残损，又无更早或同期的铜爵资料可资参照，文物工作者在修复过程中，只能参照盘龙城四、五期及郑州二里岗下层出土铜爵的形制进行修复，故自然而然地带上了这些铜爵的特征。它的尾端到底是下垂还是弯曲上翘，流到底是长还是短，其上下曲线到底是向下弧曲还是较为平直，无从证实。即使如此，仍可以找出它时代较早的部分特征。

体形宽矮是其最重要特征。它的尾端至流尖宽度，略大于整器高度。这在二里头文化三期B型Ⅰ式铜爵ⅢKM6：1（图九，3）上可以见到。二里头文化四期B型Ⅰ式陶爵ⅥT3②下：13（图九，5）、南关外遗址南关外期B型Ⅱ式陶爵C5T9④：105（图九，

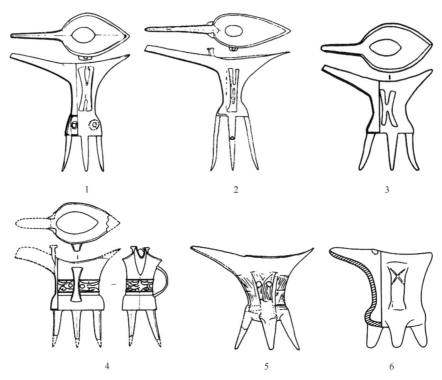

图九　盘龙城与二里头文化、郑州出土铜爵和陶爵

1. 二里头文化三期A型Ⅰ式铜爵1980ⅢM2：2（《偃师二里头遗址研究》，第664页，图八，6）

2. 二里头文化四期A型Ⅱ式铜爵ⅦKM7：1（《偃师二里头：1959年～1978年考古发掘报告》，第343页，图239）

3. 二里头文化三期B型Ⅰ式铜爵ⅢKM6：1（《偃师二里头：1959年～1978年考古发掘报告》，第252页，图164，1）

4. 盘龙城B型Ⅱ式铜爵YWM6：1（《盘龙城》，第222页，图一五九，5）　5. 二里头文化四期B型Ⅰ式陶爵
ⅥT3②下：13（《偃师二里头：1959年～1978年考古发掘报告》，第325页，图215，15）

6. 郑州南关外遗址南关外期B型Ⅱ式陶爵C5T95④：105（《郑州商城——一九五三年——一九八五年考古发掘
报告》，第133页，图八三，5）

6），也是如此。二里头文化三、四期那种瘦高形A型铜爵（图九，1、2），在器宽与器高比例上，也是这种情形。这和盘龙城四期李家嘴2号墓LZM2：11[11]及以后各期与YWM6：1同类型的铜爵，整器高度的尺寸大于整器宽度的情况不同。可以这样说，器形宽度大于高度，是二里头文化时期铜爵与陶爵的基本特征。杨家湾铜爵YWM6：1，俯视腹内侧曲线作扁目形，表明其腹部两侧收缩明显，这和二里头文化三期铜爵ⅢKM6：1基本相同，而与稍晚铜爵腹部较圆或呈椭圆形有所区别。因此，它属于这一类型的早期形制，所处的年代不会太晚。

玉戈（YWM6：3），蛇纹石质，硬度为摩氏3.5度。前锋为三角形，戈身两面中脊起棱，内、援间有栏，内靠栏处有一小圆孔，援与栏处两侧各有四条凸棱。残长30.8、厚0.8厘米（图一○，2）。

二里头文化三期玉戈ⅥKM3：11，独山青玉质，硬度达摩氏6度。直内，双重援，援面中部微内凹，上下边有刃，刃由两面磨成，刃援间有一条折棱。上下刃前端磨成斜刃，相聚成锋。内前部较宽，有五组平行浅刻细线，后部较窄，内末弧形，前后部之间有一单面穿透圆孔。轮廓规整，边棱整齐，刃口锋利，磨制精细。长30.2、宽6.6~6.9、内长8.4、宽4.5~5.8厘米（图一〇，1）。

郑州商城出土玉石戈极少。商城内东北部白家庄出土二里岗下层一期（原报告定为下层二期）石戈C8M7：4（图一〇，3），灰褐色大理石质。援部断成三截。横断面为扁平两端尖刃，援尖锋利，长方形内，靠栏处中间一穿，穿前近栏处有与二里头玉戈相似的四组平行浅刻细线。长23厘米。形制与二里头所见相近，明显受其风格影响。

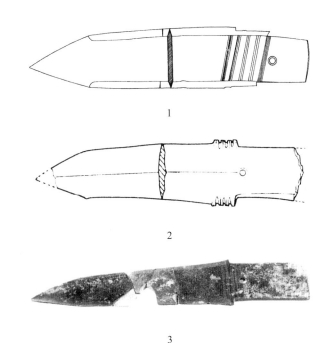

图一〇　盘龙城与二里头文化、郑州商城玉石戈

1. 二里头文化三期ⅤⅠKM3：11（《偃师二里头：1959年~1978年考古发掘报告》，第250页，图162，5；
《考古》1976年第4期）　2. 盘龙城YWM6：3（《盘龙城》，第222页，图一五九，9）　3. 二里岗下层一期
C8M7：4（《郑州商城——一九五三年——一九八五年考古发掘报告》，图版一〇四，5）

质料上看，上面3件玉石戈中，以二里头文化的戈最好，盘龙城次之，郑州最差。这表明，其玉石原材料的来源有所不同。当时的南阳独山一带，可能是二里头文化的控制区。盘龙城的蛇纹石玉料，与长江中下游地区新石器时代晚期出土的大部分玉器质料相似，其产地当在下游地区。郑州戈的材质为大理石，分布区很广，应为本地材料。形制上看，二里头文化戈援部宽度相近，郑州戈前窄后宽，二器均扁平无中脊且均有相似的栏部平行刻纹，表明其文化风格相同，但时代上存在差异。郑州石戈C8M7：4，形制与盘龙城四期玉戈LZM2：58近似，二者时代相近。盘龙城玉戈

YWM6：3有中脊而与本地四期以后铜戈的风格相同。栏部两侧的四条凸状扉棱，其实是二里头文化戈五道平行刻纹的变异。这种扉棱，在二里头三期的玉璋上表现明显。因此，盘龙城YWM6：3的形制，与二里头文化玉戈、玉璋风格相近而略有差异，表现出一种创新。据此，其时代与二里头文化四期相当。它是盘龙城所见时代最早的一件玉戈，开创了盘龙城大玉戈文化的先河。

通过上面的比较分析，可以看出杨家湾6号墓出土的8件器物，时代均偏向于二里头文化四期阶段。其中陶器、玉器最明显。陶器属于易损品，使用时间不会太长。4件陶器的共同指向尤其值得重视，并且陶盉罕见于二里岗下层一期文化。铜鬲、斝也很明显。爵因其同型器多见于郑州二里岗下层时期而存在讨论空间，但不能排除它会与二里头文化四期相当及与二里岗下层一期文化相衔接的时间点出现在盘龙城的可能性。它并不是判定此墓年代的那块短板。

从概率上说，8件器物中，有7件处同一年代指向，1件处二里头文化四期与二里岗下层一期的两可之间，有50%以上指向。若换成百分比，90%以上的概率不会晚于二里头文化四期。此外，该墓未见腰坑。这与二里头文化墓葬习俗相近，而与盘龙城四期以后及郑州等地商代墓葬常见腰坑的情况有所区别。尽管如此，还需综合考虑它的文化属性与墓主身份，才能最后确认它是夏墓还是商墓。

二、文化属性与墓主身份

关于墓主身份，它和二里头、郑州等地同时期贵族墓葬的墓坑大小相当，随葬器物有陶器、玉器、铜器并存而显示规格较高，因此它可能是当时盘龙城地区最高级别的贵族。这是一个基本的判断。

下面讨论的，是它到底属于夏文化，还是属于商文化范畴。虽然现在二里头文化一～四期都属于夏文化的观点逐渐成为主流，但学术界对其仍然存在较大争议。我认为解决这一问题，除了继续弄清二里头文化与偃、郑商文化的内涵特征外，关键在于弄清夏商是否存在不同的礼制。如果确有这种不同礼制，则使用夏礼的，可能属于夏王朝时间范畴；使用商礼的，则可能属于商王朝时间范畴。

二里头文化与偃、郑商文化，以及盘龙城文化，有可能随时间早晚而在礼制上存在一条分界线。盘龙城三、四期之间，文化发展并无缺环，但在礼器使用上存在一条较为明晰的分界线。这从三期的杨家湾6号墓与李家嘴2号墓为标志的四期墓可见一斑（表一）。

铜、陶容器组合方面，盘龙城四期4座墓的容器有4种组合：①LZM2为鼎、鬲、甗、觚、爵、斝、簋、尊、盘组合；②YWM4为鼎、鬲、爵、斝组合；③LWM6为罐、尊、觚、爵、斝组合；④YZM9为觚、爵组合。四期各墓的不同组合，实际反映了不同的等级：①有6鼎、4爵、6玉柄形器，可视为六套青铜礼器，为第一等

表一 盘龙城文化三、四期墓葬随葬器物组合

期别	墓号	随葬器物组合	备注
三	YWM6	陶：鬲1、罐2、盉1；铜：鬲1、爵1、斝1；玉：戈1	
四	LZM2	陶：鬲1、罐2、壶1、缸1、圆饼2；釉陶：尊1、小口瓮1；铜：鼎6（含残鼎2）、鬲1、甗1、觚1、爵4（含残爵1）、斝3、盉1、簋1、尊1、盘1、钺1、戈6（含残戈5）、刀7（含残刀2）、矛2（含残矛1）、镞1、镰3、泡5、锛2、臿1、凿1、锯1；玉：柄形器6（含平刃3、斜刃2、尖刃1）、戈5（含残戈1）、饰件1、绿松石5；木：残器1	采自《盘龙城》附表一
四	YWM4	陶：鬲1、圆饼1；铜：鼎1、鬲1、爵1、斝2、钺1、戈1；玉：柄形器2、戈1、蝉形饰1	
四	YZM9	铜：觚1、爵1、锛2；玉：柄形器1；石：斧1、砺石1	
四	LWM6	釉陶：罐1、尊1；铜：觚1、爵1、斝1；玉：璇玑1	

级；②有2斝，可视为两套青铜礼器组合，为第四等级；③④与殷墟时期一样，1爵，或1觚1爵，或1觚1爵1斝，均可视为一套青铜礼器，为第五等级。这里将第二、三等级空缺，是因为后面各期中存在4鼎（如杨家湾YWM13[12]）、4觚4爵4斝（杨家湾YWM11[13]）等四套青铜礼器组合，以及3鼎（杨家嘴M26[14]）等三套青铜礼器组合的情况。如果将它们合并，则知在盘龙城存在六套、四套、三套、两套、一套青铜礼器的组合。这样一种青铜礼制，自盘龙城四期形成以后，一直沿用到殷墟乃至西周前期。

由此可知，盘龙城四期墓葬所显示的青铜礼器组合，是非常地道的商代组合。因此，它不仅属于商文化范畴，而是直属于商王朝、商王族的文化。李家嘴2号墓的墓主，使用了六套青铜礼器，是目前所见商代前期贵族墓中的最高等级。他是盘龙城地区的最高统治者，还可能是商王室最重要的贵族成员。

盘龙城三期杨家湾6号墓为盉、爵、斝、鬲、罐组合。这种礼器组合，无法纳入盘龙城四期那种鼎、尊、觚、爵、斝式的青铜礼器组合体系。

参考二里头等地资料，可知盉主要流行于二里头文化二、三、四期，而以三、四期最为常见（表二）。有盉随葬的墓葬，往往有铜器、玉器共存，规格相对较高。它或者单用，或者和爵等成组合使用，是礼器中的核心器物，有表现身份地位的作用。我们将二里头四期与三期的墓葬进行比较，看不出四期时这种礼制有任何的衰落迹象。也就是说，如果二里头文化第三期是夏文化，第四期同样是；如果第三期是夏王朝纪年内的文化，第四期也同样是。刘绪先生认为："用陶盉作随葬品，是二里头文化墓葬特有的现象。"[15]这恰好说明，用盉作为核心礼器使用，只有夏王朝。它的存在或者消失，也许就是偃、郑及盘龙城地区夏、商礼制变异的一条分界线。

盘龙城与长江文明国际学术研讨会论文集·2019

表二　二里头文化三、四期出土陶盉的部分墓葬

分期	墓号	随葬器物	备注
二里头文化三期	73Ⅲ KM2	陶：盉1、圆陶片3；玉：柄形器1	《考古》1975年第5期
	75Ⅵ KM3	陶：盉1；铜：爵1、戈1、戚1、镶嵌圆形器2、泡1；玉石骨：玉钺1、玉戈1、玉圭1、玉柄形饰1、石磬1、绿松石、骨珠	《考古》1976年第4期
	80Ⅲ M2	陶：盉1、爵1、盆1、圆陶片4；铜：爵2、刀2；玉：钺1、圭1、绿松石；漆器1	《考古》1983年第3期
	80Ⅲ M4	陶：盉1、爵1、罐1、圆陶片1；铜：尖状器1；玉：绿松石管、片200余件	《考古》1983年第3期
	80Ⅴ M3	陶：盉1、爵1、盆1、罐1、瓮1；玉：钺1、璋2	《考古》1983年第3期
	81Ⅴ M1	陶：盉1、爵1；玉：绿松石珠（数十枚）；其他：海贝4	《考古》1984年第1期
	81Ⅴ M3	陶：盉1、爵1、带錾器1、圆陶片1；骨：骨笄1	《考古》1984年第1期
	82Ⅸ M8	陶：盉1、爵1、豆2、盘1、杯2；玉：柄形器1	《考古》1985年第12期
	2010Ⅴ M2	陶：盉1、爵1、豆1、罐2、壶1、盆1、三足皿1；玉：绿松石珠4；漆器1	《考古》2020年第1期
	79西史村M1	陶：盉1、爵1、罐1、小口瓮1、盆1；玉：柄形饰1；海贝4	《文物资料丛刊》（5）
	伊川南寨M26	陶：盉2、盉盖1、觚1、角1、罐1、钵1	《考古》1996年第12期
二里头文化四期	84Ⅵ M6	陶：盉1；铜：爵1；玉：柄形器1	《考古》1986年第4期
	84Ⅵ M9	陶：盉1、簋1、罐1、尊2、器盖1；铜：爵1、斝1；玉：柄形器1	《考古》1986年第4期
	84Ⅵ M11	陶：盉1、爵1、圆陶片4；铜：爵1、铃1、牌饰1；玉：柄形器3、戚璧1、圭1、刀1、玉管1、绿松石管饰2；漆：盒1	《考古》1986年第4期
	87Ⅵ M57	陶：盉1、簋1、罐1、盆1；铜：爵1、铃1、牌饰1；玉：柄形器2、戈1、刀1	《考古》1992年第4期
	东下冯M401	陶：盉1、爵1、罐1；玉：绿松石片8	《东下冯》，第66页
	伊川南寨M28	陶：盉2、鼎1、爵2、豆1、瓮1、盆1	《考古》1996年第12期

　　从器类上看，陶盉在盘龙城只见于YWM6。LZM2铜盉，在鼎、尊、觚、爵、斝组合中被淹没，应为夏代器物残余而非礼器组合形式。可以说，盘龙城杨家湾6号墓由于采用了夏人以盉、爵为核心的礼制形式，表明当时盘龙城地区应在夏王朝的统辖范围

之内，其下葬年代也当在夏王朝的纪年范围之内。墓主人生前很有可能是夏王朝委派常驻盘龙城地区的代理人。这即是说盘龙城三、四期之间，文化发展无缺环，四期最高规格墓葬的主人可能是商王室最重要的贵族成员不矛盾。文化的发展，与夏、商政权的更替，不能完全画等号。

　　这里，需要对盘龙城文化的属性作一个明确解释。上面分析中，盘龙城杨家湾6号墓所出器物，陶盉源自二里头文化，但陶色有差异；陶罐带有本地区石家河晚期文化特色；陶鬲源自北方，但红褐陶色与联裆特征表现了与北方文化的不同而有所创新；袋足铜鬲与二里头陶鬲存在亲缘关系，其较郑州T166M6：1似乎略早；铜斝、铜爵、玉戈与二里头文化存在亲缘关系，是它们在本地区的发展。总之，它承续了本地区石家河晚期文化的传统，又与二里头、郑州的同期文化存在千丝万缕的联系。这是文化因素分析的一个基本认识。

　　对杨家湾6号墓的这一认识结果，与盘龙城早期陶文化的总体面貌是吻合的。盘龙城文化一至三期，具有本地区石家河文化晚期、下游江西地区硬（釉）陶、二里头文化、郑州一带洛达庙与南关外期文化等浓厚的多元文化特征。

　　盘龙城城址一期陶豆79HP3TZ33⑨A：3（《盘龙城》，图一二，6）、陶圆肩罐79HP3TZ33⑨B：5（《盘龙城》，图一二，8）、陶鼎足79HP3TZ30⑨A：16（《盘龙城》，图一二，2）、陶长颈壶口沿79HP3TZ32⑨B：1（《盘龙城》，图一二，7）、城址二期陶长颈壶口沿76HP3TB'31⑥A：1（《盘龙城》，图一三，20）、王家嘴二期陶长颈壶PWZT36⑧：30（《盘龙城》，图五二，5）、王家嘴二期陶长颈壶PWZT36⑧：20（《盘龙城》，图五二，6），以及杨家嘴采集的红陶杯PYZ：064等，均与石家河晚期文化一脉相承。

　　盘龙城城址一期盆形鼎79HP3TZ33⑨A：7（图一一，1），与二里头文化一期相当的东下冯文化一期盆形鼎H1：11（图一一，2）相似。石家河文化晚期随州西花园遗址[16]见有同类器，可能和二者存在关联。城址一期花边口沿罐79HP3TZ33⑨B：1（图一一，3），与二里头文化一期花边圆腹罐Ⅱ.ⅤT104⑤：17（图一一，4）、郑州洛达庙一期花边圆腹罐C20T26③：16（图一一，5）相似。城址一期花边深腹罐79HP3TZ33⑨A：1（图一一，6），与二里头文化一期花边深腹罐Ⅱ.ⅤT114⑤：12（图一一，7）相似；城址一期卷沿溜肩弧腹罐79HP3TZ30⑨A：2（图一一，8），与二里头文化一期卷沿深腹罐Ⅱ.ⅤT104⑦：19（图一一，9）相似。这表明二里头文化一期与石家河晚期文化存在关联，并对盘龙城文化与洛达庙文化产生了影响。

　　盘龙城王家嘴二期盆形鼎PWZT31⑧：1（图一二，1），与东下冯文化二期盆形鼎H41：53（图一二，2）、郑州洛达庙二期盆形鼎C8HQH63：2（图一二，3）相似。这应是二里头文化二期对盘龙城与郑州一带的影响。王家嘴二期卷沿分裆袋足鬲PWZT9⑧：3（图一二，4），与郑州洛达庙二期卷沿分裆鬲C8HQT36⑥：9（图一二，5）相似。这应是洛达庙二期对盘龙城文化的影响。盘龙城城址二期溜肩弧腹罐79HP3TZ33H3：4

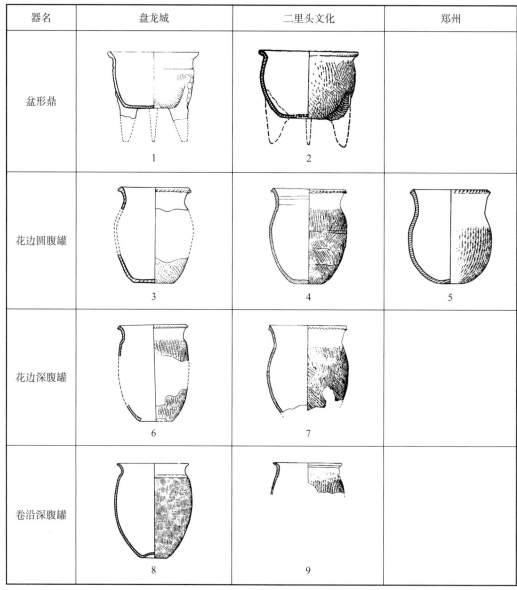

图一一　盘龙城城址一期与东下冯文化一期、二里头文化一期、郑州同类陶器比较

1.盘龙城城址一期盆形鼎79HP3TZ33⑨A：7（《盘龙城》，第23页，图一二，1）　2.东下冯文化一期盆形鼎

H1：11（《夏县东下冯》，第24页，图二七，3）　3.盘龙城城址一期花边口沿罐79HP3TZ33⑨B：1（《盘龙

城》，第23页，图一二，4）　4.二里头文化一期花边圆腹罐Ⅱ.ⅤT104⑤：17（《偃师二里头：1959年～1978年考古

发掘报告》，第51页，图24-4）　5.洛达庙一期花边圆腹罐C20T26③：16（《郑州商城——一九五三年——一九八五

年考古发掘报告》，第94页，图五一，6）　6.盘龙城城址一期花边深腹罐79HP3TZ33⑨A：1（《盘龙城》，第23

页，图一二，5）　7.二里头文化一期花边深腹罐Ⅱ.ⅤT114⑤：12（《偃师二里头：1959年～1978年考古发掘报

告》，第51页，图24-3）　8.盘龙城城址一期卷沿溜肩弧腹罐79HP3TZ30⑨A：2（《盘龙城》，第23页，图

一二，3）　9.二里头文化一期卷沿深腹罐Ⅱ.ⅤT104⑦：19（《偃师二里头：1959年～1978年考古发掘报告》，

第50页，图23-8）

（图一二，6），与洛阳皂角树二里头晚期Ⅴ式带领弧腹罐IT1706⑤b：1（图一二，7）相似。这应是二里头文化二期对盘龙城文化的影响。

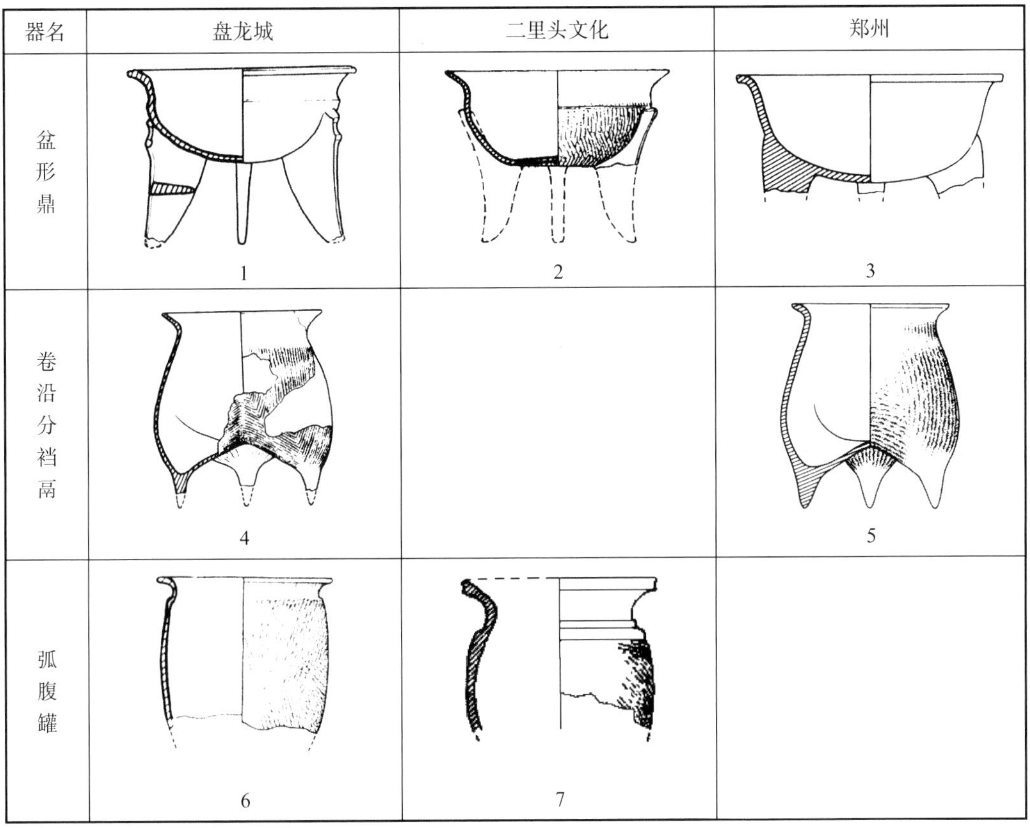

器名	盘龙城	二里头文化	郑州
盆形鼎	1	2	3
卷沿分裆鬲	4		5
弧腹罐	6	7	

图一二　盘龙城二期与东下冯文化、二里头文化、郑州同类陶器比较

1.盘龙城王家嘴二期盆形鼎PWZT31⑧：1（《盘龙城》，第90页，图五〇，1）　2.东下冯文化二期盆形鼎H41：53（《夏县东下冯》，第40页，图四〇，1）　3.洛达庙二期盆形鼎C8HQH63：2（《郑州商城——一九五三年——一九八五年考古发掘报告》，第101页，图五九，3）　4.盘龙城王家嘴二期卷沿分裆袋足鬲PWZT9⑧：3（《盘龙城》，第90页，图五〇，11）　5.洛达庙二期卷沿分裆鬲C8HQT36⑥：9（《郑州商城——一九五三年——一九八五年考古发掘报告》，第101页，图五九，5）　6.盘龙城城址二期溜肩弧腹罐79HP3TZ33H3：4《盘龙城》，第24页，图一三，3）　7.皂角树三期带领弧腹罐ⅠT1706⑤b：1（《洛阳皂角树：1992～1993年洛阳皂角树二里头文化聚落遗址发掘报告》，第68页，图四七，11）

　　王家嘴三期釉陶折肩尊PWZT66⑦：23（《盘龙城》，第111页，图六五，12）等，应是江西一带文化对盘龙城的影响。

　　王家嘴三期侈口斝PWZT12⑦：13（图一三，1），与二里头文化四期侈口铜斝Ⅴ采M：66（图一三，2）相似。这表明盘龙城此时段可能存在与二里头文化类似的铜斝。王家嘴三期卷沿分裆袋足鬲PWZT71⑦：5（图一三，3），与郑州南关外期卷沿分裆鬲C5T87③：47（图一三，4）相似。这是郑州对盘龙城的影响。王家嘴三期短颈有肩大口尊PWZT72⑦：4（图一三，5），与二里头文化四期大口尊

2003ⅤG14：49（图一三，6）、郑州洛达庙三期大口尊C20H31：9（图一三，7）相似。这表明二里头文化、盘龙城、郑州之间互相的联系与影响。王家嘴三期直沿侈口缸PWZT17⑦：8（图一三，8），与郑州洛达庙三期侈口缸C8HQH39：9（图一三，9）相似。这是盘龙城文化对郑州洛达庙三期文化的影响。

　　二里头文化一至四期的文物，在盘龙城都有所发现。《盘龙城》推断盘龙城一期的年代，"相当于二里头文化二期或三期偏早"[17]。总体上比较保守。段天璟先生认为，盘龙城城址一、二期可分为早、中、晚三段，分别与二里头文化早、中、晚三期相当[18]，是有一定道理的。盘龙城出土的二里头时期文物不算丰富，不可能如二里头遗址划分的那样细致。个人认为，城址一期、王家嘴一期与二里头文化早期相当，城址二期、王家嘴二期与二里头文化中期相当，王家嘴三期与二里头文化晚期相当。它们与《盘龙城》报告划分的一、二、三期分别相应。但无论二里头文化一至四期或盘龙城的一、二、三期，总体上属于夏代中晚期。

　　上述陶器的比较分析表明，盘龙城文化第一期，主体是本地区石家河晚期文化的延续发展，但受到了来自二里头文化第一期的强烈影响。盘龙城文化第二期，这种情况仍在继续，但来自郑州洛达庙期的影响增加，同时也增加了与下游江西一带的文化交流。盘龙城文化第三期，二里头文化的影响似稍有消退，但来自郑州及下游江西一带的影响有所增强。同时，盘龙城文化也对郑州一带文化产生了较强的影响。

　　盘龙城早期文化的多元特征，与它所处的地理位置不无关系。众所周知，武汉号称"九省通衢"，战略地位十分重要。这并不是近代才有的认识。特别是鄂东南地区富饶的铜矿，是谁都想要的重要战略物资。夏王朝强盛时，必然会想方设法对这一地区予以控制。它将盘龙城纳入管理范围，顺理成章。同样，想取代夏王朝的商人先祖，也会加强在这一区域的行动。因此，单说此时的盘龙城属于本土地域文化，或属于夏文化，或属于先商文化，都不够全面。站在夏王朝角度，它隶属于夏文化；站在商王朝角度，它是商王朝建立以前的一支带有区域类型属性的先商文化；站在本土角度，它属于本土创造的受到夏文化或先商文化重要影响的地域文化。它不是那种独立于夏文化之外而平行发展的文化，也不见得是狭义商民族建立商王朝之前的文化，而是在夏文化合理内核中形成的、由众多民族融合而成的一种文化。在没有推翻夏王朝统治之前，它在宏观意义上是夏文化的有机组成部分；其部族成员，是宏观意义上的夏民族成员。他们虽然有自身的利益群体，但却接受了夏王朝统治的现实。

　　盘龙城YWM6与郑州商城C8T166M6这两座同属夏晚期的贵族墓葬，都随葬铜鬲与铜盉或陶盉。盉是夏代礼器中的核心器。YWM6墓主属夏王朝分封在盘龙城的官员，而C8T166M6墓主应属夏分封在郑州的官员。这表明，夏代中晚期的盘龙城与郑州，都在夏王朝的控制范围内，两者是一种并列关系而非隶属关系。但两墓都有鬲存

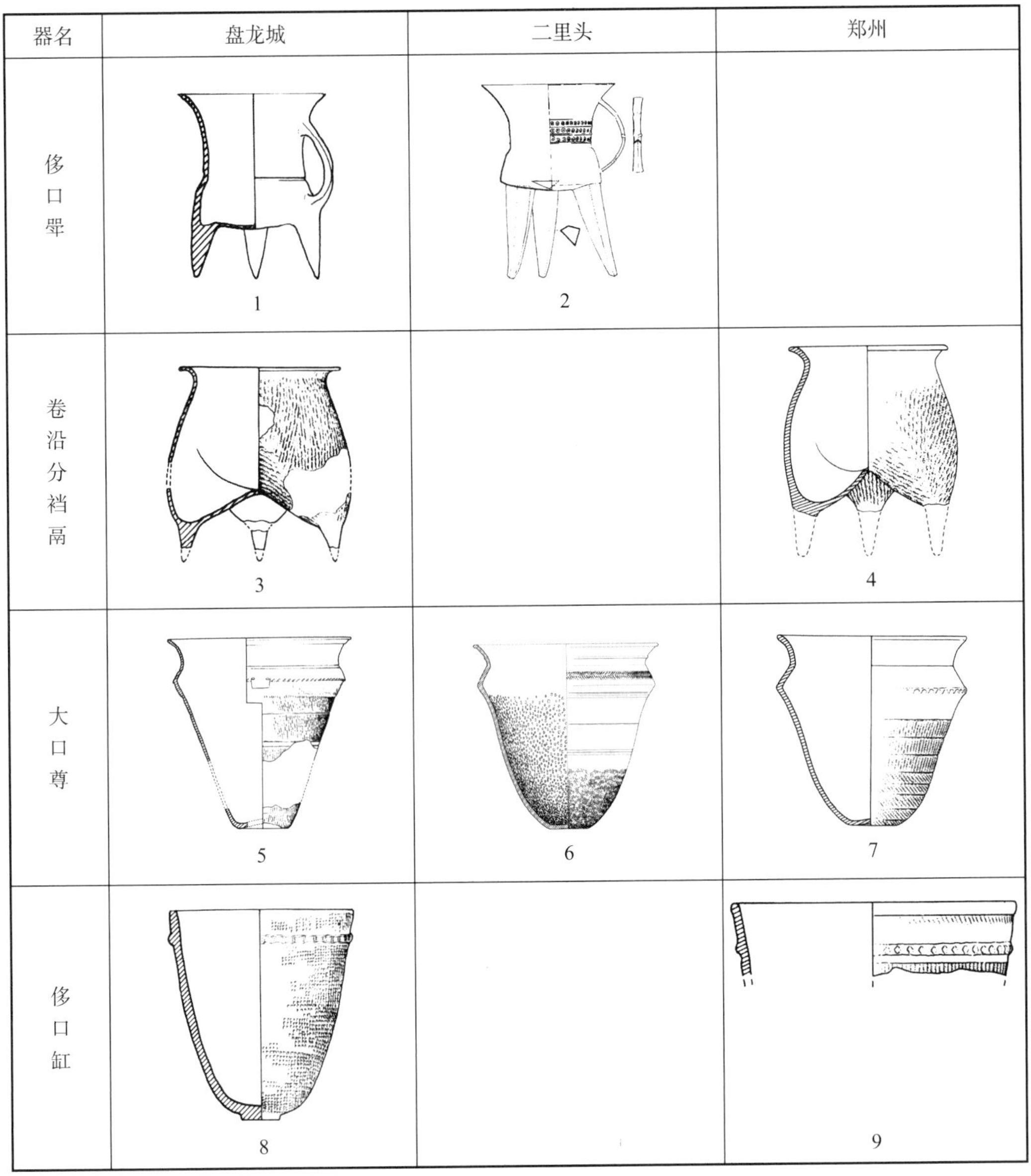

器名	盘龙城	二里头	郑州
侈口斝	1	2	
卷沿分裆鬲	3		4
大口尊	5	6	7
侈口缸	8		9

图一三　盘龙城三期与二里头文化、郑州同类器物比较

1. 盘龙城王家嘴三期侈口斝PWZT12⑦：13（《盘龙城》，第103页，图五八，10）　2. 二里头文化四期侈口斝Ⅴ采M：66（《偃师二里头：1959年～1978年考古发掘报告》，第343页，图240）　3. 盘龙城王家嘴三期卷沿分裆袋足鬲PWZT71⑦：5（《盘龙城》，第103页，图五八，7）　4.郑州南关外期卷沿分裆鬲C5T87③：47（《郑州商城——一九五三年——一九八五年考古发掘报告》，第128页，图八〇，8）　5. 盘龙城王家嘴三期有肩大口尊PWZT72⑦：4（《盘龙城》，第107页，图六一，2）　6. 二里头文化四期大口尊2003ⅤG14：49（《二里头：1999～2006》，第93页，图3-2-1-19A）　7. 洛达庙三期大口尊C20H31：9（《郑州商城——一九五三年——一九八五年考古发掘报告》，第117页，图七四，2）　8. 盘龙城王家嘴三期直沿侈口缸PWZT17⑦：8（《盘龙城》，第109页，图六三，1）　9. 洛达庙三期侈口缸C8HQH39：9（《郑州商城——一九五三年——一九八五年考古发掘报告》，第117页，图七四，5）（2为铜，余为陶）

在，并且，盘龙城文化自出现到终结，鬲就一直存在。特别是它的陶袋足鬲，与郑州商城的发展基本同步。这种文化面貌的相似性，不一定表示狭义上的民族属性相同，因为盘龙城陶器还有不同于郑州的多元特色，但至少说明他们存在共同信仰一类神秘联系。也许正是这种联系，让他们走到了一起。

我不赞成盘龙城青铜文化是先商民族或商人从郑州带过来的。首先，杨家湾6号墓采用的是夏人的"盉爵"礼器组合，表明盘龙城当时在夏人的控制之下。如果要说影响，也主要是受二里头夏文化的影响。其次，盘龙城杨家湾6号墓的年代要稍早于郑州商城C8T166M6。除非郑州能找到更早的青铜器墓葬，否则无法使人相信晚的青铜文化可以影响早的青铜文化。就算它们同时，也因为盘龙城与郑州在夏代为非隶属关系，受政治因素影响，夏王朝不会允许郑州一带的商人明目张胆在自己的眼皮底下扩充势力范围。最后，目前郑州一带发现的属于二里岗下层的青铜容器数量实在太少。给人的印象是其发展高度远不及盘龙城。在以杜岭张寨南街、向阳回族食品厂、南顺城街H9601等窖藏[19]为代表的二里岗上层阶段，郑州一带青铜器才达到较高的发展水平。但与柱足方鼎共存的通高77.3厘米的青铜空心柱足圆鼎XSH1：1，与盘龙城文化第七期高达85厘米的青铜空锥足大圆鼎YWM11：16比较，时代要晚（图一四）。盘龙城遗址出土的青铜器，四期、五期均处于二里岗下层阶段。其种类、数量、质量绝非郑州可比。很难想像二里岗下层时期郑州这样一个青铜文化欠发达地区，会给相对发达的盘龙城带来青铜繁荣。至于时代稍早于郑州商城的偃师商城，所发现的青铜器更少。因此，我认为夏代晚期，盘龙城凭借南方丰富的铜铅锡矿，以及自屈家岭、石家河、阳新大路铺等新石器晚期以来形成的青铜铸造技术传统，青铜生产能力已经有一个大的飞跃，开始从铸造小件青铜工具与兵器转变为铸造青铜容器。到以李家嘴2号墓为代表的商王朝初期，已经达到了相当的规模，开创了中国青铜文明发展史上的第一个高

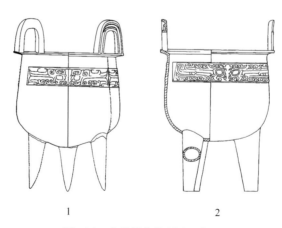

图一四　盘龙城与郑州出土铜鼎

1.盘龙城七期YWM11：16（《盘龙城》，第289页，图二一二）　2.郑州二里岗上层向阳回民食品厂XSH1：1（《郑州商城——一九五三年——一九八五年考古发掘报告》，第799页，图五三八）

峰期。可以说，中国青铜文明发展史上，在商代有三个不同的发展高峰期：盘龙城文化第四至七期为代表的第一高峰期，郑州二里岗上层以杜岭张寨南街、向阳回民食品厂、南顺城街H9601等窖藏青铜器为代表的第二高峰期，以殷墟二期后母戊大方鼎、妇好墓为标志的第三高峰期。正是有赖于高度发达的青铜文明为代表的先进生产力，包括盘龙城在内的商人才推翻了夏王朝的统治。毕竟，一个王朝取代另一个王朝，不仅需要勇气，更需要以经济为基础的内在实力。

现在对杨家湾6号墓铜爵的问题作一补充。这种被认为较多出现于二里岗下层文化墓葬的铜爵，首先出现于相当二里头文化四期的盘龙城墓葬中，并非偶然。除了前面说到的器形宽度大于高度，是二里头文化时期铜爵与陶爵的基本特征等理由之外，还有两点值得注意。第一，盘龙城人素来富有创新精神，盘龙城是夏与商前期中国最重要的青铜铸造基地。因此，这里首先出现新型青铜器并不奇怪。要知道，中原文化青铜器中的许多新器型，如最早的青铜短剑、唯一的青铜带銎舥形器等，都是在盘龙城首先发现的。第二，冰冻三尺，非一日之寒。当时人们欲推翻夏王朝，不可能是一时的心血来潮，而需要一个长期的实力积累过程。盘龙城四期存在的较为完善的青铜礼制，从器物造型精致而不失大度可知，这不是商人立国之后的仓卒之作，而是长期精心策划而成。在策划过程中，这种承续一定的文化传统而更为美观大方的青铜爵，就成了他们创建新礼制的首选。它的出现，反映出盘龙城先民必欲推翻夏王朝旧制另辟天地的雄心。一个文化呈现多元化的地区，人们的思想也当是多元的；一个拥有先进生产力的地区，人们的思想也当更为先进。各种思想的碰撞，有益于促进文化发展，也会对旧思想形成严峻的挑战。受这种因素影响，或许商人推翻夏王朝的第一步，是从盘龙城首先迈出。

考古层位学的基本原理，一个不可再分的遗迹出土的最晚遗物，是判定该遗迹时代的唯一标尺。这一原理是正确的。但关键要看人们认为的所谓最晚遗物，是否真的最晚。这就要具体问题具体分析，不可一概而论。通过前面分析，杨家湾6号墓这件铜爵，并不是年代真的晚至二里岗下层时期，而是它的出现超出了人们的预期认识。

由此可以得出这样一个认识：盘龙城杨家湾6号墓的年代，应该与二里头文化四期相当。墓主人生活在夏代晚期，属于与郑、偃地区存在密切联系的江汉地区民族成员，政治上可能接受夏王朝的分封甚至委派而成为盘龙城地区的统治者。在他统治期间，对盘龙城青铜文明为代表的生产力发展做出了巨大努力。他一方面保持着和夏王朝的政治关系，另一方面积极加强与同处夏王朝支配下的偃、郑地区先商民族的交融。他是商王朝的先期奠基者之一。

如上述认识成立，则为下一步研究盘龙城青铜文化发展树立了一杆标尺，并可对郑州商城一些原来认定为二里岗下层时期的部分墓葬年代进行校正。

T166M6原定为"郑州商城内年代最早的一座商墓"，当为二里岗下层一期。本文已认定为洛达庙三期。

　　C8M28位于商城宫殿区遗址内。墓口被二里岗下层二期地层叠压，打破生土。出土陶盉、爵各1件（图一五，1、2）。原定为二里岗下层一期[20]。其爵、盉特征与二里头文化第四期相同，且采用夏人礼器组合，可定为二里头文化四期相当之洛达庙三期。

　　C8YJM1位于商城内宫殿区东南部省中医院家属院。墓室已毁，层位关系不详。出土铜爵、盉各1件。原定为二里岗下层二期。盉形制同于二里头文化四期（图一五，3）。爵未见图。据描述，其形制与C8M7：2铜爵相近，颈部与盉一样饰三周弦纹[21]。按，铜爵C8M7：2（图一五，4）与盘龙城铜爵YWM6：1形近，可知其时代不晚。鉴于C8YJM1采用夏人礼器组合，应为夏王朝纪年内的墓葬，可定为洛达庙三期。

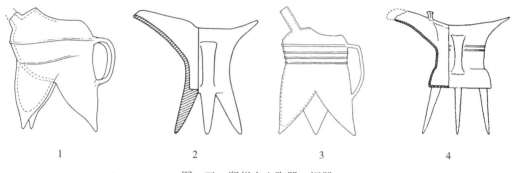

图一五　郑州出土陶器、铜器
　　1.陶盉C8M28：2（《郑州商城——一九五三年——一九八五年考古发掘报告》，第165页，图一○四，9）
　2.B型Ⅰ式陶爵C8M28：1（《郑州商城——一九五三年——一九八五年考古发掘报告》，第165页，图一○四，10）
　　3.铜盉C8YJM1：2（《郑州商城——一九五三年——一九八五年考古发掘报告》，第675页，图四六二，5）
　4.B型Ⅱ式铜爵C8M7：2（《郑州商城——一九五三年——一九八五年考古发掘报告》，第675页，图四六二，2）

　　C8M7虽然有较早的铜爵C8M7：2，以及由农民在此采集到1件二里头文化四期时的铜盉，但其他器物的时代相对较晚，且其随葬爵3、斝1，可视为三套青铜礼器的商代组合。所出铜盉，与盘龙城李家嘴M2铜盉类似，可视为夏代遗留物品。故此墓年代，个人认为二里岗下层一期较为合适。

　　二里头文化二、三、四期的盉、爵组合礼器，系列相当清楚。但到了郑州与其他各地，就不是那么清楚了。郑州的困惑很明显：C8M28盉、爵组合被归为二里岗下层一期，C8YJM1盉、爵组合又被归入二里岗下层二期。造成这种困惑的关键，就是这类B型爵的年代判定出了问题。校正了这些墓葬年代，回头看这一阶段B型爵的发展脉络，就比较清晰了（图一六）。

　　还有一个问题需要提及。夏商考古学界有一个认识惯例，即一个地区的器物传播到另一地区，需要相当长的时间。如二里头与盘龙城都有同样的器物，形制上都属于同期。那么，二里头出土的可归入二里头文化三期，盘龙城就要归入二里头文化四期；二里头归入二里头文化四期，盘龙城就要归入二里岗下层。

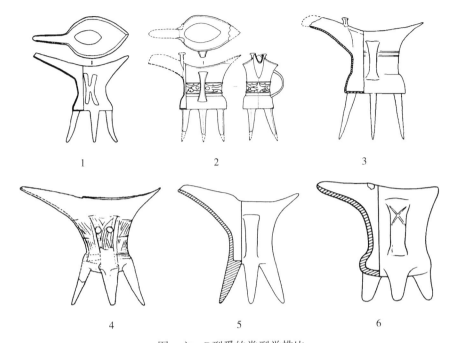

图一六　B型爵的类型学排比

1. I式铜爵（二里头文化三期ⅢKM6∶1）　2. Ⅱ式铜爵（盘龙城YWM6∶1）　3. Ⅱ式铜爵（C8M7∶2）

4. I式陶爵（二里头文化四期ⅥT3②下∶13）　5. I式陶爵（郑州C8M28∶1）

6. Ⅱ式陶爵（郑州南关外期C5T95④∶105）

　　这是一个令人相当困惑的客观事实。如果盘龙城与二里头或郑州相隔万里之遥，那也无须争辩。但事实上相距并不远。现有交通距离，盘龙城到郑州500千米，到二里头也只有约600千米。考虑到古代交通不便，在此基础上加上1/3里程，到郑州不足700千米，到二里头只有800千米。以步行一般每小时4千米计，每天可行大约40千米。则古人从盘龙城步行到郑州，需要17至18天；到二里头需要20天左右时间。

　　相距虽然不远，如果老死不相往来，那也另当别论。但从上面分析，两地联系相当密切。盘龙城杨家湾6号墓主，生前为夏王朝委派或分封的统治者，必须接受夏王朝监管，他也必然会定期派人进贡纳赋。不说每年，至少三五年得亲自跑上一趟。这种政情、军情、婚姻、商贸之类带来的人员、物资等各种流通，必不会少。那些与典章制度相关的文物，必然会在很短的时间内得以流传。郑州的情况和这差不多。新石器时代以来，中国南北东西诸文化就开始了广泛的交流，中华民族文化处在不断的发展融合中。江汉地区屈家岭文化的影响到达河南与山西南部，山东大汶口文化影响到河南。特别是石家河文化晚期与河南临汝煤山二期文化面貌基本相近，河南中西部与湖北中部俨然成为一个文化整体。这些都是不容忽略的事实。那种夏商时期同样器物湖北必得晚河南一个时代的传统处理手法，用静止的眼光看一个流动的世界，是否妥当，有必要加以重新认识。

注　　释

［1］　湖北省文物考古研究所：《盘龙城——1963～1994年考古发掘报告》，文物出版社，2001年。

［2］　郭立新、郭静云：《盘龙城国家的兴衰暨同时代的历史地图——考古年代学的探索》，《盘龙城与长江文明国际学术研讨会论文集》，科学出版社，2016年。

［3］　湖北省博物馆：《湖北宜都石板巷子新石器时代遗址》，《考古》1985年第11期。

［4］　河南省文物考古研究所：《郑州商城——一九五三年——九八五年考古发掘报告》，文物出版社，2001年，第137、138页。

［5］　河南省文物考古研究所：《郑州商城新发现的几座商墓》，《文物》2003年第4期。

［6］　庞小霞、高江涛：《郑州商城C8T166M6性质初探》，《中原文物》2015年第6期。

［7］　许宏、赵海涛：《二里头遗址文化分期再检讨——以出土铜、玉礼器的墓葬为中心》，《南方文物》2010年第3期。

［8］　杜金鹏、许宏：《偃师二里头遗址研究》，科学出版社，2005年，第710页，图一右；中国社会科学院考古研究所二里头工作队：《河南偃师二里头遗址发现新的铜器》，《考古》1991年第12期。

［9］　中国国家博物馆田野考古研究中心、山西省考古研究所、垣曲县博物馆：《垣曲商城（二）：1988～2003年度考古发掘报告》，科学出版社，2014年，第283页，图二○八，6。

［10］　河南省文物研究所、中国历史博物馆考古部：《登封王城岗与阳城》，文物出版社，1992年，第154页，图八二，5。

［11］　湖北省文物考古研究所：《盘龙城——1963～1994年考古发掘报告》，文物出版社，2001年，第164页，图一○五，1。

［12］　盘龙城遗址博物院：《武汉市盘龙城遗址杨家湾M13发掘简报》，《江汉考古》2018年第5期。

［13］　湖北省文物考古研究所：《盘龙城——1963～1994年考古发掘报告》，文物出版社，2001年。

［14］　武汉大学历史学院、湖北省文物考古研究所、盘龙城遗址博物馆筹建处：《2014年盘龙城杨家嘴遗址M26、H14发掘简报》，《江汉考古》2016年第2期。

［15］　刘绪：《从墓葬陶器分析二里头文化的性质及其与二里岗期商文化的关系》，《文物》1986年第6期。

［16］　武汉大学历史系考古教研室、襄樊市博物馆、随州市博物馆：《西花园与庙台子》，武汉大学出版社，1993年，第134页，图二一四。

［17］　湖北省文物考古研究所：《盘龙城——1963～1994年考古发掘报告》，文物出版社，2001年，第442页。

［18］　段天璟：《二里头文化时期的中国》，社会科学文献出版社，2014年，第313页。

［19］　河南省文物考古研究所：《郑州商城——一九五三年——九八五年考古发掘报告》，文物出版社，2001年。

［20］　河南省文物考古研究所：《郑州商城——一九五三年——九八五年考古发掘报告》，文物出版社，2001年，第154页；第165页，图一○四，9、10。

［21］　河南省文物考古研究所：《郑州商城——一九五三年——九八五年考古发掘报告》，文物出版社，2001年，第563～565页。

盘龙城陶器的分期与年代

孙 卓

（武汉大学历史学院）

引　言

通过类型学与地层学，探讨遗址陶器的分期和相对年代，一直都是其遗址及相关遗存研究的基础。早年盘龙城发掘简报和邹衡、陈贤一两位先生就曾将遗址出土陶器与中原地区比较，认为盘龙城遗址年代可从二里头文化到早商时期[1]。《盘龙城——1963~1994年考古发掘报告》根据地层关系进一步将盘龙城陶器分为七期，并将其对应于二里头文化第二期至二里冈上层第二期[2]。之后蒋刚[3]、李丽娜[4]、盛伟[5]、段天璟[6]，以及近年来吴桐[7]等学者持续对盘龙城陶器的分期和相对年代展开过讨论。目前经过多年研究的积累，学界对盘龙城遗址陶器的年代序列已形成了一定的共识，多认同其从二里头文化晚期延续至中商时期[8]。不过需要注意的是，早年的报告并未对陶器展开类型学分析，同时其将遗址分为七期过于细碎，并不利于整体把握陶器的演变脉络；而之后的相关研究多只关注于盘龙城某一时段的材料，且未涉及近年新的考古出土的陶器标本。因此，目前仍有必要对盘龙城陶器的分期和相对年代做进一步的讨论。

因遗址保存状况以及盘龙城陶器自身特性，盘龙城陶器的分期研究面临着两个难点。盘龙城遗址虽经历了长期、系统的考古发掘，但因遗址保存状况和聚落布局特征，遗址难以找到一处地层关系展现从早到晚不同时期陶器演变的全貌。同时，因遗址堆积多为地层，陶器保存状况不佳，早晚不同层位中也难以找到同类型陶器可兹比较。另一方面，盘龙城陶器的形态虽深受中原文化影响，类型基本与中原地区的陶器保持一致，但仍有相当明显的地域特征，特别是部分陶器类型有着较长时间的延续，因此又很难完全比照中原地区陶器的演变序列。为此，我们对于盘龙城遗址陶器分期的研究，仍需立足于对盘龙城陶器自身演进规律的认识之上。本文将以历年发掘所获层位关系为依据，总结盘龙城若干类陶器历时性的演变特征；之后以此序列为基准对盘龙城陶器展开类型学分析；进而在类型学分析的基础之上，对盘龙城遗址陶器的分期和相对年代展开探讨。

一、地层关系与陶器的演变特征

层位关系是判断遗物早晚演变序列的主要依据。盘龙城遗址目前发掘的地点包括城址[9]、王家嘴、李家嘴、杨家嘴、杨家湾、楼子湾、小嘴、小王家嘴等八处。由于发掘地点之间相距较远，无法串联起统一的层位关系。此外，楼子湾地点有关联的地层和遗迹缺乏同类器物比对，难以据此观察器物的演变特征；小王家嘴地点则为一处较为单纯的墓地，陶器出土较少且层位关系简单，遗迹间少有叠压或打破关系。在此，以余下六处地点为例，分别介绍遗址的层位关系及其反映出的陶器的演变特征。

1. 城址

发掘区位于南城垣及南侧城壕、北城垣及北侧城壕以及城垣内东北角的宫殿基址。根据剖面图所示，相邻发掘探方或探沟的地层多统一编号，层位可相互串联。其中，南城垣解剖沟76HP3TB′26～31和79HP3TZ29～33不同层位发表了陶鬲口部的标本。

层位关系：

76HP3TB′26～31④C→④D →南城垣（即报告中的第5层）→⑥

可见鬲口部从早到晚由沿面较薄、卷沿或平折沿，到沿面加厚、沿上有一周凹槽（图一）。

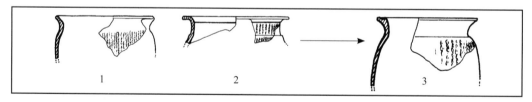

图一　76HP3TB′26～31④C→④D→⑤→⑥层位关系所见陶鬲口部的形制变化
1. 76HP3TB′30⑥：17　2. 76HP3TB′30⑥：18　3. 76HP3TB′26④C：18

2. 王家嘴

发掘分为南、北两个区域，各区之间的地层关系无法对应，但各区内部则统一了地层[10]。陶器主要出自发掘探方第5～9层。而王家嘴发现的遗迹PWZH1、PWZH3、PWZH4、PWZH6、PWZH7和PWZF3、PWZF7则未公布出土的陶器。

南区层位关系：

（T9、T12、T17、T20、T36）⑦→⑧[11]→⑨

可见陶鬲从早到晚口部加厚，三足渐粗，腹部最大径下移（图二，1、2）；大口尊口肩径之比增大，器体变瘦高（图二，3～5）。

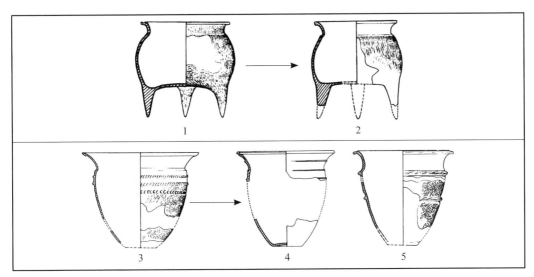

图二　王家嘴南区（T9、T12、T36）⑦→⑧→⑨层位关系所见陶鬲、大口尊的形制变化

1. 鬲（PWZT20⑨∶1）　2. 鬲（PWZT36⑧∶2）　3. 大口尊（PWZT20⑨∶5）

4. 大口尊（PWZT32⑧∶8）　5. 大口尊（PWZT36⑦∶33）

北区层位关系：

（T65、T82、T85）⑤→⑥→⑦→⑧

进一步证明陶鬲从早到晚口部加厚、由外侈较甚向近直演变、沿面逐步出现一周凹槽，颈与腹部之间夹角增大，三足渐粗短，最大腹径下移（图三，1~3）。大口尊口外侈加剧、器体变瘦高（图三，4、6）。小口瓮由颈部较高、腹身圆鼓、腹最大径居于中部，向颈部缩短、下腹斜收、腹最大径上移变化（图三，7、8）。

3. 李家嘴

该地点发掘的遗迹仅见一处打破关系：PLZH2→PLZM2。而陶小口瓮为两单位唯一同出器类。本组层位关系同样反映出小口瓮颈部缩短、腹部最大径逐步上移的变化趋势（图四）。

4. 杨家湾

杨家湾的考古发掘主要有1980年杨家湾南坡、1997~1998年杨家湾J1、2006~2013年杨家湾南坡、2014年杨家湾南坡、2014~2017年杨家湾坡顶、2014年杨家湾北坡等。这些不同发掘地点之间的层位多无法串联。以下按工作地点分别介绍。

根据报告的描述，1980年杨家湾南坡各探方之间的地层基本统一。1980年杨家湾南坡发掘区层位关系：

（PYWT28、PYWT24、PYWT23、PYWT9、PYWT5、PYWT3）④[12]→⑤→F1、⑥

证明陶鬲口部外侈向近直发展，三锥足渐短小（图五，1、2）。大口尊口部外侈加剧，肩部逐步内收（图五，5~7）。陶豆豆盘逐步变浅（图五，8、9）。大口缸早期腹部

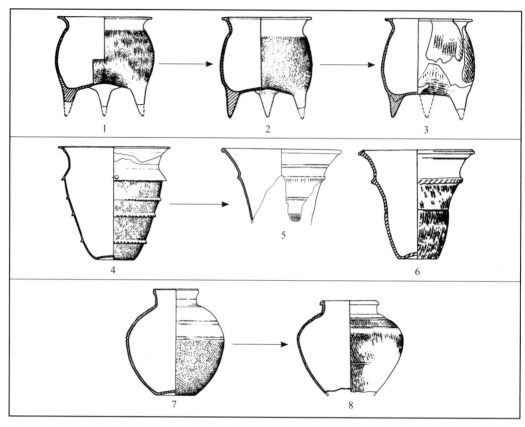

图三　王家嘴北区（T65、T72、T76、T82、T85、T87）⑤→⑥→⑦→⑧层位关系所见陶鬲、
大口尊、小口瓮的形制变化

1. 鬲（PWZT85⑧：4）　2. 鬲（PWZT65⑥：1）　3. 鬲（PWZT82⑤：1）　4. 大口尊（PWZT82⑧：2）

5. 大口尊（PWZT76⑥：1）　6. 大口尊（PWZT85⑤：20）　7. 瓮（PWZT80⑥：4）

8. 瓮（PWZT86⑤：5）

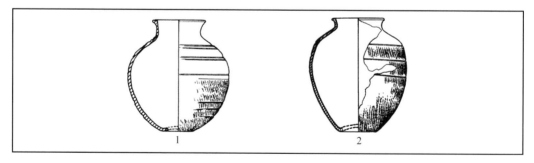

图四　李家嘴PLZH2→PLZM2层位关系所见陶瓮的形制变化

1. PLZM2：77　2. PLZH2：11

较宽、整体器身显得敦厚，晚期则腹部斜收加剧、器身显得较瘦高（图五，10~13）。

2006~2013年杨家湾南坡发掘区层位关系[13]：

H8→（T0816、T0918）②[14]→H9、H14

反映出陶鬲口部近竖直、三锥足趋短的变化趋势（图五，3、4）。

2014年杨家湾南坡发掘各探方虽未统一地层，但简报仍对其进行了层位串联[15]。层位关系：

（T1013、T1014、T1015）③→T1013④→T1013⑤、T1014④～⑤、T1015④～

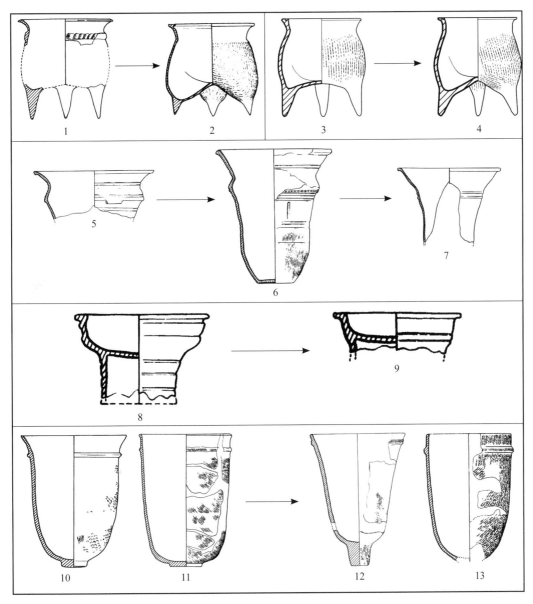

图五　1980年与2006～2013年杨家湾南坡考古发掘层位关系所见陶鬲、大口尊、豆、大口缸的
形制变化

1.鬲（PYWT9⑥：22）　2.鬲（PYWT23④：1）　3.鬲（T0816H9：1）　4.鬲（T0918H8：1）

5.大口尊（PYWT28⑤：2）　6.大口尊（PYWT23④：5）　7.大口尊（PYWT24③：1）

8.豆（PYWT23④：7）　9.豆（PYWT5③：3）　10.大口缸（PYWF1Z1：14）

11.大口缸（PYWT28⑤：5）　12.大口缸（PYWT24③：5）　13.大口缸（PYWT5④：11）

⑥→T1013⑥→（T1010、T1011）③、T1013⑦→H25→（T1011、T1010）④

同样可见陶鬲口部由早期的平折沿、尖圆唇演变为平折沿、口沿加厚、唇外缘方顿或直接为折沿、厚方唇（图六）。大口尊则器体日趋瘦高，晚期腹部开始装饰窗棂纹。

2014～2017年杨家湾坡顶发掘获得了一批互有叠压、打破关系的遗迹单位，并且探方之间地层统一[16]。层位关系：

（T0213、T0113）②→H34→（T0213、T0113）③→（T0213、T0113）④→H28→（T0213、T0113）⑤→H35→H36→H39→（T0213、T0113）⑥→H42、H43

可见陶鬲口部由薄唇、外侈较甚，向平折沿、沿面逐步加厚、部分沿上施一周凹槽，再至口部近直、部分出现厚方唇的演变轨迹（图七）。

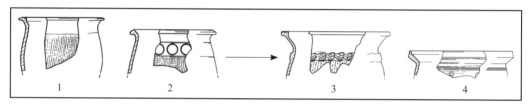

图六　2014年杨家湾南坡考古发掘层位关系所见陶鬲口部的形制变化
1. 2014HPQ1712T1010③：5　2. 2014HPQ1712T1013⑦：11　3. 2014HPQ1712T1015④：13
4. 2014HPQ1712T1014③：24

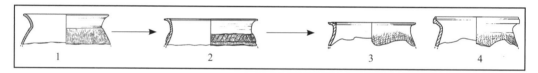

图七　2014～2017年杨家湾坡顶考古发掘层位关系所见陶鬲口部的形制变化
1. T0213⑥：3　2. H35：2　3. T0113④：17　4. T0113④：16

除以上所见出土陶器标本较多、并有早晚叠压或打破关系的地层和遗迹外，1997～1998年杨家湾还发掘一处商代水井PYWJ1，出土较多陶器。不过，原发掘简报并未报道遗迹的层位关系和相邻层位出土的遗物，因此无法据此探讨陶器的演变特征[17]。2014年杨家湾北坡的发掘则获得一组层位关系，但是出土的陶器多为残片，不同层位中同类器的标本数量较少。该地点发掘所获的层位关系仅能大致反映出陶鬲口部由平折沿、尖圆唇、沿面一周凹槽，演变为平折沿、口沿加厚、沿面两周凹槽或折沿、厚方唇等特征[18]。

5. 杨家嘴

杨家嘴曾于1980～1983年进行过较大规模的考古发掘。根据报告，此次发掘各探方统一了地层。层位关系：

（PYZT1、PYZT3、PYZT8、PYZT14、PYZT28）④→⑤[19]→⑥→⑦

反映出陶鬲早期由平折沿、沿面施一周凹槽、腹身瘦高、三锥足较长，演变为平折沿、口沿加厚、腹身渐矮胖，三锥足较短小（图八，1~3）。大口缸早期腹部较宽、器身较敦厚，晚期腹部则斜收加剧、器身日渐瘦高（图八，4~6）。

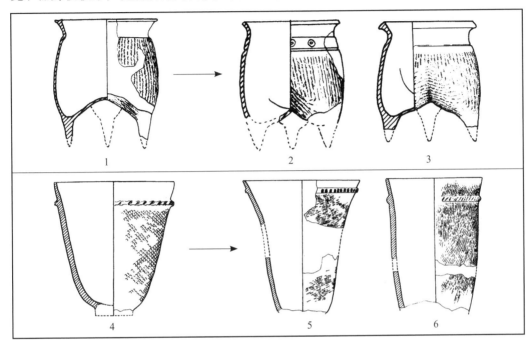

图八　1980~1983年杨家嘴考古发掘层位关系所见陶鬲、大口缸形制变化

1. 鬲（PYZT3⑦：8）　2. 鬲（PYZT3⑤：5）　3. 鬲（PYZT8⑤：2）

4. 大口缸（PYZT28⑦：3）　5. 大口缸（PYZT14④：2）　6. 大口缸（PYZT1④：17）

杨家嘴1997~1998年还曾发掘若干商代墓葬，2014年抢救性发掘了M26和H14。这些单位出土了少量的陶器标本。不过两次发掘规模较小，层位关系简单，无法据此判断陶器的演变特征[20]。

6. 小嘴

2015~2018年进行了大规模的考古发掘，获取了多组年代早、晚不同的层位关系[21]。小嘴发掘区商时期地层虽不连续，但相邻探方间多统一了地层。多组层位关系：

T0412③→G2→T0216⑤、T1918⑤

H11→T0115③、T0214③→G1、H13→T1815④、T1816④

H76→H73

均进一步证明陶鬲由口部外侈、平折沿、尖圆唇，演变为沿部加厚、沿面上施两周凹槽，或折沿厚方唇（图九）。

以上根据层位关系，可大致梳理出盘龙城陶器部分器类的演变特征。其中如鬲、大口尊等，同类器物在不同地点、多组层位关系中都表现出了一致的演变轨迹，反复

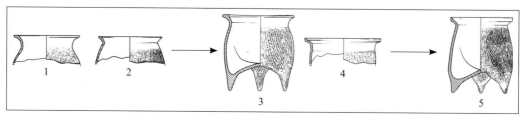

图九　小嘴考古发掘层位关系所见陶鬲形制变化

1.2017HPQ1710T0216⑤：15　2.2017HPQ1610T1918⑤：3　3.G2JP1：5

4.G2JP1：14　5.2017HPQ1710T0412③：10

证明了此形制变化确为陶器时代上的演变；而大口缸、小口瓮、豆等同类器物也在超过一组的层位关系中表现出了同一变化趋势，显现其演变特征也非孤例。以下，本文将以层位关系所见盘龙城陶器的演变特征为基础，并参照同时期中原地区相关陶器的形制特征，对盘龙城主要陶器类别进行类型学分析。

二、主要陶器的型式划分

盘龙城遗址出土的陶器主要见有鼎、鬲、甗、罐、盆、簋、豆、大口尊、瓮、爵、斝、鬶、盉、壶、杯、中柱盂、罍、尊、器座、大口缸等。这其中鼎、鬲、豆、小口瓮、大口尊、斝、大口缸等陶器出土数量较多，且涉及早晚不同时期、类型变化丰富。在此以这七类陶器为代表，对盘龙城遗址陶器器类进行型式划分。

1.鼎

根据器身形态特征，可分为罐形和盆形两类，列为A、B两型。

A型　罐形鼎，腹身圆鼓、腹部呈罐或釜的形态，三尖锥足，多数在足跟处有指甲掐捏的纹饰，部分在颈部会装饰多道弦纹。该类型陶鼎标本数较少且分布较为零散，难以根据层位关系梳理不同年代的形态变化，暂不分式。标本：PWZT20⑨：2、PWZT20⑨：3、2014HPQ1813T0213H42：1（图一〇，1）、PYZT3⑦：32、PYZT3⑦：66。

B型　盆形鼎，腹身斜下内收，三扁足，足跟多作扉棱状装饰。根据腹部深浅的差异，又可分为深腹和浅腹，Ba、Bb两个亚型。

Ba型　深腹。该型鼎数量较少，暂不分式。标本：79HP3TZ33⑨A：7（图一〇，2）。

Bb型　浅腹，可分为两式。

Ⅰ式　侈口，腹部较深，三扁足外撇。标本：PWZT31⑧：1（图一〇，3）。

Ⅱ式　口近直，腹部变浅，三扁足垂下。标本：PWZT64⑥：4（图一〇，4）。

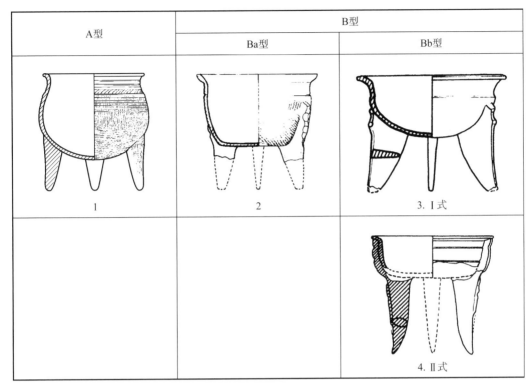

图一〇　盘龙城鼎的型式演变

1. 2014HPQ1813T0213H42：1　2. 79HP3TZ33⑨A：7　3. PWZT31⑧：1　4. PWZT64⑥：4

2. 鬲

鬲为盘龙城遗址出土数量最多的一类炊器。根据尺寸的大小，可分口径在20厘米以下，口径在20～30厘米和口径在40厘米左右的小、中、大三类。而根据裆部形态的差异，又可分为联裆和分裆两类，前者多有一些自身本地的特征因素、口沿以尖圆唇为主、裆部较矮、锥足较长，后者则多显现出了与中原地区同类器相近的特征，裆部较高、多见方唇。根据以上多组层位关系可知，盘龙城陶鬲早期口外侈较甚，沿面较薄，尖圆唇，腹部外鼓，锥足多细长；晚期则口部近直，沿面加厚、沿面饰一或两周弦纹，唇外缘方顿、部分甚至出现厚方唇的特征，腹部则垂直向下，锥足趋于短小。此外，部分类型的陶鬲，特别是分裆鬲形态近于中原地区同类器，在此还可参考二里头晚期至殷墟一期中原地区陶鬲的演变特征。

以下将陶鬲按照形制大小，分为小、中、大（A、B、C）三型。

A型　口径在20厘米以下，多数在14～18厘米，少数较小者口径在10厘米左右。根据裆部的形态变化，A型鬲可进一步分为联裆和分裆两类，列为Aa、Ab两亚型。

Aa型　联裆，多为平折沿，尖、圆唇。可分五式。

Ⅰ式　口外侈较甚，腹部圆鼓，腹最大径近于颈部，三锥足细长，部分足部饰满绳纹。标本：PWZT20⑨：1（图一一，1）。

Ⅱ式　口外侈较甚，腹最大径下移，三锥足细长，足部已不饰绳纹。标本：PWZT17⑧：31、PWZT32⑧：11、PWZT36⑧：2、PWZT85⑧：4（图一一，2）、PWZT12⑦：8、PYWM6：6、PYZM6：5、PYZM6：3、PYZM6：4、PYZM8：3。

Ⅲ式　侈口，平折沿，沿面内侧多见一周凹槽，多为尖圆唇，三尖锥足较长。标本：PWZT65⑥：1、2013HPQ1712T0816H9：1、PYZH1：2、PLWG2⑤：14（图一一，3）。

Ⅳ式　口部近直，折沿处加厚，沿面多有两周凹槽，三尖锥足变矮胖。标本：PWZT82⑤：1（图一一，4）、PWZT86⑤：12、PWZT86⑤：19。

Ⅴ式　腹身呈横长方体，口部近直，唇部较厚，部分折沿处见两周凹槽或简化不见凹槽。标本：PYWT23④：4（图一一，5）、PLZH10：4。

Ab型　分档，形态接近中原地区陶鬲。同样可分为五式。

Ⅰ式　侈口较甚，卷沿，尖唇，腹部斜下外张，足窝较深，三锥足细长。标本：PWZT9⑧：3（图一一，6）、PWZT71⑦：5。

Ⅱ式　侈口，卷沿或平折沿，尖圆唇，腹身呈纵长方体，三尖锥足变粗。标本：PYZT3⑦：8（图一一，7）、PYZH2：1、2013HPQ1712T0918H8：1。

Ⅲ式　口部外侈不甚明显，部分平折沿内见有两周凹槽，最大腹径较之上一式上移。标本：PLZH8：7（图一一，8）、PYZT5⑥：24、PYZT3⑤：8、PYZT3⑤：5、PYZT6⑤：1。

Ⅳ式　腹身趋向正长方体，部分为平折沿、唇部较厚，部分则为折沿方唇，三尖锥足渐矮胖、内收，颈部多见弦纹或弦纹配圆圈纹装饰。标本：PYWT17③：2（图一一，9）、PYWH6：52、PYWT23④：2、PYZT8⑤：2。

Ⅴ式　腹身向横长方体发展，口部近直，口部多见厚方唇，三尖锥足矮胖，部分颈部饰单周或多周的弦纹。标本：PLZH10：3（图一一，10）、PLZH18：3、PLZH18：5、PYWH6：40。

B型　口径在20～30厘米，通高近30厘米，颈部通常饰一周附加堆纹。参照A型鬲整体的演变特征，可分为三式。

Ⅰ式　器身较瘦高，口外侈较甚，平折沿，沿面常见一周凹槽。标本：PYWT9⑥：22、PWZT80⑥：1、2017HPQ1610T1714H73：6（图一一，11）。

Ⅱ式　口外侈的角度缩小，平折沿，唇部方顿，沿面常见两周凹槽，三锥足渐粗短且垂直向下。标本：PLZH1：1、PLZM1：25、PYZT6④：2、PYWT29④：1（图一一，12）

Ⅲ式　整体器身渐矮胖，多见厚方唇，下腹部内收，三锥足进一步趋短。标本：PYWJ1：28（图一一，13）。

C型　体型较大，口径多为40厘米上下，颈部饰一周附加堆纹，腹部至足部饰有纵

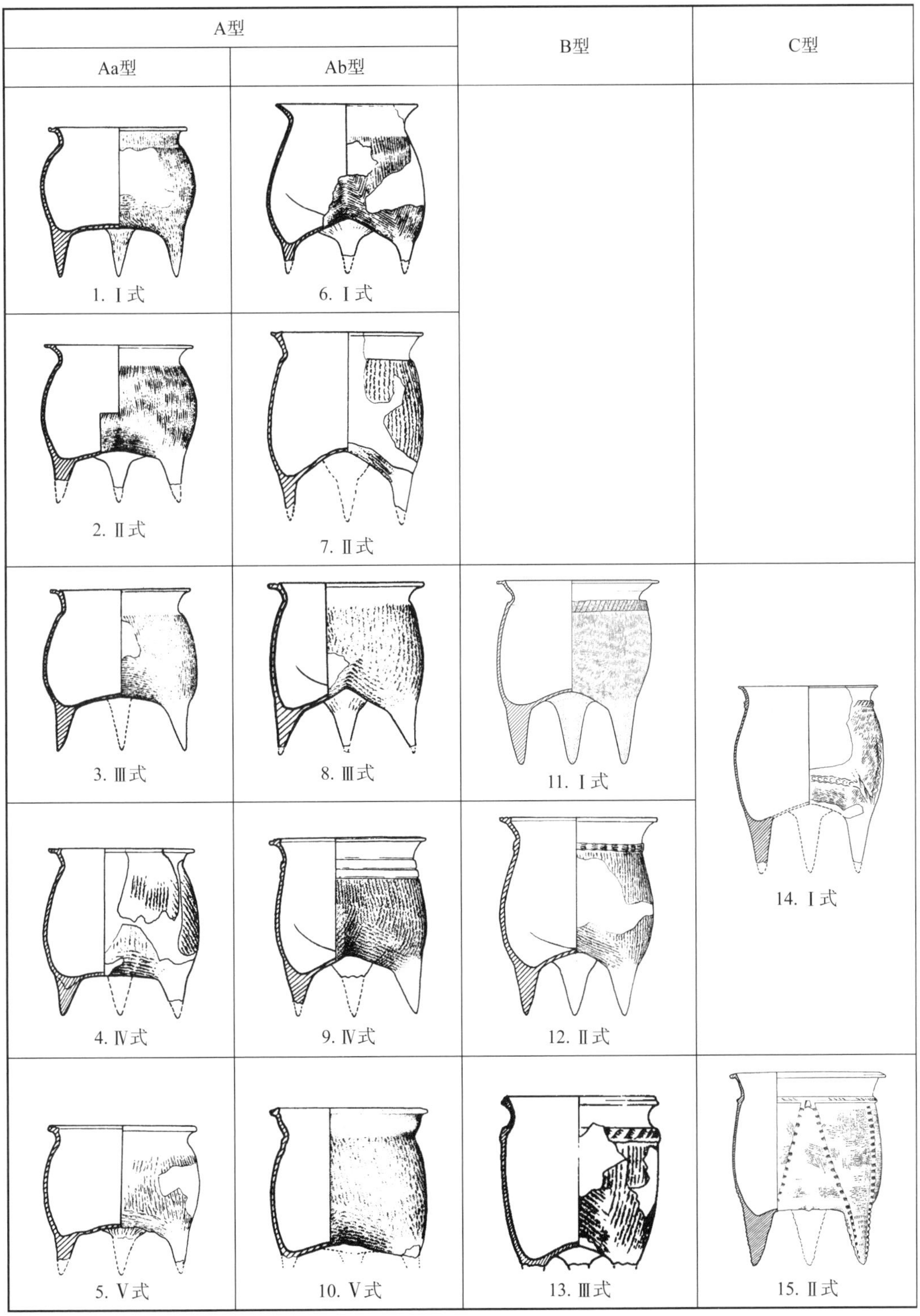

图一一　盘龙城陶鬲的型式演变

1. PWZT20⑨：1　2. PWZT85⑧：4　3. PLWG2⑤：14　4. PWZT82⑤：1　5. PYWT23④：4　6. PWZT9⑧：3

7. PYZT3⑦：8　8. PLZH8：7　9. PYWT17③：2　10. PLZH10：3　11. 2017HPQ1610T1714H73：6

12. PYWT29④：1　13. PYWJ1：28　14. PWZT80⑥：8　15. PYWH6：37

向的圜络纹。参照A、B型鬲的演变特征，可分为两式。

　　Ⅰ式　侈口，尖圆唇，腹部外鼓，三锥足细长。标本：PLZH8：4、PWZT80⑥：8（图一一，14）。

　　Ⅱ式　侈口，平折沿，小方唇，腹部近直垂下，三锥足变粗。标本：PYWH6：37（图一一，15）。

3. 豆

　　根据豆盘腹部形态的差异，可分为A、B、C三型。

　　A型　豆盘斜弧腹。可分为四式。

　　Ⅰ式　豆盘较深，豆柄较粗。标本：79HP3TZ33⑨A：3（图一二，1）。

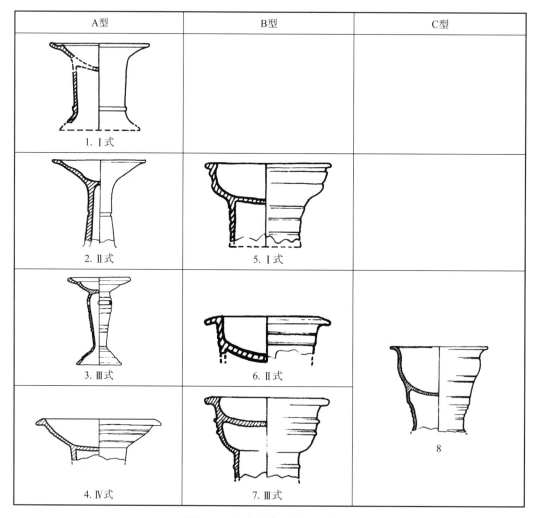

图一二　盘龙城陶豆的型式演变

1. 79HP3TZ33⑨A：3　2. PWZT83⑧：3　3. PWZT83⑦：3　4. 2014HPQ1712T1011③：4
5. PYWT23④：7　6. PYZT6④：19　7. PYWJ1：18　8. PYWJ1：26

Ⅱ式 敞口,豆盘仍较深,豆柄变细。标本:PWZT20⑨:3、PWZT83⑧:3(图一二,2)。

Ⅲ式 部分为盘口,豆盘腹部变浅,部分豆柄上部凸出。标本:PWZT83⑦:3(图一二,3)、PWZT67⑦:3、PYZM6:10、PYZM6:7。

Ⅳ式 折沿外翻,浅豆盘。标本:PWZT65⑥:28、PYZT11⑦:1、2014HPQ1712T1011③:4(图一二,4)。

B型 豆盘折腹。可分为三式。

Ⅰ式 平折沿,豆柄较短。标本:PYWT23④:7(图一二,5)。

Ⅱ式 部分为假腹。口折沿,部分外翻。标本:PYZT6④:19(图一二,6)。

Ⅲ式 多为假腹。平折沿,豆盘较浅。标本:PYZM4:7、PYWT5③:3、PYWJ1:18(图一二,7)、PYZT9⑤:3、2014HPQ1712T1013③:14。

C型 鼓腹。此类型豆数量较少,并集中于杨家湾层位最晚的单位中,暂不分式。标本:PYWJ1:26(图一二,8)、2014HPQ1712T1013③:29、2014HPQ1712T1014③:67。

4. 小口瓮

根据肩部的形态变化可分为圆弧肩和折肩两类,列为A、B两型。

A型 圆弧肩。根据王家嘴北区和李家嘴的层位关系,其早期腹部圆鼓、最大腹径居于腹中部;晚期则最大腹径上移、下腹斜收较甚、腹身变瘦长。可分为四式。

Ⅰ式 侈口、颈部较矮,整体腹身较宽胖,肩部至上腹部见多道凹弦纹,配以间断的绳纹。标本:79HP3TZ33⑨B:5、PYWM6:5(图一三,1)、2013HPQ1712T0816H14:2。

Ⅱ式 颈部加高,整体腹身仍较矮胖,最大腹径居于腹中部,下腹斜弧内收,肩部饰有多道双线弦纹,下腹部饰间断绳纹。标本:PWZT80⑥:4(图一三,2)、PLZH4:17、PLZM2:77。

Ⅲ式 多见方唇,腹身趋于瘦高,最大腹径上移,下腹斜内收,肩部多出现弦纹配网格纹装饰。标本:PWZT86⑤:5(图一三,3)、PWZT73⑥:3、PLZH15:2、PYWM1:2。

Ⅳ式 方唇、颈部较高,腹身瘦高,最大腹径移至近肩部处,下腹斜直内收,肩部出现内填满网格纹的方块或圆圈装饰。标本:PYWH5:9(图一三,4)。

B型 折肩。同样参考A型瓮的演变特征,可分三式。

Ⅰ式 腹部较竖直斜下,肩部或腹部多装饰弦纹。标本:PLZH4:21(图一三,5)、PLZH2:12。

Ⅱ式 下腹部斜收微鼓,肩部绳纹磨光。标本:PYWH5:8、PYZT8⑤:8(图一三,6)。

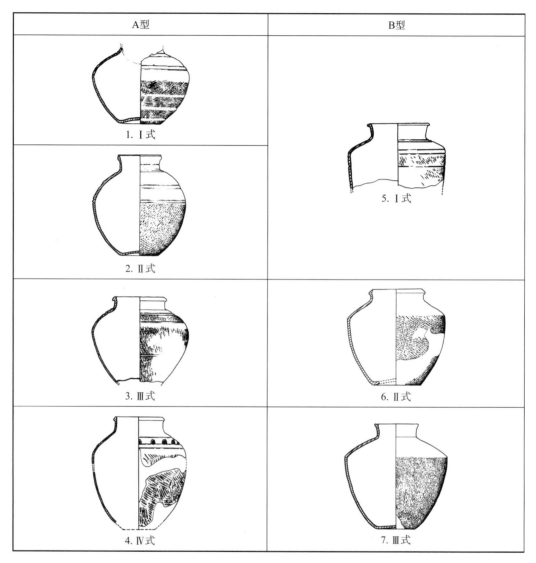

图一三　盘龙城陶小口瓮的型式演变

1. PYWM6：5　2. PWZT80⑥：4　3. PWZT86⑤：5　4. PYWH5：9
5. PLZH4：21　6. PYZT8⑤：8　7. PLZH10：6

Ⅲ式　颈部较高，腹身瘦长，下腹部斜收较甚，肩部同样绳纹磨光。标本：PLZH10：6（图一三，7）[22]。

5. 大口尊

整体形态和器形演变与中原地区相近。在此根据腹身形态的特征，可将大口尊分为瘦高与矮胖两类，列为A、B两型。

A型　整体腹身较为瘦高，口径多宽于肩径或腹径。而根据肩部形态的差异，又可进一步分为圆肩、折肩和无肩三类，分别为Aa、Ab和Ac三亚型。

Aa型　圆肩，肩部不甚突出。根据王家嘴和杨家湾南坡层位关系所见大口尊演变趋势，其腹身逐步变瘦高、口部由早期外侈较逐渐斜直、肩部逐步内收。可分为两式。

Ⅰ式　整体器形显得较矮胖，口部外侈较甚，圆肩较外鼓。标本：PWZT20⑨：5（图一四，1）、2017HPQ11813T0114H31：1。

Ⅱ式　整体器身变瘦高，口部渐斜直向外张开，肩部不甚突出。标本：PWZT32⑧：8（图一四，2）。

Ab型　折肩，肩部突出明显，部分在此附有鋬首。同样根据王家嘴北区、杨家湾南坡等多组层位关系，可知其随时代发展器体逐步变瘦高、口部渐斜直向上、口部加宽、口肩径之比增大。可分为四式。

Ⅰ式　口径略大于肩径，口部外侈呈卷沿状，肩部突出明显，腹部微外鼓，腹部常饰三周窄条附加堆纹。标本：PWZT82⑧：2（图一四，3）、PWZT36⑦：33、PWZT72⑦：4、PWZT66⑦：5、PWZT12⑦：12。

Ⅱ式　口径大于肩径，颈部仍较短，肩部突出，腹部斜直内收，少数腹部仍装饰多周的附加堆纹，部分腹部开始出现多周弦纹。标本：PLZH4：9、PLZH4：20、PTYWT28⑤：2、PLWH1：1、PLWH1：9、2017HPQ1610T1714H73：13（图一四，4）。

Ⅲ式　口径远大于肩径，颈部加高，整体腹身向瘦高发展，腹部见多周弦纹装饰。标本：PWZT85⑤：20（图一四，5）、PLZH8：3、PYZT3⑤：37、PYZT42④：2、PYZT6⑤：21、PYZT10⑤：4、PLWG2⑤：12、2016HPQ1710T0216⑤：9。

Ⅳ式　口径远大于肩径，口部外侈的角度缩小，颈部进一步增高，肩部则日趋内收，腹部斜直向下，肩部常饰附加堆纹，腹部多饰直棱纹和弦纹。标本：PYWT23④：5（图一四，6）、PYZT43④：1、PYWJ1：5、2014HPQ1712T1013⑤：3。

Ac型　尺寸较小，无肩或肩部仅用一周附加堆纹表示。参考Aa、Ab两型大口尊的演变趋势，可分为三式。

Ⅰ式　整体器身较为矮胖，口部外侈较甚，腹部微外鼓。标本：PWZT11⑧：3（图一四，7）。

Ⅱ式　整体器身变瘦高，口部外侈，颈部较矮，腹部常装饰多周弦纹。标本：标本PWZT61⑥：10、PWZT65⑥：33、PWZT65⑥：5（图一四，8）、PLZH8：5、PYWT3④：1、PLWH1：3、2013HPQ1712T0816H14：1。

Ⅲ式　整体器身进一步变瘦高，口部斜直向外张开，颈部加高，腹部常素面或下腹部饰绳纹，而少见弦纹装饰。标本：PYWT24③：1、PYZT8⑤：10、PYZT8⑤：11（图一四，9）。

B型　整体器身宽胖，颈部较短。可分为三式。

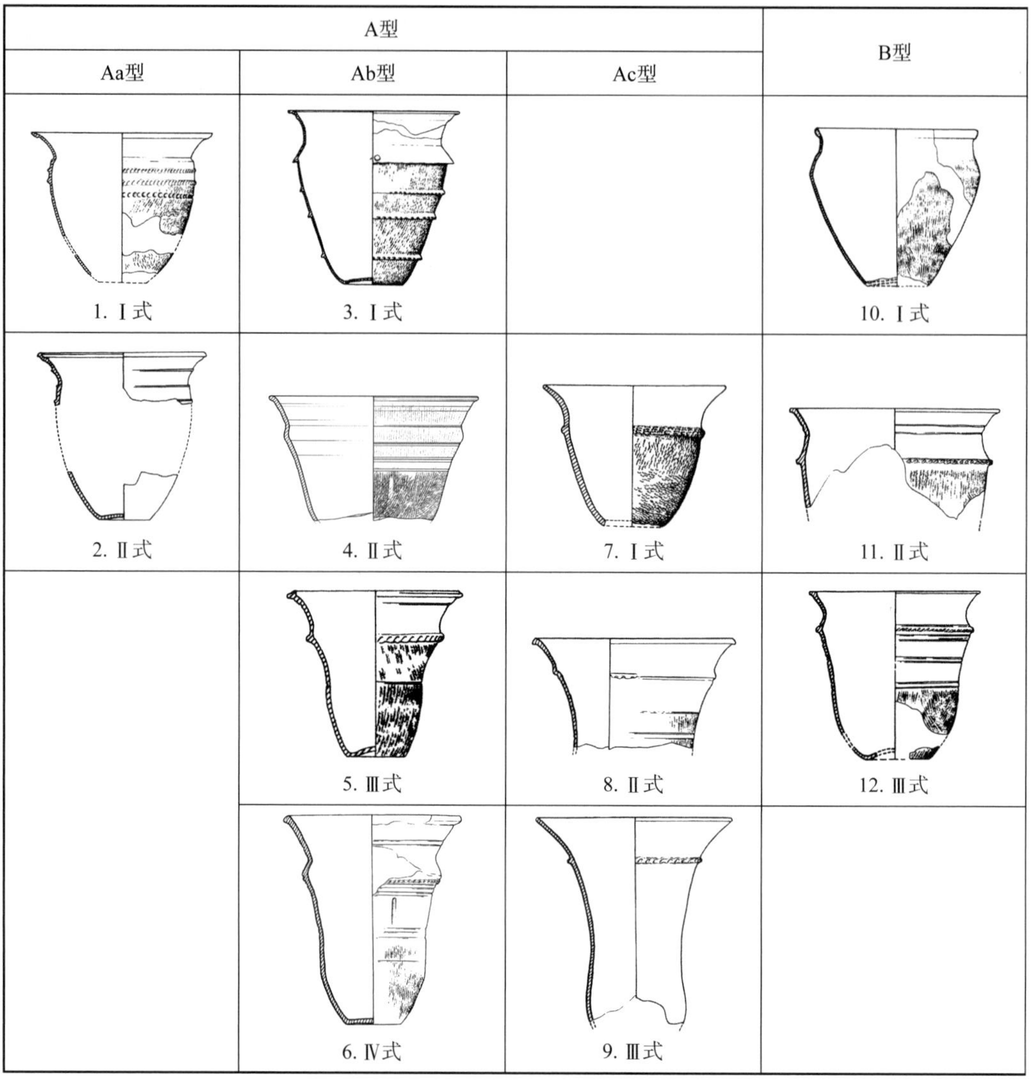

A型			B型
Aa型	Ab型	Ac型	
1. I式	3. I式		10. I式
2. II式	4. II式	7. I式	11. II式
	5. III式	8. II式	12. III式
	6. IV式	9. III式	

图一四　盘龙城陶大口尊的型式演变

1. PWZT20⑨：5　2. PWZT32⑧：8　3. PWZT82⑧：2　4. 2017HPQ1610T1714H73：13

5. PWZT85⑤：20　6. PYWT23④：5　7. PWZT11⑧：3　8. PWZT65⑥：5

9. PYZT8⑤：11　10. PWZT66⑦：22　11. PWZT86⑥：29　12. PWZT85⑤：13

　　I式　口径小于肩径，颈部较短，腹部微外鼓。标本：PWZT66⑦：22（图一四，10）。

　　II式　口径略等于肩径，颈部增高，腹部微外鼓。标本：PWZT86⑥：29（图一四，11）。

　　III式　口径大于肩径，腹部微内曲，腹部常见多周弦纹。标本：PWZT85⑤：13（图一四，12）。

6. 鬶

根据口部的形态可分为侈口和敛口A、B两型。

A型　侈口，根据裆部的不同，又可细分为联裆和分裆两类，列为Aa、Ab两个亚型。

Aa型　联裆或平裆。可分为两式。

Ⅰ式　上腹部较高，下腹及裆部矮短，侈口，圆唇，鋬向下接于近足的上部。标本：PWZT25⑧：15、PWZT12⑦：13（图一五，1）。

Ⅱ式　下腹部增高，平折沿，鋬向下接于近腰的部位。标本：PYWF1Z1：1（图一五，2）、PYZM8：1。

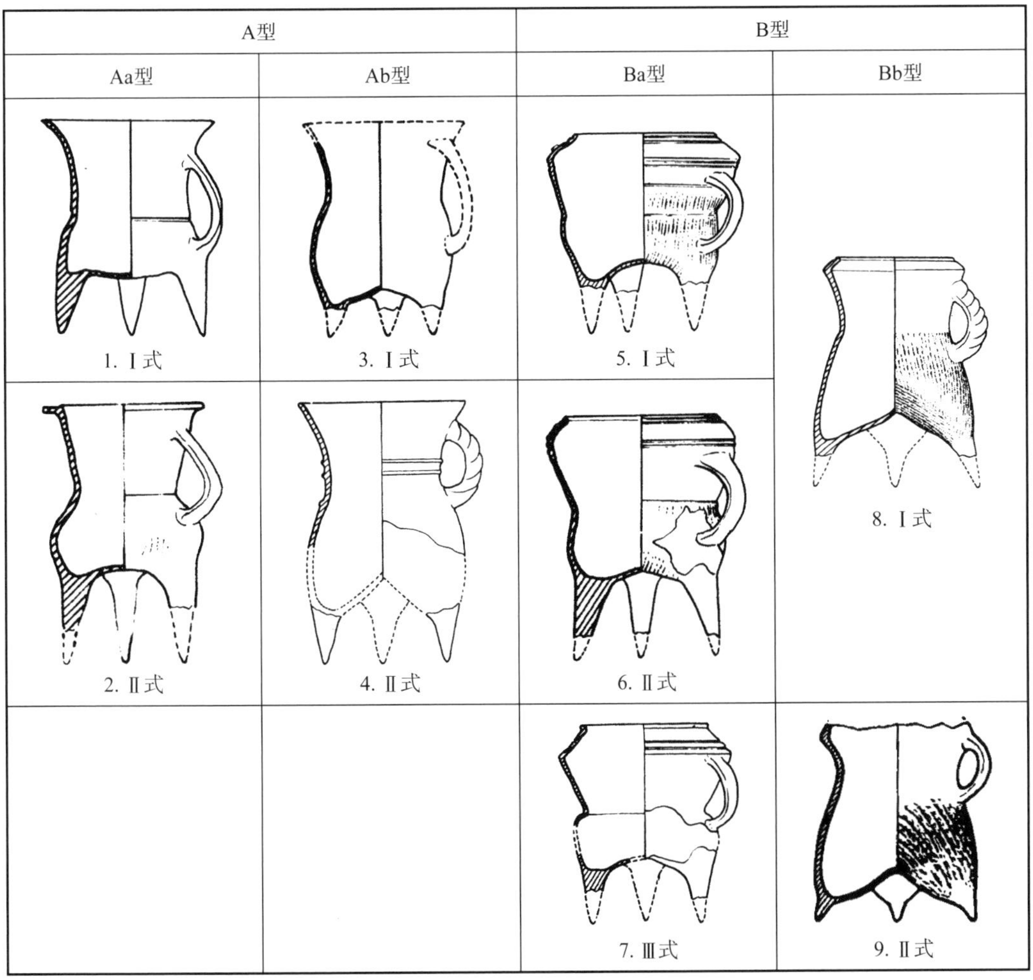

图一五　盘龙城鬶的型式演变

1.PWZT12⑦：13　2.PYWF1Z1：1　3.PWZT86⑧：23　4.PYZT9⑤：2　5.PWZT17⑤：2
6.PYZH1：5　7.PYWT5③：10　8.PYZT6⑤：3　9.PYWJ1：25

Ab型　分档。分为两式。

Ⅰ式　上腹部与下腹部大体同高，鋬下接近于足部，素面。标本：PWZT86⑧：23（图一五，3）。

Ⅱ式　下腹部增高，鋬下接近于腰部，上腹部多装饰两周凸弦纹。标本：PYZT9⑤：2（图一五，4）。

B型　敛口，同样根据裆部的不同，可分为联裆和分裆Ba、Bb两个亚型。

Ba型　联裆或平裆，为盘龙城出土数量最多的一类陶斝。可分为三式。

Ⅰ式　腹身矮胖，上腹部显得较高，下腹部向内斜收，器物轮廓近似一个倒梯形，鋬下接近于足部。标本：PWZT17⑤：2（图一五，5）、2017HPQ1610T1714H73：3。

Ⅱ式　器腹加深，下腹部不再向内收，而是向外鼓出，鋬下接位置近于腰部。标本：PWZT33⑤：1、PYWT38④：5、PYZH1：5（图一五，6）。

Ⅲ式　比之上一式，三锥足缩短、竖直向下，整体器身显得较矮胖。标本：PYWT5③：10（图一五，7）、PYWM1：5。

Bb型　分档，口沿和腹上部与Ba型斝一致。可分为两式。

Ⅰ式　整体腹身瘦高，裆部较高，三锥足较高。标本：ＰＹＺＴ6⑤：3（图一五，8）。

Ⅱ式　上腹部变得较矮，下腹部则如鬲的演变特征，整体腹身向矮胖发展，裆部渐低，锥足短小。标本：PYWJ1：25（图一五，9）。

7. 大口缸

可谓盘龙城遗址出土数量最多的一类陶器。根据尺寸及腹部形态可分为A、B、C三型。

A型　尺寸较大，口径多在40厘米以上，垂直腹，腹部常饰多周附加堆纹。参考杨家湾、杨家嘴层位关系可知，大口缸早期腹身较为敦厚，晚期腹部斜收加剧、腹身日趋瘦高。可分为两式。

Ⅰ式　微侈口，腹部竖直向下，最大腹径居于腹下部，腹身敦厚。标本：PWZT72⑦：6（图一六，1）。

Ⅱ式　直口微侈，腹部斜直内收，腹身开始显得瘦长。标本：74HP4TR21④：1、PWZT65⑥：19、PYWH1：27、PYZT11⑤：6（图一六，2）、PYZT13④：2。

B型　口径多在30厘米左右，通高约30~40厘米，常只在颈部饰一周附加堆纹。此类型缸占据盘龙城出土大口缸的半数以上，可分为三式。

Ⅰ式　整体腹身显得宽胖，多直口，腹部直下，常接饼状器底，少数接圈足。标本：PWZT36⑧：7、PWZT48⑧：4、PWZT25⑦：27（图一六，3）、PYWT66⑦：12、PWZT71⑦：10、PWZT86⑤：26、PWZT9⑤：1。

Ⅱ式 整体腹身趋于瘦高，口部外侈，腹部近直、微鼓。标本：PWZT17⑦：8、PWZT65⑦：8、PWZT76⑥：5、PWZT65⑥：8、PWZT86⑤：26、PYWT28⑤：3、PYWT3④：6、PYWT10③：4、PYWF1Z1：14（图一六，4）、PYZT3⑦：50、PYZT3⑤：56、PYZT3⑤：46、PYZT3⑤：48、PYZT5⑤：11、PYZH1：19、2013HPQ1712T0816H9：3。

Ⅲ式 整体腹身更加瘦高，腹部近直垂下、部分斜内收，常见有纽状凸起的底部。标本：PLZH18：1、PLZH17：2、PYWT5④：11、PYWT5④：12、PYWT17④：9（图一六，5）、PYWT24③：5、PYZT10⑤：5、PYZT14④：2、PYZH1：15、PLWT8④：2。

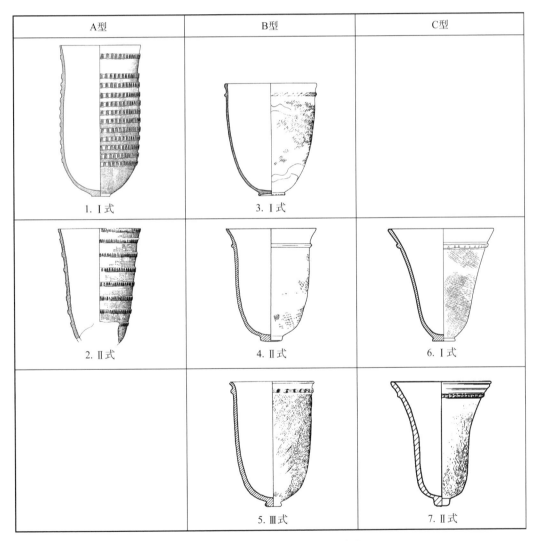

A型	B型	C型
1. Ⅰ式	3. Ⅰ式	
2. Ⅱ式	4. Ⅱ式	6. Ⅰ式
	5. Ⅲ式	7. Ⅱ式

图一六 盘龙城陶大口缸的型式演变

1. PWZT72⑦：6 2. PYZT11⑤：6 3. PWZT25⑦：27 4. PYWF1Z1：14
5. PYWT17④：9 6. 2013HPQ1712T0816H9：2 7. 2014HPQ1712T1015③：1

C型　口径在20厘米左右，通高约20～30厘米，多敞口，腹部斜收，颈部饰一周附加堆纹。可分为两式。

Ⅰ式　腹身较宽，腹部近斜直内收，下接小平底。标本：2013HPQ1712T0816H9：2（图一六，6）。

Ⅱ式　腹身变得修长，腹部作内曲状，部分下接长筒形底。标本：2014HPQ1712T1015③：1（图一六，7）。

此外，盘龙城还有部分大口缸或尺寸较小、或形制特殊，无法纳入以上型式划分体系之列。由于这部分大口缸数量较小，对于盘龙城陶器群整体的分期讨论影响较小，暂不予以讨论。

三、盘龙城陶器的分期与各期的相对年代

陶器的分组与分期在于考察各陶器类型在不同时期单位中的组合状况。在此，我们以盘龙城出土陶器类型较为丰富的灰坑以及部分地层为代表，进一步对盘龙城陶器发展的不同阶段进行划分。

以南城垣叠压的79HP3TZ33⑨B、⑨A层出土陶器为代表，可列为盘龙城陶器的第一组。本组见有Ba型深腹盆形鼎、深腹罐、A型Ⅰ式豆、A型Ⅰ式小口瓮。整体而言，器类数量较少，不见鬲等炊器，也不见斝、爵或盉等酒器，与之后以鬲为主要炊器代表的陶器组合差异较大，可单独列为一组。

以PWZT20⑨、3TV34③、2014HPQ1813T0213H42出土陶器为代表可列为盘龙城陶器的第二组。本组陶器多见A型和Bb型Ⅰ式鼎、Aa型Ⅰ式鬲、A型Ⅱ式豆、A型Ⅰ式小口瓮、Aa型Ⅰ式大口尊、A型Ⅰ式和B型Ⅰ式大口缸。比较第一组，本组单位陶器类别开始增多，并形成了以A型罐形鼎和Aa型鬲为代表的炊器组合。而第一组常见的Ba型鼎、深腹罐则迅速减少，乃至消失。第一、二组之间炊器的基本组合显现出了巨大的变动。

以PWZT9⑧、PWZT32⑧、PWZT36⑧、PWZT12⑦、PWZT66⑦、PWZT67⑦、PWZT72⑦、PWZT71⑦、PYWM6、PYZM6、PYZM8为代表，可列为盘龙城陶器的第三组。本组陶器多见有Aa型Ⅱ式和Ab型Ⅰ式鬲、A型Ⅲ式豆、Aa型Ⅱ式和Ab型Ⅰ式大口尊、Aa型Ⅰ式和Ab型Ⅰ式斝、A型Ⅰ式和B型Ⅰ式大口缸等陶器。从这一组开始，盘龙城陶器器类迅速的增多，炊器形成了以平折沿、联裆、高锥足的Aa型Ⅱ式鬲和卷沿或折沿、分裆、高锥足的Ab型Ⅰ式鬲为代表的组合，另配有少量的鼎和甗。本组还新出有Aa和Ab型斝、Ab型大口尊、B型Ⅱ式大口缸。不过，本组流行的鬲、鼎、豆、Aa型大口尊等陶器主要为上一组同类型的延续发展，显现出了两组之间文化特征的紧密联系。

以PWZT65⑥、PWZT80⑥、PWZT86⑥、PLZH4、PLZH15、PYWF1Z1、

PLWG2⑤、PYZT3⑦、PYZH1、2013HPQ1712T0816H9、2017HPQ1610T1714H73出土陶器为代表，可列为盘龙城陶器的第四组。本组陶鬲的类型更为复杂、多样，同时见有小型平折沿、联裆、高锥足Aa型Ⅲ式鬲，小型分裆、高锥足Ab型Ⅱ式鬲和中型B型Ⅰ式鬲、大型C型Ⅰ式鬲等多种不同形态。而陶鬲的口部特别流行口部近直、平折沿、沿面有一周凹槽。前三组所见的鼎则基本消失。斝开始出现了敛口的Ba型Ⅰ式。大口尊流行Ab型Ⅱ式、Ab型Ⅲ式、Ac型Ⅱ式和B型Ⅱ式，Aa型基本不见。大口缸则主要为A型Ⅱ式、B型Ⅱ式和C型Ⅰ式。以上单位陶器显现出了较强的时代共性，特别是炊器的组合与与上一组有着较大差异，在此可单独列为一组。

PWZT86⑤、PLZH1、PLZH8、PYWT28⑤、PYZT3⑤、PYZT5⑤、PYZT6⑤以及2013HPQ1712T0918H8等单位出土陶器为代表，可列为盘龙城陶器群的第五组。本组陶器主要见有Aa型Ⅳ式、Ab型Ⅲ式、B型Ⅱ式鬲，B型Ⅱ式豆，A型Ⅲ式小口瓮，Ab型Ⅲ式、Ac型Ⅱ～Ⅲ式大口尊，Ba型Ⅱ式斝，B型Ⅱ式大口缸等。相比之上一组，炊器中鬲的类型进一步丰富，除仍占主体的联裆鬲外，与中原地区相近的分裆鬲大量出现。A型侈口斝已基本消失，占据主体为Ba型Ⅱ式的敛口斝。大口尊多集中于Ab、Ac型，B型宽胖、颈部较短者趋于消失。大口缸中A型尺寸较大、饰多道附加堆纹者也多不见。整体而言，本组陶器主要的类别与上一组基本保持一致，甚至如Ab型Ⅲ式大口尊、B型Ⅱ式大口缸在两组中均见，多数器类只是在式别上显现出了更晚的特征，表明本组陶器较之上一组文化面貌的变化并不显著。

以PLZH10、PLZH18、PYWH5、PYWH6、PYWJ1、PYWT23④、PYWT5③、PYWT24③、PYZT8⑤以及2014HPQ1712T1012④、T1013⑤、T1014④～⑤、T1015③～⑥等单位出土的陶器为代表，可列为盘龙城陶器群的第六组。本组陶器以Aa型Ⅴ式、Ab型Ⅳ～Ⅴ式、B型Ⅲ式、C型Ⅱ式鬲，B型Ⅲ式、C型豆，A型Ⅳ式、B型Ⅱ～Ⅲ式小口瓮，Ab型Ⅲ～Ⅳ式、Ac型Ⅲ式大口尊，B型Ⅲ式、C型Ⅱ式大口缸等为代表。比之上一组，其多显现出了较晚的时代作风，且少有型式相同的器类出现。陶鬲流行Aa型Ⅴ式和Ab型Ⅳ～Ⅴ式，Aa型联裆鬲腹身变矮，三足亦趋于矮胖，口沿由原来的平折沿、尖圆唇、沿面有一周凹槽的作风变得日渐方顿、沿面多见两周凹槽；Ab型分裆鬲则与中原地区陶鬲特征基本一致，整体腹身趋于正方体、三足变矮，口沿已为侈口、厚方唇为主，绳纹变粗，颈部还多见一周或多周凹弦纹。并且，据笔者观察，与中原地区陶鬲相近的Ab型分裆鬲在遗址中的数量这一时期突然增加。此外，陶豆开始以B型折腹为代表，并多见假腹豆，斜腹的A型已经消失；小口瓮多见B型折肩类；大口尊则以Ab型Ⅳ式和Ac型Ⅲ式为主，腹身宽胖、颈部较短的B型也基本不见；斝同样只见敛口的B类，A类侈口消失；大口缸多出现一类尺寸较小的C型Ⅱ式。这些都反映出了本组陶器与早期其他组器群之间较为显著的差异。

以陶器类型和典型单位陶器群组合分析为基础，盘龙城遗址出土的陶器可整体分为六组。这其中第一组和第二组在炊器组合和整体器类上有着较大的差异；第三组和第四组同样在炊器组合上变化较大；第五组和第六组之间器类的式别则有着明显的差异，非炊器类的型和亚型也变化较大。而第二、三组之间、第四、五组之间陶器类型变化幅度较小，文化面貌呈现出较强的延续性。因此，以上六组为基础，我们可以进一步对盘龙城陶器各组进行合并，分为四期六组：第一组为第一期；第二、三组为第二期；第四、五组为第三期；第六组为第四期（图一七、表一）。

进一步比照中原及相邻地区大致同阶段陶器的形制特征，盘龙城出土陶器的相对年代大致从二里头文化晚期延续至洹北花园庄阶段。

第一期一组以79HP3TZ33⑨B、⑨A为代表，原报告将其定为二里头文化第二期或第三期偏早[23]。之后，张昌平、李丽娜等进一步将盘龙城最早遗存的年代改定在二里头文化第三期[24]。段天璟认为这批单位的年代上限可至二里头文化第二期[25]。近年来吴桐认为盘龙城最早期属于二里冈下层一期，部分可早至二里头四期晚段[26]。

比较器物的形制特征，盘龙城第一期陶器最接近于驻马店杨庄遗址第三期[27]和方城八里桥二里头文化遗存[28]。本期的Ba型深腹盆形鼎，腹部近直、平底、扁足接腹身的位置较高，这些并非二里头遗址陶鼎的典型特征，而接近于杨庄第三期二、三段如T21③：10、T22②：16（图一八，1、4），以及八里桥H7：48等多件器物。小口瓮同样可比较杨庄第三期三段T19②：47（图一八，2、5）。而Ab型Ⅰ式斜腹、浅盘、粗柄的豆相近如岳石文化的鹿邑栾台H71：4（图一八，3、6）[29]。第一组79HP3TZ33⑨B、⑨A还出土有花边口沿罐，同类器亦见于杨庄第三期三段、八里桥二里头时期遗存。以上比对材料，杨庄第三期二段、三段分别相当于二里头文化第二期和二里头文化第三期；八里桥二里头时期遗存集中于二里头文化第三期；鹿邑栾台岳石文化遗存则被认为与泗水尹家城第二期、安丘堌堆岳石期年代大致相同，同样大致相当于二里头文化第二、三期。此外，大约与此同阶段，邻近江汉地区受二里头文化影响还可见有钟祥乱葬岗[30]、枣阳法龙王树岗[31]、荆州荆南寺[32]、大悟李家湾[33]等遗址，相关遗存也多集中于二里头文化第三期。参考杨庄、八里桥这批遗存相对年代，以及江汉地区文化发展的大势观察，盘龙城遗址第一期的陶器遗存应属于二里头文化第三期[34]。

盘龙城陶器第二期分为早晚两组。偏早的第二期二组，比较中原地区，最接近于南关外下层、二里冈C1H9、电力学校H6、化工三厂H1等单位遗存。其中A型罐形鼎可参考南关外C5H9：8（图一九，1、5），其上腹部常饰多周凹弦纹的做法也在南关外下层的罐形鼎或平裆鬲上可见。盘龙城Aa型Ⅰ式平裆鬲器身呈横长方体，腹部外鼓，近于郑州商城C9.1T108③：110（图一九，2、6、7）[35]，后者被定在二里冈下层一期；不过，盘龙城的Aa型Ⅰ式鬲足部更加细长、饰绳纹，更接近于郑州商城化工三厂H1：2[36]、C9.1H118：13[37]，乃至二里头文化第四期部分陶鬲足部的形制特征（图一九，3）。而盘龙城Aa型Ⅰ式大口尊鼓肩、大敞口，与邻近江汉地区法龙王树岗、郧县李营二里头时期的鼓肩类大口尊属于同一类型[38]，只是其口外侈较甚、腹身瘦高,年代无疑要晚于此(图一九,4、8)。盘龙城第二期二组的相对年代对应于二里冈下层第一期或稍早为宜。

盘龙城陶器第二期三组包括原报告所分的第二期和第三期的部分单位。报告曾将其分别对应于"二里头文化三期"和"二里头文化四期偏晚或二里冈下层一期偏早"[39]。不过原报告所定的年代明显偏早。本组典型代表的如Aa型Ⅱ式鬲最大腹径下移,锥足较高,已接近于郑州商城C5T61③∶94(图二〇,2、5);只是前者侈口较甚、腹部外鼓、锥足细长,有着更早时代作风。Ab型Ⅰ式鬲,侈口、薄唇、下腹部外鼓、锥足细短,则接近于C1H9∶36(图二〇,1、4)。Ab型Ⅰ式罍,素面、鋬下接近足部,则可在南关外中层[40]C5H62∶21找到相近者(图二〇,3、6)。比较以上郑州商城的陶器遗存,盘龙城第二期三组陶器群既显现出了不少与二里冈下层第一期器物之间的关联,但同时又可见二里冈下层第二期的文化特征。此外,近年来南关街H1出土有多件罐形、锥足鼎[41],年代被认为属于二里冈下层第一期和第二期之间,相类似的器物在盘龙城第二期三组同样常见。盘龙城第二期三组的相对年代可对应于二里冈下层第一期偏晚至二里冈下层第二期偏早。

盘龙城陶器第三期同样分为早晚两组。偏早的第三期四组陶鬲口流行平折沿、沿面有一周凹槽或近口处起凸棱,这一特征常被认为属于二里冈下层第二期[42],在郑州商城C1H17等单位陶鬲上多见(图二一,1、5)。盘龙城本组出现有尺寸较大的B型附加堆纹鬲和C型圜络纹鬲,此在中原地区则常见于二里冈上层第一期及其之后(图二一,2、6)。本组Ab型Ⅱ式大口尊,口径大于肩径,颈部较短,特征接近郑州商城C11H17∶19、C8T62③∶2、C9T124②∶64(图二一,3、7),这些器物的年代多被定于二里冈下层第二期;而B型Ⅲ式大口尊口径近于肩径、腹身宽胖,则可比较同一阶段的郑州商城C5H19∶18[43],且在二里冈上层极为罕见。此外,本组还见有Ba型Ⅰ式敛口、联裆罍,于郑州商城二里冈下层第二期的C9H187∶13几乎见有完全一致者(图二一,4、8)。盘龙城第三期四组的陶器更多地反映出了二里冈下层第二期的器物特征,部分如圜络纹鬲则在中原地区出现较晚,因此盘龙城第三期四组的相对年代上限应不早于二里冈下层第二期,下限可至二里冈上下层之际。

盘龙城陶器群第三期五组属于第三期晚段。比较上一组,这一阶段的陶器显现出了更多二里冈上层的文化特征。本组的Ab型Ⅲ式鬲,可见少量的方唇、分裆者,部分颈部装饰有圆圈纹或弦纹,这是二里冈上层第一期陶鬲的典型特征[44],相近可比较C1H1∶20(图二二,1、5)、C1H13∶117[45]。Ab型Ⅲ式大口尊,口径远大于肩径,颈部较高,形制近于二里冈上层第一期的H2乙∶199(图二二,2、6)、C7T101②∶119。与此同时,流行的敛口、联裆Ba型Ⅱ式罍和敛口、分裆Bb型Ⅰ式罍,可分别参考二里冈上层第一期的C5T61①∶85和C11M148∶14(图二二,3、4、7、8)。此外,本组典型的Aa型Ⅳ式联裆鬲,锥足开始趋于粗短,一般而言这是到了二里冈上层第二期陶鬲出现的特征。盘龙城陶器群第三期五组的相对年代主体应在二

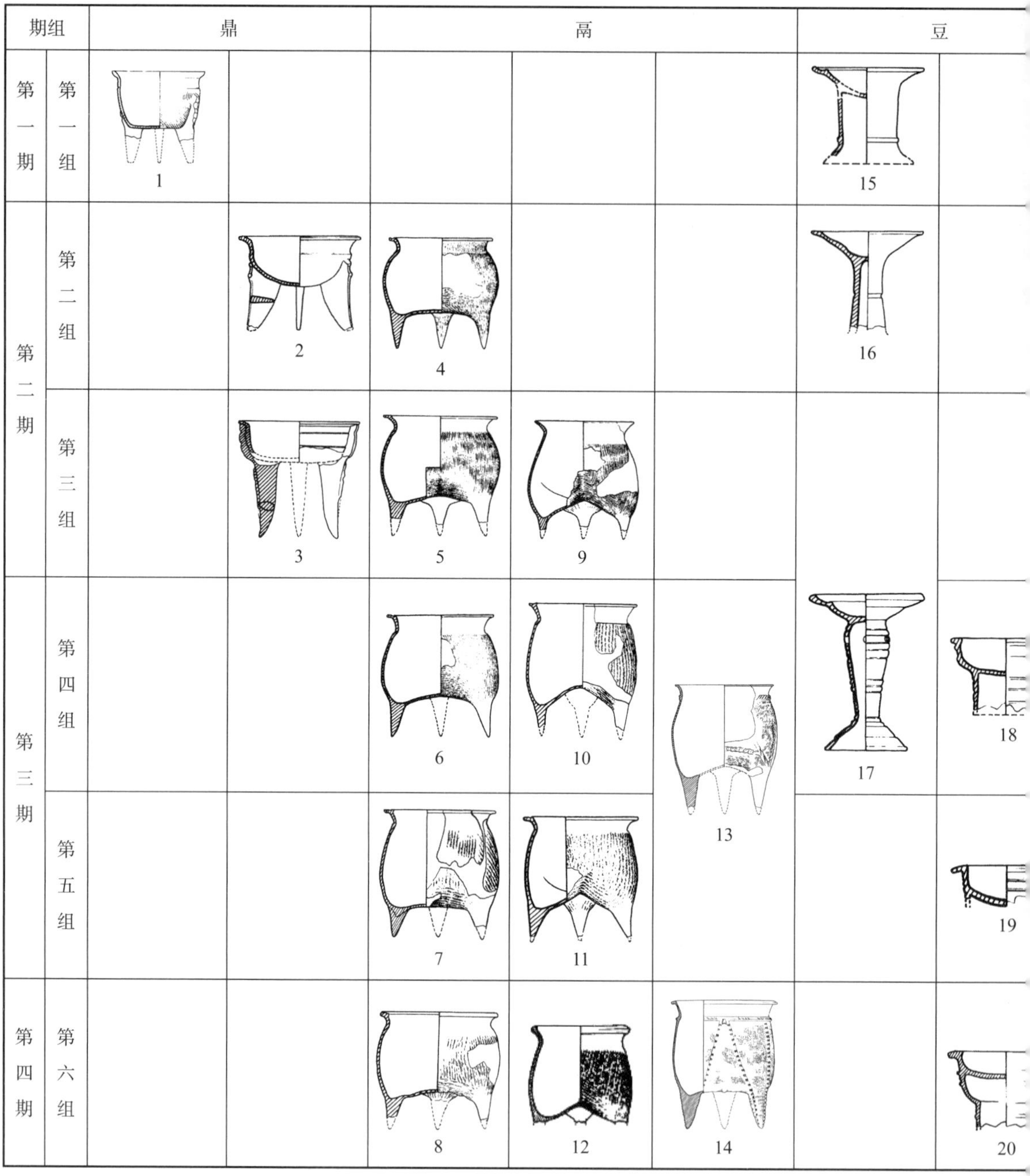

期组		鼎		鬲			豆	
第一期	第一组	1					15	
第二期	第二组		2	4			16	
	第三组		3	5	9			
第三期	第四组			6	10	13	17	18
	第五组			7	11			19
第四期	第六组			8	12	14		20

图一七　盘龙城

1. 79HP3TZ33⑨A：7　2. PWZT31⑧：1　3. PWZT64⑥：4　4. PWZT20⑨：1　5. PWZT85⑧
10. PYZT3⑦：8　11. PLZH8：7　12. PYWJ1：11　13. PWZT80⑥：8　14. PYWH6
19. PYZT6④：19　20. PYWJ1：18　21. 79HP3TZ33⑨B：5　22. PWZT80⑥
27. PWZT82⑧：2　28. 2017HPQ1610T1714H73：13　29. PWZT85⑤
34. PYZH1：5　35. PYWT5③：10　36. PWZT25⑦：27　37. PYWF1Z1

口瓮	大口尊	斝	大口缸
21	25		36
	26　　27	31	
22	28	33	37
23	29	32　　34	39
24	30	35	38　　40

要陶器分期图

LWG2⑤：14　7. PWZT82⑤：1　8. PYWT23④：4　9. PWZT9⑧：3

79HP3TZ33⑨A：3　16. PWZT83⑧：3　17. PWZT83⑦：3　18. PYWT23④：7

PWZT86⑤：5　24. PYWH5：9　25. PWZT20⑨：5　26. PWZT32⑧：8

PYWT23④：5　31. PWZT12⑦：13　32. PYWF1Z1：1　33. PWZT17⑤：2

PYWT17④：9　39. 2013HPQ1712T0816H9：2　40. 2014HPQ1712T1015③：1

表一　盘龙城遗址典型单位主要陶器型式统计

分期	分组	典型单位	鼎 A	鼎 Ba	鼎 Bb	鬲 Aa	鬲 Ab	鬲 B	鬲 C	豆 A	豆 B	豆 C	小口瓮 A	小口瓮 B	大口尊 Aa	大口尊 Ab	大口尊 Ac	大口尊 B	罍 Aa	罍 Ab	罍 Ba	罍 Bb	大口缸 A	大口缸 B	大口缸 C
第一期	第一组	79HP3TZ33⑨B		√																					
		79HP3TZ33⑨A	√			I									√										
	第二组	PWZT20⑨	√			I				I					I										
		3TV34③	√		√	I				II			I		I										
		2014HPQ1813T0213H42	√			II										II								I	
第二期	第三组	PWZT9⑧					I									II								I	
		PWZT32⑧				II									II										
		PWZT36⑧	√			II																		I	
		PWZT12⑦				II									I				I						
		PWZT66⑦				II				III						I		I	I					I	
		PWZT67⑦				II	I			III								I							
		PWZT72⑦				II							I										I		
		PWZT71⑦				II				III														I	
		PYWM6																					I		
		PYZM6				II				III									II						
		PYZM8				II																			
第三期	第四组	PWZT65⑥				III				IV							II	II					II	II	

续表

分期	分组	典型单位	鼎A	鼎Ba	鼎Bb	高Aa	高Ab	高B	高C	豆A	豆B	豆C	小口瓮A	小口瓮B	大口尊Aa	大口尊Ab	大口尊Ac	大口尊B	罍Aa	罍Ab	罍Ba	罍Bb	大口缸A	大口缸B	大口缸C
第三期	第四组	PWZT80⑥				III		I	I				II												
		PWZT86⑥				III																		∨	
		PLZH4				III	II						II	I		II		II							
		PLZH15				III							II						II					II	
		PYWF1Z1				III										III					II			II	
		PYZT3⑦	∨			III	II									II								II	
		PYZH1				III										II								∨	
		PLWG2⑤				II		II	I				III			III							II	II	I
		2013HPQ1712T0816H9				IV		I		IV									∨					II	
		2017HPQ1610T1714H73				IV				IV											I				
	第五组	PWZT86⑤				IV	III						III			III									
		PLZH1						II	I							II	III							II	
		PLZH8				IV		I								III	III							II	
		PYWT28⑤				IV	III						∨			III			∨					II	
		PYZT3⑤				IV	III					II				III								II	
		PYZT5⑤				IV	III									III								II	
		PYZT6⑤	I				III									III						I		II	

续表

分期	分组	典型单位	鼎 A	鼎 Ba	鼎 Bb	高 Aa	高 Ab	高 B	高 C	豆 A	豆 B	豆 C	小口瓮 A	小口瓮 B	大口尊 Aa	大口尊 Ab	大口尊 Ac	大口尊 B	罍 Aa	罍 Ab	罍 Ba	罍 Bb	大口缸 A	大口缸 B	大口缸 C
第三期	第五组	2013HPQ1712T0918H8					Ⅲ																		
		PLZH10				Ⅴ	Ⅳ、Ⅴ							Ⅲ											
		PLZH18					Ⅴ																	Ⅲ	
		PYWT23④				Ⅴ	Ⅳ、Ⅴ						√			Ⅲ	Ⅲ								
		PYWT5③					√				Ⅰ										Ⅲ			√	
		PYWT24③									Ⅲ						Ⅲ							Ⅲ	
第四期	第六组	PYWH5					Ⅴ		Ⅱ				Ⅳ	Ⅱ			Ⅲ								
		PYWH6					Ⅳ、Ⅴ	√									Ⅲ								
		PYZT8⑤					Ⅳ	Ⅲ				√		Ⅱ		Ⅲ、Ⅳ	Ⅲ								
		PYWJ1				Ⅴ	Ⅳ、Ⅴ	Ⅲ					√	√		Ⅳ	Ⅲ					Ⅱ			
		2014HPQ1712T1012④、T1013⑤、T1014④~⑤、T1015③~⑥														Ⅳ							Ⅱ	Ⅲ	Ⅱ

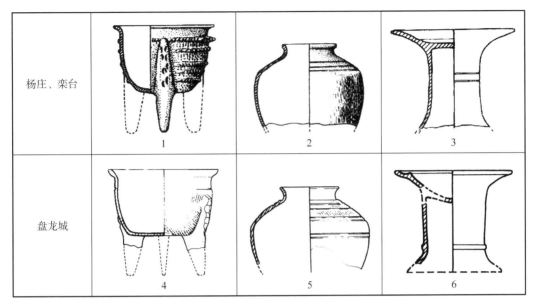

图一八　驻马店杨庄第三期、鹿邑栾台陶器与盘龙城第一期一组陶器比较

1. 鼎（T22②：16）　2. 小口瓮（T19②：47）　3. 豆（H71：4）　4. 鼎（79HP3TZ33⑨A：7）

5. 小口瓮（79HP3TZ33⑨B：5）　6. 豆（79HP3TZ33⑨A：3）

（1、2属于驻马店杨庄第三期，3出自鹿邑栾台，4~6属于盘龙城第一期一组）

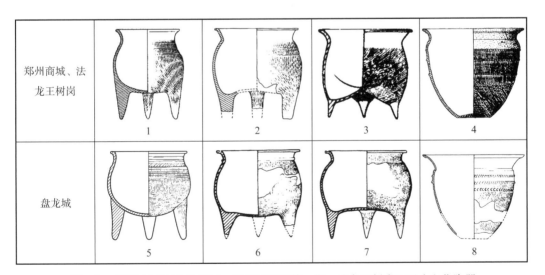

图一九　郑州商城南关外下层、二里冈下层第一期、法龙王树岗二里头文化陶器
与盘龙城第二期二组陶器比较

1. 鼎（C5H9：8）　2. 鬲（C9.1T108③：110）　3. 鬲（化工三厂H1：2）　4. 大口尊（H2：2）

5. 鼎（2014HPQ1813T0213H42：1）　6. 鬲（PWZT20⑨：2）　7. 鬲（PWZT20⑨：1）

8. 大口尊（PWZT20⑨：5）

（1属于郑州商城南关外下层，2、3属于郑州商城二里冈下层第一期，4属于法龙王树岗二里头文化
时期，5~8属于盘龙城第二期二组）

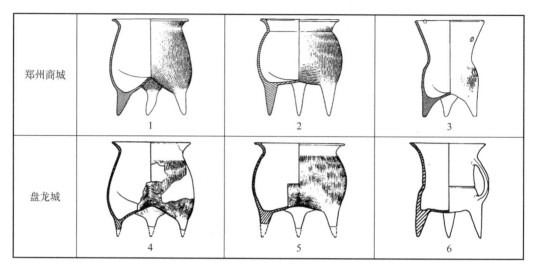

图二○　郑州商城二里冈下层第一期、二里冈下层第二期、南关外中层陶器与盘龙城第二期三组
陶器比较

1. 鬲（C1H9：36）　2. 鬲（C5T61③：94）　3. 斝（C5H62：21）　4. 鬲（PWZT9⑧：3）

5. 鬲（PWZT85⑧：4）　6. 斝（PWZT12⑦：13）

（1属于郑州商城二里冈下层第一期，2属于郑州商城二里冈下层第二期，3属于郑州商城南关外中层，

4~6属于盘龙城第二期三组）

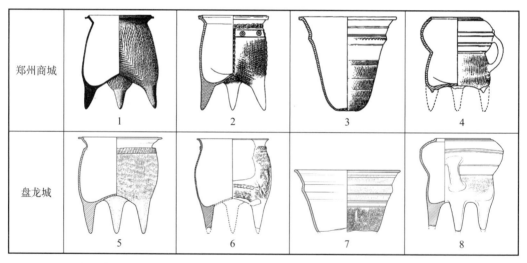

图二一　郑州商城二里冈下层第二期、二里冈上层第一期陶器与盘龙城第三期四组陶器比较

1. 鬲（C1H17：119）　2. 鬲（C1H1：33）　3. 大口尊（C9T124②：64）　4. 斝（C9H187：13）

5. 鬲（2017HPQ1610T1714H73：6）　6. 鬲（PWZT80⑥：8）　7. 大口尊（2017HPQ1610T1714H73：13）

8. 斝（2017HPQ1610T1714H73：3）

（1、3、4属于郑州商城二里冈下层第二期，2属于郑州商城二里冈上层第一期，5~8属于盘龙城第三期四组）

里冈上层第一期，下限或可至二里冈上层第一、二期之间。

盘龙城第四期六组涉及的单位在原报告中多被作为盘龙城遗址最后一期，年代曾

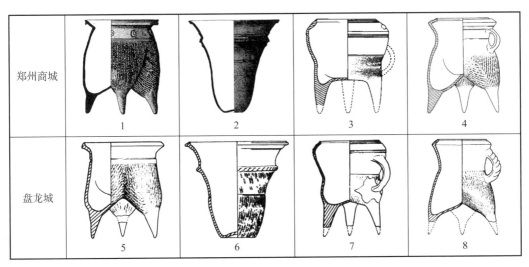

图二二　郑州商城二里冈上层第一期陶器与盘龙城第三期五组陶器比较

1. 鬲（C1H1∶20）　2. 大口尊（H2乙∶199）　3. 罍（C5T61①∶85）　4. 罍（C11M148∶14）

5. 鬲（PYZT6⑤∶1）　6. 大口尊（PWZT85⑤∶20）　7. 罍（PYZH1∶5）　8. 罍（PYZT6⑤∶3）

（1～4属于郑州商城二里冈上层第一期，5～8属于盘龙城第三期五组）

被定在"二里冈上层二期晚段"[46]。之后盛伟、徐少华等认为盘龙城遗址的年代下限可到中商第三期，乃至殷墟一期[47]。这其中本组流行的Aa型Ⅴ式联裆鬲和Ab型Ⅳ、Ab型Ⅴ式分裆鬲，整体器身已朝正方体方向演变、三锥足趋矮，部分陶鬲出现厚方唇，颈部饰一周或两周弦纹，比之小双桥出土的同类器年代特征更晚，而接近于洹北花园庄早期的G4∶1（图二三，1、2、6、7）。Ab型Ⅵ式大口尊，颈部较高，整体腹身瘦长，并且多于腹部装饰直棱纹，同样与二里冈上层第二期至洹北花园庄前后中原地区大口尊特征相近（图二三，3、8）[48]。Bb型Ⅱ式罍腹身矮胖、錾跨度较小，有着典型的小双桥遗址陶罍的特征，只是其三足呈乳钉状，同样显现出了更晚的时代特征（图二三，4、9）。此外，这一时期盘龙城大口缸多出现C型Ⅱ式尺寸较小者，相类器物于小双桥遗址95ⅤG3等单位可见（图二三，5、10）。盘龙城陶器第四期六组相对年代的上限应不早于二里冈上层第二期，或可至洹北花园庄时期。

若进一步置于本地区文化演进的整体脉络中考察，盘龙城最晚阶段及之后江汉地区可见有庙台子[49]、聂家寨[50]、荆南寺[51]、郭元咀[52]等遗址。相关遗存的年代因所见典型的中原文化因素可知主体在洹北花园庄晚期至殷墟第一期[53]。其中这些遗址出土的将军盔式的大口缸、锥足短小的分裆鬲等[54]，均不见于盘龙城遗址，反而于洹北花园庄晚期及之后中原地区常见。因此，盘龙城遗址的年代下限应早于香炉山、庙台子、聂家寨、荆南寺等遗址中商时期遗存，也即早于洹北花园庄晚期。盘龙城遗址不应如部分学者所言晚至殷墟时期。

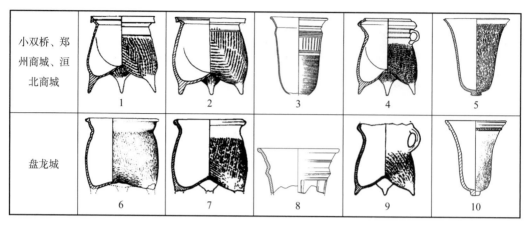

图二三　郑州商城二里冈上层第二期、小双桥、洹北商城陶器与盘龙城第四期六组陶器比较

1. 鬲（VH60∶38）　　2. 鬲（G4∶1）　　3. 大口尊（C8T18②∶25）　　4. 斝（00ⅤH60∶56）

5. 大口缸（95ⅤG3）　　6. 鬲（PLZH10∶3）　　7. 鬲（PYWJ1∶11）

8. 大口尊（2014HPQ1712T1013⑤∶3）　　9. 斝（PYWJ1∶25）

10. 大口缸（2014HPQ1712T1015③∶1）

（1、4、5属于小双桥二里冈上层第二期，2属于洹北商城洹北花园庄早期，

3属于郑州商城二里冈上层第二期，6～10属于盘龙城第四期六组）

四、结　　语

以上我们通过陶器的类型学分析，将盘龙城遗址陶器分为四期六组，分别对应于二里头文化第三期，二里头文化第四期至二里冈下层一期，二里冈下层第二期偏早，二里冈下层第二期偏晚至二里冈上下层之际，二里冈上层第一期至二里冈上层第一、二期之际，二里冈上层第二期至洹北花园庄早期。

盘龙城遗址陶器的类型演变，一方面反映出遗址自二里头文化第三期至洹北花园庄早期延续性的发展历程，并表现为中原文化对盘龙城不间断影响。盘龙城陶器自最早阶段，其鼎、深腹罐、瓮等主要类别就不出于二里头文化陶器群之列；自第二期逐步转变为以鬲为代表的陶器组合也与同时期的中原地区保持一致。此外，在不同阶段，盘龙城陶器中如鬲、豆、斝、大口尊等器物的演变特征部分还与中原地区同类器同步，甚至可见与中原地区器物几近一致者。尽管部分学者有意强调盘龙城陶器中自身独立的因素，甚至将盘龙城最早阶段遗存作为一支地方文化[55]。但从整体的发展历程观察，盘龙城遗址的考古学文化无疑仍属于中原文化圈之列，其发展和演变背后实际受于中原文化的驱动。

另一方面，盘龙城陶器类型的阶段划分并未与中原文化保持完全一致。中原地区二里冈下层和二里冈上层两者之间文化面貌差异较大，而其内文化面貌则相对统一。然而，在盘龙城遗址，相对于二里冈下层第二期偏晚的盘龙城第三期四组与相对于二里冈上层第一期的盘龙城第三期五组之间文化面貌较为相近，相反与相对于二里冈下层第二期偏早的盘龙城第二期三组之间差异较大。与中原地区文化发展阶段未能一一对应，无疑反映出盘龙城陶器在受中原文化影响之外仍有着自身的演变节奏；特别是不少中原文化晚期消失的陶器类型在盘龙城有着长期的延续，使得中原文化因陶器类型划分的两个阶段，同时在盘龙城则可能文化面貌趋近，属于同一期。例如，中原地区南关外下层的锥足鼎，在盘龙城则一直延续到第二期三组，后者相当于中原二里冈下层第二期；而仅在郑州商城二里冈下层零星所见的联裆鬲，在盘龙城出现之后更是成为陶鬲中的主流，延续至盘龙城最晚阶段。盘龙城陶器演变节奏与中原文化的差异或可视为周边地区文化发展的一种滞后现象。

　　由于盘龙城陶器演变过程中的地方特性，我们难以找到一组绝对标准的陶器与中原对应，判断各期组的相对年代。这也是周边地区考古学文化在相对年代判断中存在的难点。目前学界在判断盘龙城遗址年代，特别是其起始和结束的上限和下限仍多有争论。实际上，对于受中心文化影响的周边地区，单个遗址难以脱离其所处区域文化发展的大背景而存在。盘龙城所处的江汉地区在后石家河文化之后，所见中原文化的影响集中于二里头文化第三期；同时盘龙城最早阶段遗存也显现出与本地区这一时期遗存诸多相同的特征，因此盘龙城遗址的年代上限可至于二里头文化第三期。而从洹北花园庄晚期开始，以郭元咀、台家寺所见，江汉与江淮地区文化的中心北移至桐柏山南麓至淮河干流一线，文化面貌显现出更为典型的中原文化特征而与盘龙城多有差异，故盘龙城遗址的年代下限应不晚于洹北花园庄晚期。地区文化整体的演进脉络，无疑可为我们认识盘龙城——文化面貌受中原文化影响但又具有一定的地方特征，这类遗址的相对年代提供参照。

　　附记：本文为国家社科基金青年项目"商代前期中原文化在南方地区的扩张与影响研究"（批准号18CKG011）的阶段性成果。

注　释

[1]　邹衡：《试论夏文化》，《夏商周考古学论文集》，文物出版社，1980年，第95~182页；陈贤一：《江汉地区的商文化》，《中国考古学会第二次年会论文集》，文物出版社，1980年；陈贤一：《盘龙城商代二里岗期墓葬陶器初探》，《中国考古学会第四次年会论文集》，文物出版社，1985年。

[2]　湖北省文物考古研究所：《盘龙城——1963~1994年考古发掘报告》，文物出版社，2001年，第441~446页。

[3]　蒋刚：《盘龙城遗址群出土商代遗存的几个问题》，《考古与文物》2008年第1期。

[4]　李丽娜：《试析湖北盘龙城遗址第一至三期文化遗存的年代和性质》，《江汉考古》2008年第1期。

[5]　盛伟：《盘龙城遗址废弃的年代下限及相关问题》，《江汉考古》2011年第3期。

［6］　段天璟：《二里头文化时期长江中游沿岸地区的考古学文化结构》，《中国国家博物馆馆刊》2011年第6期。

［7］　吴桐：《再论盘龙城的分期与年代》，《中国国家博物馆馆刊》2021年第2期。

［8］　中国社会科学院考古研究所：《中国考古学·夏商卷》，中国社会科学出版社，2003年，第198、266页。

［9］　"城址"在此特指《盘龙城——1963～1994年考古发掘报告》中"城垣"所囊括的空间范围，其主要包括城垣和F1、F2两座大型建筑基址，而不包括城垣以外相关遗迹。湖北省文物考古研究所：《盘龙城——1963～1994年考古发掘报告》，文物出版社，2001年。

［10］　简报并未说明各区域内探方是否统一地层，但根据报告的文字描述，其相邻探方之间的层位关系应互相统一。湖北省文物考古研究所：《盘龙城——1963～1994年考古发掘报告》，文物出版社，2001年，第78～80页。

［11］　王家嘴发掘南区标明出自探方第8层的陶器，实际属于所发现的"长窑遗迹"Y1。

［12］　原报告杨家湾T23标明出自探方第4层的陶片，实际属于杨家湾所发现的灰烬沟遗迹。湖北省文物考古研究所：《盘龙城——1963～1994年考古发掘报告》，文物出版社，2001年，第228、229、233页。

［13］　武汉大学历史学院、盘龙城遗址博物馆、武汉市文物考古研究所：《武汉市盘龙城遗址杨家湾商代建筑基址发掘简报》，《考古》2017年第3期。

［14］　为行文简洁，本文在介绍2013年及以后考古发掘的单位时省略了年份和发掘区号。

［15］　武汉大学历史学院、湖北省文物考古研究所、盘龙城遗址博物院：《武汉市盘龙城遗址杨家湾2014年发掘简报》，《考古》2018年第11期。

［16］　武汉大学历史学院、湖北省文物考古研究所、盘龙城遗址博物院：《武汉市盘龙城遗址杨家湾坡顶发掘简报》，《江汉考古》2018年第5期。

［17］　武汉市博物馆、湖北省文物考古研究所、黄陂县文物管理所：《1997～1998年盘龙城发掘简报》，《江汉考古》1998年第3期。

［18］　武汉大学历史学院、湖北省文物考古研究所、盘龙城遗址博物院：《武汉市盘龙城遗址杨家湾北坡发掘简报》，《江汉考古》2018年第5期。

［19］　标明出自PYZT3⑤的陶器标本，实际属于杨家嘴灰烬沟遗迹。湖北省文物考古研究所：《盘龙城——1963～1994年考古发掘报告》，文物出版社，2001年，第302页。

［20］　武汉大学历史学院、湖北省文物考古研究所：《2014年盘龙城杨家嘴遗址M26、H14发掘简报》，《江汉考古》2016年第2期；武汉大学历史学院、湖北省文物考古研究所、武汉市文物考古研究所、盘龙城遗址博物院：《武汉市盘龙城遗址小嘴2017～2019年发掘简报》，《江汉考古》2020年第6期。

［21］　武汉大学历史学院、湖北省文物考古研究所、盘龙城遗址博物院：《武汉市盘龙城遗址小嘴2015～2017年发掘简报》，《考古》2019年第6期。

［22］　原报告曾将这件器物称之为"折肩斜腹罐"。不过从形态和尺寸上观察，其应属于本文所分的A型小口瓮。此外根据报告文字描述，这件器物胎质为"泥质黑陶红胎"，也与陶罐夹砂不同。湖北省文物考古研究所：《盘龙城——1963～1994年考古发掘报告》，文物出版社，2001年，第213、215页。

［23］　湖北省文物考古研究所：《盘龙城——1963～1994年考古发掘报告》，文物出版社，2001年，第263页。

［24］ 拓古：《二里头文化时期的江汉地区》，《江汉考古》2002年第1期；张昌平：《夏商时期中原与长江中游地区的文化联系》，《华夏考古》2006年第3期；李丽娜：《试析湖北盘龙城遗址第一至三期文化遗存的年代和性质》，《江汉考古》2008年第1期。

［25］ 段天璟：《二里头文化时期长江中游沿岸地区的考古学文化结构》，《中国国家博物馆馆刊》2011年第6期。

［26］ 吴桐：《再论盘龙城的分期与年代》，《中国国家博物馆馆刊》2021年第2期。

［27］ 北京大学考古系、驻马店市文物保护管理所：《驻马店杨庄——中全新世淮河上游的文化遗存与环境信息》，科学出版社，1998年，第99～172页。

［28］ 北京大学考古系、南阳市文物研究所、方城县博物馆：《河南方城县八里桥遗址1994年春发掘简报》，《考古》1999年第12期。

［29］ 河南省文物研究所：《河南鹿邑栾台遗址发掘简报》，《华夏考古》1989年第1期。

［30］ 荆州市博物馆等：《钟祥乱葬岗夏文化遗存清理简报》，《江汉考古》2001年第3期。

［31］ 襄石复线襄樊考古队：《湖北襄阳法龙王树岗遗址二里头文化灰坑清理简报》，《江汉考古》2002年第4期。

［32］ 荆州博物馆：《荆州荆南寺》，文物出版社，2009年，第88、90、98、99、145页。

［33］ 湖北省文物考古研究所：《大悟县城关镇双河村李家湾遗址发掘简报》，《江汉考古》2000年第3期。

［34］ 近年来有学者重新将盘龙城最早阶段遗存改定在二里冈下层第一期。需要注意的是，该文将原报告盘龙城第一期出土Ba型鼎、花边口罐的单位与出土鬲的单位混为一组。实际上，根据早年多位学者的研究以及本文分析所述，盘龙城Ba型鼎、花边口罐与之后鬲的遗存并不共出，两者应存在年代上差异。吴桐：《再论盘龙城的分期与年代》，《中国国家博物馆馆刊》2021年第2期。

［35］ 报告将这件器物称之为"罐形鼎"。不过从线图上观察，该件器物尽管档部略残，但有足窝，应该属于一件鬲。河南省文物考古研究所：《郑州商城——一九五三年——一九八五年考古发掘报告》，文物出版社，2001年，第163页。

［36］ 河南省文物考古研究所：《郑州化工三厂考古发掘简报》，《中原文物》1994年第2期。

［37］ 河南省文物考古研究院：《郑州商城陶器集萃》，大象出版社，2015年。

［38］ 襄石复线襄樊考古队：《湖北襄阳法龙王树岗遗址二里头文化灰坑清理简报》，《江汉考古》2002年第4期；武汉大学考古系、郧阳博物馆：《湖北郧县李营遗址二里头文化遗存发掘简报》，《江汉考古》2014年第6期。

［39］ 湖北省文物考古研究所：《盘龙城——1963～1994年考古发掘报告》，文物出版社，2001年，第442、443页。

［40］ 此处"南关外中层"的概念采用自南关外发掘简报的认识。河南省博物馆：《郑州南关外商代遗址的发掘》，《考古学报》1973年第1期。

［41］ 简报将此类鼎称之为"鬲形鼎"。郑州市文物考古研究院：《郑州市南关街商代遗址发掘简报》，《华夏考古》2016年第1期。

［42］ 安金槐：《关于郑州商代二里冈期陶器分期问题的再探讨》，《华夏考古》1988年第4期。

［43］ 河南省文物考古研究所：《郑州商城——一九五三年——一九八五年考古发掘报告》，文物出版社，2001年，第655页。

［44］ 河南省文物考古研究所：《郑州商城——一九五三年——一九八五年考古发掘报告》，文物

出版社，2001年，第724、725页。

［45］　河南省文化局文物工作队：《郑州二里冈》，科学出版社，1959年，图壹，8。

［46］　湖北省文物考古研究所：《盘龙城——1963～1994年考古发掘报告》，文物出版社，2001年，第446页。

［47］　盛伟：《盘龙城遗址废弃的年代下限及相关问题》，《江汉考古》2011年第3期；徐少华：《论盘龙城商文化的特征及其影响》，《江汉考古》2014年第3期。不过前文比对盘龙城遗址年代下限时，所参照的器物如陶鬲标本PYWH5：6、PYWH6：52均非典型的中原式分裆陶鬲，年代特征并非十分明确；而其他参照的器物，如罐、簋、杯等，则对时代变化反映较弱，是否能够明晰地指示出确切的年代，证据仍显不足。

［48］　河南省文物考古研究所：《郑州商城——一九五三年——一九八五年考古发掘报告》，文物出版社，2001年，第58页。

［49］　武汉大学历史系考古教研室、襄樊市博物馆、随州市博物馆：《西花园与庙台子》，武汉大学出版社，1993年。

［50］　孝感地区博物馆、孝感市博物馆：《湖北孝感聂家寨遗址发掘简报》，《江汉考古》1994年第2期。

［51］　荆州博物馆：《荆州荆南寺》，文物出版社，2009年，第146页。

［52］　湖北省文物考古研究所、北京大学考古文博学院、武汉市黄陂区文物管理所：《武汉市黄陂区鲁台山郭元咀遗址商代遗存》，《考古》2021年第7期。

［53］　孙卓：《南土经略的转折——商时期中原文化势力从南方的消退》，科学出版社，2019年。

［54］　唐际根：《中商文化研究》，《考古学报》1999年第4期；中国社会科学院考古研究所安阳工作队：《1998年～1999年安阳洹北商城花园庄东地发掘报告》，《考古学集刊》（15），文物出版社，2004年。

［55］　段天璟：《二里头文化时期长江中游沿岸地区的考古学文化结构》，《中国国家博物馆馆刊》2011年第6期。

试析盘龙城遗址杨家湾南坡的聚落布局与变迁

付 海 龙　　赵　东

（盘龙城遗址博物院）

　　盘龙城遗址杨家湾区域是原叶店村杨家湾村民组所在地，地处东西向的丘陵岗地上，东西长约450、南北宽约320米，最高处在坡顶，海拔34.8米，南坡最低点在坡下池塘边缘，海拔27.1米，坡度约10°。目前，杨家湾南坡[1]是盘龙城遗址内考古工作持续系统、发掘较为充分的区域。

　　盘龙城考古工作队自20世纪80年代就已在杨家湾南坡开展了科学考古发掘工作。1980年，在杨家湾坡顶发掘950平方米，发现灰烬沟1处、灰坑3个、祭祀坑1个、房基3座[2]；1981年，在杨家湾村邓志元房屋前西南发掘7号墓[3]，1989年冬，在杨家湾村庄中心地带发掘11、12号墓[4]；1997年，在杨家湾村邓志元房屋后3米发掘1号水井[5]；2001和2006年，两次在杨家湾村民组杨柳青房屋处发掘13号墓[6]；2006、2008和2011年，在杨家湾13号墓以东发掘大型建筑基址F4等相关遗存[7]；2013年，在杨家湾13号墓以西发掘一处以杨家湾17号墓为代表的商代贵族墓地[8]；2014年，在大型建筑基址F4以南发掘F5等建筑遗存及灰坑等[9]。另外，20世纪90年代，在杨家湾南坡西侧的鱼塘边采集铜勾刀、铜觚、铜戈等青铜器[10]。以上考古发现的遗存丰富且分布较为集中（图一），这为探讨此区域的聚落布局与变迁提供了较为有力的材料支撑。

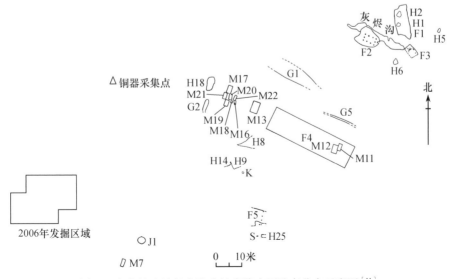

图一　盘龙城遗址杨家湾南坡商代主要遗存分布示意图[11]

一、聚 落 分 期

《盘龙城——1963~1994年考古发掘报告》（以下简称《盘龙城》）已对包括杨家湾南坡在内的整个盘龙城遗址进行了较为系统科学的分期，又有相关学者对这一分期体系进行了调整完善[12]。笔者在这一分期体系的基础上，结合杨家湾南坡主要遗存的期别，将这一区域的遗存年代调整划分为三个阶段：

第一阶段，年代属于盘龙城第四、五期，主要遗迹有建筑基址F1和灰坑H8、H9、H14、H25、2006年杨家湾西H2[13]等，出土遗物以陶器为主。建筑基址出土侈口联裆斝，方唇平折沿，整体细高；灰坑出土的陶鬲与甗多为侈口、折沿、尖圆唇，足跟较细长（图二）。

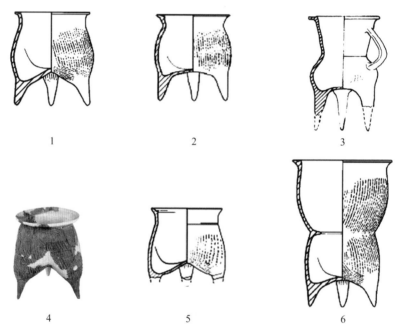

1　　　　　　　　2　　　　　　　　3

4　　　　　　5　　　　　　　6

图二　杨家湾南坡第一阶段出土陶器

1、2、4、5.陶鬲（H8∶1、H9∶1、2006年杨家湾西H2出土、H25∶1）

3.陶斝（PYWF1Z1∶7）　6.陶甗（H8∶2）

第二阶段，年代属于盘龙城第六期。遗迹丰富，主要有建筑基址F4和F5，墓葬M7、M13、M16、M18~M22，水井J1，灰沟G1和灰烬沟，灰坑H1、H2。水井、灰沟、墓葬出土的陶鬲、陶甗多为平折沿或敛口、方唇（图三）。墓葬出土铜爵腹部横截面椭圆形（图四）。

第三阶段，年代属于盘龙城第七期，主要遗迹有建筑基址F2、F3，墓葬H6[14]、M11、M12[15]、M17，灰坑H5。灰坑H5、墓葬H6出土陶鬲厚方唇、矮足跟（图

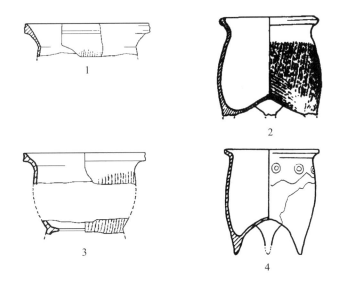

图三　杨家湾南坡第二阶段出土陶器

1、2、4.陶鬲（G1∶19、J1∶11、M7∶19）　3.陶甑（G1∶29）

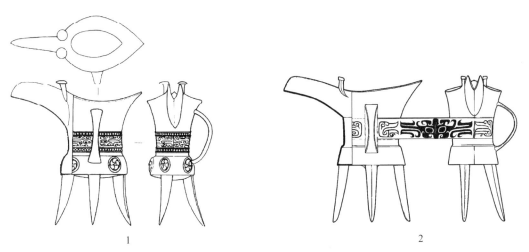

图四　杨家湾南坡第二阶段出土铜爵

1.M7∶7　2.M13∶24

五）。墓葬M11、M17出土铜爵出现短流尾、腹部横截面近圆形的特征（图六）。

二、聚落布局变迁

（一）第一阶段

杨家湾南坡第一阶段的遗存只有1座房基、5个灰坑和一些文化层（图七）。

F1为一不规则梯形的中型建筑基址，南北长12～16.5、东西宽6.5米，面积约74

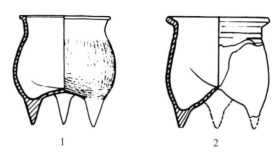

图五　杨家湾南坡第三阶段出土陶鬲

1. H5：6　2. H6：52

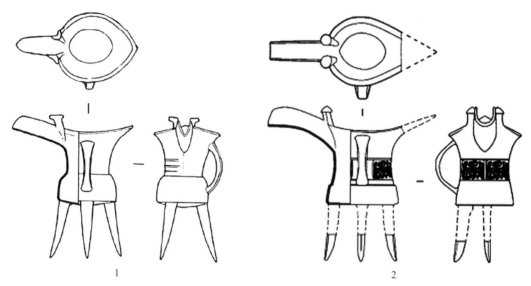

图六　杨家湾南坡第三阶段出土铜爵

1. M11：57　2. M17：23

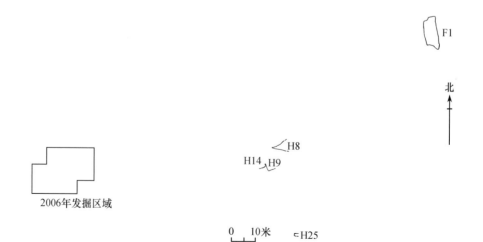

图七　杨家湾南坡第　阶段遗存分布示意图

平方米。房基为黄色黏土夯筑而成，基址上发现残余的圆形或椭圆形柱洞16个，其中D3、D4、D13内有柱础石。在房基上发现南、北各一处灶坑，灶坑内堆积有灰烬土，并出土陶罕、陶缸等陶片。F1周围的PYWT9⑥、PYWT28⑤文化层出土了一些炊器、存储器的陶片，包括陶鬲、陶缸、陶大口尊。

H8、H9、H14在F1西南，相距约70米。由于是局部发掘，灰坑的形制不甚清楚，初步判断除H9可能为直壁方形坑外，H8、H14为不规则形的浅坑。灰坑内出土遗物为陶片。F4打破的第3层出土遗物以普通陶片为主，但也有一定数量的印纹硬陶和原始瓷片。H25在H9东南侧约30米，同样是局部发掘，整体形状应为长方形浅灰坑，发掘者认为是房屋的附属设施[16]。2006年杨家湾西H2资料未发表，具体形制不详。

综上可知，在第一阶段，杨家湾南坡较为零散地分布着一些居住遗存。从F1的建筑基址形状和面积以及文化层出土的印纹硬陶、原始瓷片来看，杨家湾南坡可能已有中低等级的贵族在此居住。

（二）第二阶段

杨家湾南坡第二阶段的遗存丰富，包括了建筑基址、墓葬、水井、灰沟、灰坑等（图八）。

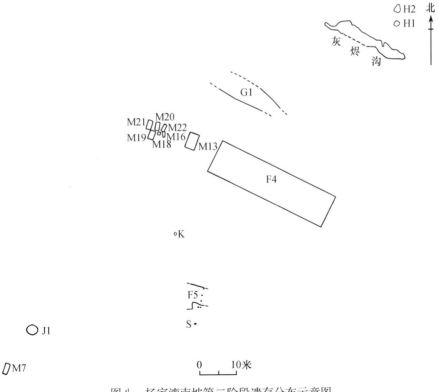

图八　杨家湾南坡第二阶段遗存分布示意图

建筑基址主要有F4、F5。F4为一大型建筑基址，残存柱洞20个、发现疑似柱础石10块，推测门道方向约为206°，长约34、宽约12米，面积约408平方米。由于建筑基址被破坏严重，其开间布局情况不详。F4的建筑体量与宫殿区F1、F2相若，性质应为宫殿或宗庙。在F4西南约19米处有一柱洞，内有柱础石。在此柱洞以南约13米处发现F5，F5房基为纯净黄色的垫土，房基之上的柱洞较小，南北残宽7.1米。在F5以南发现两处较大的柱础石，可能属于F5之外的另一处大型建筑。建筑基址上面的文化层中出土若干铜器碎片和绿松石串珠，这些遗物应与建筑基址关系密切。由此，初步推测F4及其以南区域存在着一处错落有致、大小相间的建筑群。

在建筑群以南偏西有一眼水井J1，水井打破原生砂石层，为浅层渗水井。井口近圆形，径长2.76～2.9米，井底长1.2、宽0.52米，井深6.2米。这是盘龙城遗址明确发现的第一眼水井，其构造与同时期中原地区的水井特征一致，显然是中原文化传统。井内堆积大致分三层，从上到下依次为伴有青色水垢的褐黄土堆积、黄土堆积以及灰色淤泥堆积。由于水井内的使用堆积和废弃堆积未能有效区分，这为分析水井的使用情况带来一定难度，但根据井底出土遗物丰富且有不少保存较完整的器物来判断，水井内的遗物反映了当时水井周围盘龙城先民的生产生活状况，如炊煮器陶鬲、陶甗，酒器陶爵、陶斝，盛食器陶豆、陶盆，水器陶壶、陶罐，存储器陶大口尊、陶缸，纺织工具陶纺轮，石质工具刀、镰、锛，兵器铜镞，甚至还有代表较高等级身份的器物——印纹硬陶、玉器、漆器。

墓葬共有8座，除M7在J1西南约15米外，其余墓葬分布在建筑群西北附近。M7为长方形竖穴土坑墓，仅剩墓底，方向20°，面积约2.5平方米。墓主人头向北，葬式为仰身直肢，墓底东北角有一角坑，内有殉狗1条。随葬品主要有一套铜爵、铜斝，铜鬲、铜尊、玉柄形器、玉钺、硬陶尊各1件，还有4件玉笄。根据墓葬形制和面积以及随葬品判断，M7的墓主人为低等级贵族。

M16、M18～M22均为长方形竖穴土坑墓，分布密集，个别墓葬间存在打破关系，但由于墓葬被破坏严重，甚至个别墓葬未见随葬品，这一定程度上影响了对墓葬形制和葬俗的认识。墓葬方向较为一致，为东北—西南向，集中在北偏东10°～20°之间。M19墓葬面积约3.6平方米，残余随葬品10余件，除铜鬲、铜罍、玉柄形器保存较完整外，其余均为残件。M16、M18及M20～M22的墓葬面积在1.2～2.8平方米，残余随葬品为铜、玉、陶、硬陶或原始瓷的碎片，墓葬见有明显的碎器和残器下葬的现象，部分墓葬仅随葬斝柱帽、鼎足等青铜器附件[17]。这几座墓葬虽然被破坏严重，但较为普遍的出土有铜器、玉器、印纹硬陶或原始瓷，显然是为一处贵族墓地。

M13处于F4与M16～M22之间，长方形竖穴土坑墓，墓葬遭到严重破坏，方向约为18°。南北长4.1、东西宽2.9米，面积约11.9平方米，仅次于李家嘴M2。墓葬结构较复杂，北部有熟土二层台，墓底四角各有一角坑，中间有一腰坑，见有椁板、殉人、狗各2具。残余随葬品不多，从数量和组合来看，有4件铜鼎、2套铜酒礼器（斝、斝、爵），并且有5处绿松石饰件及1件铜面具。从目前来看，M13是盘龙城第六期体量最大、等级最高的墓葬，应为盘龙城聚落的统治者。

两条灰沟位于建筑群的北侧，接近于杨家湾岗顶。G1为西北—东南走向，发掘解剖沟长13、宽4、深0.63米。G1在F4以北约9米处，几乎与F4平行。沟内填土灰褐色，出土遗物以普通陶片为主，还有少量石器、印纹硬陶或原始瓷。由于G1仅是解剖发掘，其整体形制不清楚，且其北侧遗存状况也不明，所以G1的性质不易判断，但是考虑到其靠近F4及F4西侧的墓地，初步推测G1是杨家湾南坡居址和墓葬功能区的北界沟[18]。

灰烬沟在G1以北约25米，形状不甚规则，整体呈长条状，同样为西北—东南走向，全长约30米。沟内西段可见用黄土焙筑的沟壁，沟内为灰烬土，有3处堆放有一定规律的陶缸群，有的陶缸上附着有铜渣，灰烬体土内出土于残铜片。此灰烬沟可能是与铸铜冶炼有关。在灰烬沟东北约8米有两个灰坑H1、H2，形状均为近方形浅坑，其中H1填土为黑灰土和黑灰烬土，出土碎陶片；H2填土为褐灰斑土，出土陶片、石器、残绿松石管及兽骨。两个灰坑接近于灰烬沟，H1与灰烬沟内填土同为黑色灰烬土，应属于手工业生产区域内的相关遗存。

总体来看，在第二阶段，杨家湾南坡聚落以G1为界分为南、北两块区域，南部区域是以F4为核心的建筑群，周围分布着1眼水井、8座贵族墓葬。建筑群南侧的水井内出土的玉钺或玉璧残片、漆觚以及若干硬陶器，暗示附近居住者的身份地位较高，推测建筑群的范围北至G1、南至水井附近，由于F4以南仅是解剖式发掘，建筑群东、西两侧的边界不详，东西边界的长度与南北边界长度应相近。杨家湾M13高等级贵族墓葬与建筑群空间距离相近，基本上都为北偏东20°左右的方位设置，显然这是一处盘龙城晚期居葬合一的贵族聚落，有学者指出"这里应该是当时聚落的中心区域"[19]。

（三）第三阶段

杨家湾南坡第三阶段的遗存发现相对较少，包括建筑基址、墓葬、灰坑等（图九）。

建筑基址F2为黄土夯筑，打破灰烬沟，东南侧有一门道，朝向约115°。柱洞排列较为规整，洞内放置柱础石，屋内地面为光滑的白灰面。东西长5.6、南北宽2.8米，面积约15.7平方米。F3在F2东南约13米处，面积稍小于F2，西北端有一门道，朝向约320°。同样是柱洞内放置石块，屋内地表光滑平整。F2、F3门道朝向几乎相对，呈现一定的向心性聚落态势。值得一提的是叠压在F2上面的文化层内出土1件残长56厘米的玉戈（PYWT3③：11），仅内部稍残，周边出土遗物基本为残碎（硬）陶器，也未见其他遗迹特征，此件玉戈应为遗失或废弃物。

灰坑H5在F3东北侧约14米处，口部为长方形，口长2、宽0.8、深1.66米，坑内出土少量碎陶片和木炭。H5是盘龙城遗址较为少见的长方形灰坑，形制规整，不同于一

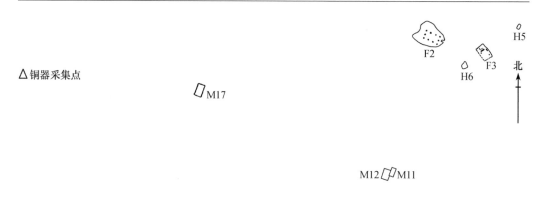

图九　杨家湾南坡第三阶段遗存分布示意图

般的垃圾坑，应具备一定的储藏功能。

　　墓葬M12打破F4，M11打破M12。M11墓向20°，墓葬面积3.5平方米，残存多处棺椁痕迹，墓底有2个腰坑并各有1条殉狗，出土的4套铜觚、爵、斝酒礼器和1件口径55、通高85厘米的大铜圆鼎，表明墓主人属于高等级贵族。M12被破坏严重，墓葬面积4.81平方米，仅残余5件（硬）陶器、1件石器。M17墓葬面积4.64平方米，随葬品近30件，虽然只出土了1套铜酒礼器（觚形器、斝、爵），但墓葬面积较大，而且出土的残大型玉戈、铜兽面纹牌形器残片、绿松石镶金饰件较为罕见，复原尺寸大，墓主人应为高等级贵族。从墓葬面积来看，M12大于M11，与M17相近，可知M12的墓主人也应为高级贵族。

　　H6打破第4文化层，出土的器物类型多样，包括陶、铜、玉、石器，特别是出土了3套铜酒礼器（觚、爵、斝）。H6的发掘尺寸为南北长2.3、东西宽2.18米，则其墓葬面积应该在4平方米以上，墓主人身份与M11、M12、M17相当。

　　在M17西北约50米处的鱼塘边缘采集到的铜勾刀、铜觚、铜戈等青铜器，形制特征与M11的同类器物基本一致，如铜觚腹部装饰一组细线无目兽面纹，两侧各有一细线无目夔纹，与M11∶11铜觚相似；铜勾刀长条状，中间起脊，脊背残留4个穿孔，残长46、刃宽2.1厘米，形制与M11∶7、M11∶10铜勾刀类似。推测鱼塘边缘存在一座与M11规格等级相近的高级贵族墓葬。

　　第三阶段遗存多打破早期遗存，且分布相对较为分散。杨家湾西侧的贵族墓地从第二阶段延续到第三阶段，如M17是墓地中年代最晚的、等级最高的墓葬。M17以东45米处的M11、M12打破大型建筑F4，墓葬H6在M11东北约30米处，根据居葬合一的聚落形态，推测M11以东、H6以南区域存在同时期的大型建筑群，范围可能向东分布到了杨家湾与杨家嘴交界区域，21世纪初在距离M11以东约150米处的考古工作站北院墙后采集到玉戈[20]，玉戈形制与PYWT3③∶11玉戈接近，且器身粘附朱砂，应为一座盘龙城晚期的贵族墓葬。M17以西50米处采集的青铜器显示此处有一座与M11规格相当的贵族墓葬，结合F2上面文化层中出土及考古工作站采集的玉戈来看，高级贵族墓葬和贵重铜、玉礼器反映出杨家湾南坡的中心聚落相较于第二阶段有向北扩大发展的趋势。

三、结　语

杨家湾南坡遗存的年代从盘龙城第四期一直持续到第七期，聚落变迁经历三个阶段，从第一阶段中小贵族居住地发展到第二阶段高级贵族聚居地，已成为盘龙城晚期的聚落核心区，到第三阶段聚落范围继续扩大，聚落中心进一步北移至岗地的坡顶。

伴随着杨家湾南坡第二、三阶段聚落的变迁，盘龙城最高统治阶层的军事力量更加突出，这主要体现在墓葬出土的铜兵器类型上。第二阶段的贵族墓葬虽然相对较多，达到8座，但是由于墓葬被破坏严重或存在碎器葬现象，墓葬内出土的铜兵器主要是铜刀和铜镞。第三阶段的贵族墓葬，以H6和M11两座墓出土的青铜兵器为主，几乎涵盖了盘龙城第七期之前出土的所有兵器类型，并且出现了不少新型兵器，如半月形刃铜钺（H6：2、M11：32）、梯形大刀[21]（M11：1、M11：33）、铜勾刀（M11：7、M11：10）、铜戣（M11：39）等等，而且还出现了大型兵器的成对组合现象，如M11出土了各2件形制基本相同的铜勾刀和梯形大刀。以上彰显了盘龙城晚期军事礼仪制度的强化，同时在一定程度上暗示着当时军事斗争的激烈。

注　释

［1］　本文中杨家湾南坡包括杨家湾坡顶及以南区域。

［2］　湖北省文物考古研究所：《盘龙城——1963～1994年考古发掘报告》，文物出版社，2001年，第217页。

［3］　湖北省文物考古研究所：《盘龙城——1963～1994年考古发掘报告》，文物出版社，2001年，第231页。PYWM7墓葬的相对位置通过访谈当年考古发掘者确定。

［4］　湖北省文物考古研究所：《盘龙城——1963～1994年考古发掘报告》，文物出版社，2001年，第233、263页。

［5］　武汉市博物馆、湖北省文物考古研究所、黄陂县文物管理所：《1997～1998年盘龙城发掘简报》，《江汉考古》1998年第3期。

［6］　盘龙城遗址博物院：《武汉市盘龙城遗址杨家湾M13发掘简报》，《江汉考古》2018年第5期；韩用祥：《黄陂盘龙城遗址杨家湾13号墓发掘记》，《武汉文史资料》2020年第3期。

［7］　武汉大学历史学院、盘龙城遗址博物院、武汉市文物考古研究所：《武汉市盘龙城遗址杨家湾商代建筑基址发掘简报》，《考古》2017年第3期。2006年，考古人员在杨家湾西侧的Q1612区布置5米×5米探方9个，实际发掘面积近200平方米，发掘商代遗迹主要有5个灰坑、1处建筑基址，资料尚未集中发表。

［8］　武汉大学历史学院、盘龙城遗址博物院：《武汉市盘龙城遗址杨家湾商代墓葬发掘简报》，《考古》2017年第3期。

［9］　武汉大学历史学院、湖北省文物考古研究所、盘龙城遗址博物馆、武汉市文物考古研究所：《武汉市盘龙城遗址杨家湾2014年发掘简报》，《考古》2018年第11期。

［10］　武汉市盘龙城遗址博物馆文物保护部：《盘龙城遗址博物馆征集的几件商代青铜器》，《武汉文博》2004年第3期。

［11］　示意图是以相应的考古材料为依据，在武汉市文物考古研究所2006年绘制的盘龙城遗址考古分区（1/2000电子图）为底图基础上绘制而成。

［12］　蒋刚：《湖北盘龙城遗址群商代墓葬再探讨》，《四川文物》2005年第3期；蒋刚：《盘龙城遗址群出土商代遗存的几个问题》，《考古与文物》2008年第1期。

［13］　万琳、方勤：《南土遗珍——商代盘龙城文物集萃》，湖北教育出版社，2016年，第180页。

［14］　《盘龙城》把H6认定为祭祀坑，有学者指出此为墓葬，见张昌平、孙卓：《盘龙城聚落布局研究》，《考古学报》2017年第4期。

［15］　《盘龙城》将M12定为盘龙第六期，由于残余的随葬品未有明确的年代特征，根据M12打破F4，推测M12属于盘龙城第七期。

［16］　武汉大学历史学院、湖北省文物考古研究所、盘龙城遗址博物院：《武汉市盘龙城遗址杨家湾2014年发掘简报》，《考古》2018年第11期。

［17］　武汉大学历史学院、盘龙城遗址博物院：《武汉市盘龙城遗址杨家湾商代墓葬发掘简报》，《考古》2017年第3期。

［18］　孙卓：《试论近年盘龙城杨家湾发现的商代建筑遗迹》，《盘龙城与长江文明国际学术研讨会论文集》，科学出版社，2016年，第85页。

［19］　武汉大学历史学院、湖北省文物考古研究所、盘龙城遗址博物院：《2012～2017年盘龙城考古：思路与收获》，《江汉考古》2018年第5期。

［20］　湖北省文物考古研究所、湖北省博物馆、武汉大学历史学院、盘龙城遗址博物院：《武汉市盘龙城遗址出土玉戈》，《江汉考古》2018年第5期。

［21］　井中伟：《盘龙城商代"铜饰件"辨析》，《江汉考古》2017年第3期。

盘龙城——武汉地区城市化的起源

廖 航 王 颖

（盘龙城遗址博物院）

武汉是现代长江中游地区的政治、经济和文化中心，具有开放型国际化大都市和历史文化名城双重内涵，城市发展历史源远流长。武汉地区最早的城市建造于何时何地？先秦以前的文献语焉不详。长期以来，考古学家、历史学家、地理学家在各自学术领域内辛苦耕耘，希望从细微的线索中，找出武汉地区城市化的起源，理清城市发展的轨迹。现阶段，对于武汉地区城市化的开端主要有三种意见。第一，以商代盘龙城为开端，若此则武汉历史可以长达约3500年；第二，以汉代在武汉地区设郡县管理为开端，若此则武汉历史约2000多年；第三，以武昌蛇山上三国时期东吴所修建的夏口城为开端，若此则武汉历史约1700多年，三种说法皆有各自的论据[1]。直至2002年，由武汉市政府部门主办的"商代盘龙城与武汉城市发展研讨会"邀请诸多学术界顶尖专家学者，经讨论后一致认定"商代盘龙城是武汉城市发展的开端，是武汉城市之根"[2]。

对于这种说法也有学者提出质疑，盘龙城所在的黄陂区与武汉三镇是不在一个建制内的行政单位，武汉边沿地带的古城不能与武汉市区勉强地牵扯在一起，成为武汉城市之根。另外，盘龙城存世400多年后就消失了，并没有延续下去，与后来现代武汉市的发展有时间上的断层，无法接轨，因此盘龙城与现代武汉市没有直接的联系。从传世文献可知，武汉历史延绵数千年，有着丰富的内容，对秦以后各历史阶段，学者多有研究。然无论是汉代、隋代、明代都与商代相去甚远，不可能与盘龙城发生交集。因此要想理解盘龙城是不是武汉地区城市化的起源，关键在于两个问题：①盘龙城是不是城市？②盘龙城与现在武汉市有什么联系？因为年代久远没有相关的文字记载，关于盘龙城的研究只能从考古资料上进行。

一、盘龙城的考古发现和布局特征

夏代后期，夏人以河南偃师二里头遗址为中心，创造出了二里头文化，并向周围扩散发展，往南则传播至长江中游地区。二里头文化势力的强势进入，给当地发达的石家河文化带来了强烈的冲击，社会组织和文化发生了重要变革。从夏代后期开始，夏人就在武汉地区定居，开拓荒地，但由于生产力条件的限制，并没有发展成大的城市。夏代末期，商人灭夏，二里头文化也被商人创造的二里岗文化取代，以河南偃师商城、郑州商城为中心，强势从西、北、南三个方向对外扩张，向南到达武汉地区，并在府河、汉水、长江的交汇之处建立盘龙城和其他诸多小的聚落。这里地理区位优势明显、地势地貌条件优越、水路交通便利，是商人在此定居的基础。以此为据点，可以更好地控制长江中游地区，进一步和其他区域进行贸易来往与资源掠夺。对于夏商王朝来说，盘龙城是向南传播文化、扩展势力的重要地点，必须重点经营。

　　商人建设盘龙城以宫城区为核心，宫城有四面夯土城垣，分东、西、南、北四门，城垣外有城壕。宫城内东北部为宫殿区，有F1、F2两座大型建筑基址。宫城外分布了很多遗址点，杨家湾、杨家嘴、江家湾、小嘴、王家嘴、李家嘴、艾家嘴（王家嘴、李家嘴、艾家嘴均延至府河河滩）等均环绕宫城区分布，和宫城区是一个整体，因此盘龙城的范围不仅限城垣内，还应包括城垣外居民生活的范围。这些城垣外的遗址点有大量密集的商代墓葬、手工业作坊、中小型建筑基址等遗存（图一）。其中，

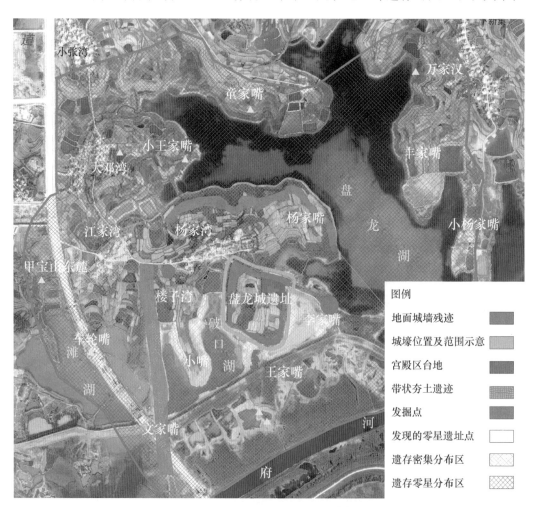

图一　盘龙城遗址卫星影像图[4]

杨家湾一带还有与F1、F2号大型宫殿建筑基址体量相当的建筑分布；李家嘴、杨家湾、江家湾一带，有大型的贵族墓葬分布；小嘴则发现有青铜器制作作坊[3]。盘龙城的每个遗址点都有重要的考古发现，似乎都有特殊的含义。

（一）宫城区[5]

盘龙城宫城区由城垣、城壕、城门和F1、F2大型宫殿建筑组成。城垣是利用自然地势修筑而成，城垣以及城内的地势明显有东北高西南低的特征，高差约有6米（图二）。城垣大体呈方形，南北城垣长约260、东西城垣长约290米，整个城垣周长约1100米。现存城垣高度仅有2~3米，城垣底部宽18~45米。但在1954年取土筑堤之前，原本城垣高度应有7~8米，且在北城垣与东城垣相交处有角楼性质的建筑遗迹。

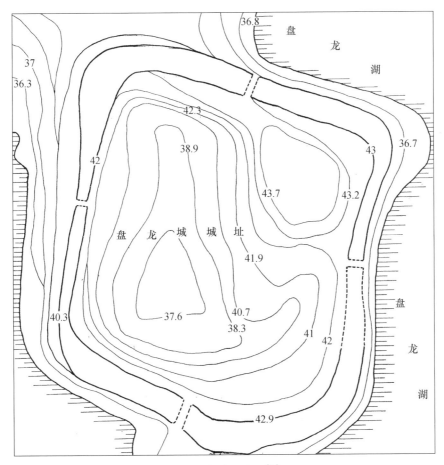

图二　宫城区城垣[6]

在南、北城垣外皆发现有城壕，剖面呈梯形，南城垣外的城壕结构较为清楚，其距离南城垣约10米，走向与城垣平行，城壕开口宽约11.6、深2.1~4.6米。城壕底部和两端发现有若干柱洞，有的柱洞中残留朽木，推测城壕上建有桥梁以及防止靠近上岸的栅栏障碍措施（图三）。城垣四周中央皆有豁口，宽约3~4米，推测应是城门。在对城门的解剖发掘中，发现了木质门轴和柱洞，应是城门建筑遗迹，在对南城门的解剖中，发现城门地下还有以石块堆砌的排水沟。

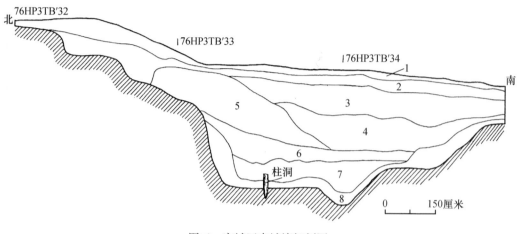

图三　宫城区南城壕解剖图

F1、F2大型宫殿建筑位于城内东北部高地上，占据了制高点，两座建筑排列在一条中轴线上，方向为北偏东20°，与城址方向一致。现阶段地上建筑部分已完全损毁，只保存了地下夯土台基和柱洞部分，夯土台基南北长约100、东西宽约60米。在F1宫殿建筑西部有陶制的散水管道；说明宫殿区有良好的排水设施。另外，在F2宫殿建筑东南部还发现有"五个大柱础穴和础石遗迹"，应该属于另一组建筑，显然当时的宫殿区并非只有F1、F2，还有其他布局复杂的建筑群。但目前在城内没有发现其他中小型的建筑基址。宫城区是盘龙城城市统治者居住生活、处理政务的场所，无疑是盘龙城的权力中心（图四）。

（二）王家嘴[7]

王家嘴位于宫城区南侧的岗地，岗地跨过府河大堤向南延伸，南北长约250、东西宽约140米，东与李家嘴隔湖相望。王家嘴有3座窑址和1座规模较大的方形房址。窑址中有2座长窑，长度大大超出目前已知其他商时期的龙窑或长窑，但坡度不足，底部高低不平，窑室宽窄不一，都不符合龙窑的特征，不过两处遗迹的确具有窑址特性。发现的方形房址表明当时存在较大规模的生产和生活活动。房址规模较大，位于岗地北部近城垣处，应是贵族住所（图五）。

（三）李家嘴[9]

李家嘴位于宫城区外正东方岗地，东西长约460、南北宽约150米，北与杨家嘴隔湖相望。现已发现5座墓葬，均位于岗地南侧，排列有序。其中李家嘴M2是迄今所见早商

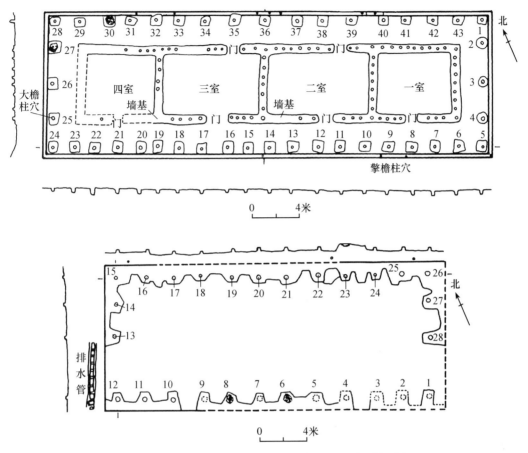

图四 宫城区F1（上）、F2（下）宫殿基址平、剖面图

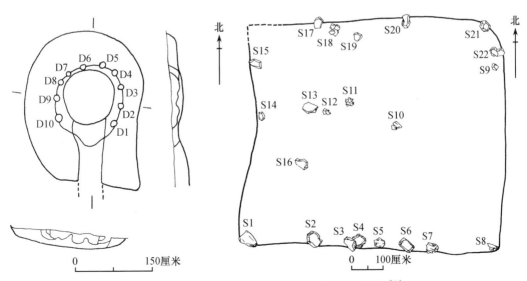

图五 王家嘴发现的窑址Y2（左）和房址F3（右）[8]

时期规模最大的贵族墓葬，随葬品仅青铜器就有50件，其中青铜礼器21件（图六）。李家嘴M3开口南北长超过3、东西宽超过2米，是盘龙城墓葬中仅次于M2的大墓，且出土有长达94厘米的大玉戈，是我国发现体量最大的玉戈。M1出土青铜礼器22件，是殷墟文化之前，随葬青铜礼器最多的墓葬。M1~M5集中分布，相距6~8米，有明显的规划。李家嘴5座墓葬应该是盘龙城繁盛阶段统治者的墓葬，统治者死后，被人从宫城区抬出进入李家嘴墓葬区安葬。因此，李家嘴其实是盘龙城最高统治者给自己规划的墓地。

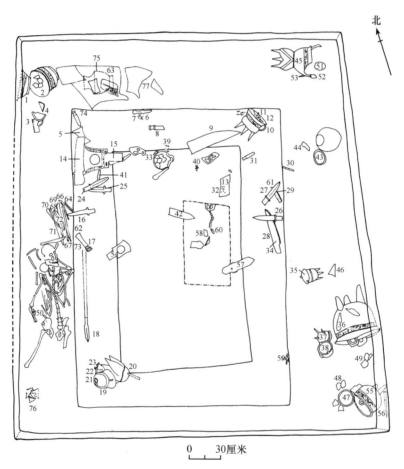

图六　李家嘴M2平面图[10]

（四）杨家湾[11]

杨家湾位于宫城区外北方，是遗址内海拔最高的岗地，东与杨家嘴相连。杨家湾共发现4座较大的建筑基址，其中F1建筑基址残长达16.5米，F2、F3建筑基址均为地面经过垫土处理、带有柱础的高规格建筑，规模较大。F4建筑基址经复原后，长度可达40米，规模与宫城区F1大型宫殿建筑基址相当，且文化层中出土较多印纹硬陶和原始瓷器，规格较高，暗示该区域应是贵族居住区。墓葬在杨家湾岗地分布广泛、数量众多，目前该地点共发现墓葬22座，其中杨家湾M11随葬17件青铜礼器和成组的青铜兵器、玉器等，特别是随葬有装配长的勾首刀、透雕的勾云纹刀以及钺等礼仪性青铜兵器，这都说明该墓墓主应为这一时期盘龙城的最高首领，与李家嘴M2墓主相当。除此之外，还有其他几座出土青铜器的贵族墓葬，这些墓葬距离F4建筑基址不远，说明墓主同时也是这些建筑基址的主人（图七）。

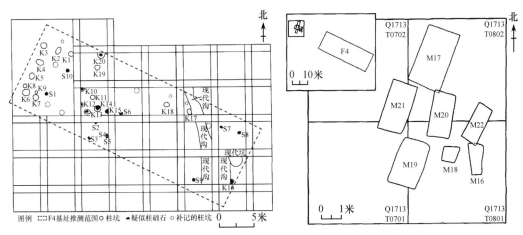

图七　杨家湾F4建筑基址（左）与杨家湾贵族墓群（右）[12]

（五）杨家嘴[13]

杨家嘴位于宫城外东北方，西与杨家湾相连，三面被盘龙湖环绕，东西长约400、南北宽约300米。杨家嘴发现的遗存主要是一些中小型的房址、小型墓葬和灰烬沟等。其中有一处"黄土台"遗迹，其上分布两排柱洞。柱洞直径不超过20厘米，无柱础石，间距一般不足0.5米。旁边有灰烬沟遗迹，灰烬沟内有竖直放立的陶缸，这些遗迹有可能是手工业生产作坊的相关遗存，而"黄土台"应是工人居住的房舍或工棚（图八）。杨家嘴发现的小型墓葬分布较集中，均为南北向，应属墓地性质，大部分小型墓葬分布疏密不一，并非有序安排，说明当时有相当数量的墓葬埋葬位置较随意。因此杨家嘴应是盘龙城普通居民生活和生产区域。

（六）小嘴[15]

小嘴位于宫城外正西方，与西城门隔湖相望。在以前的调查勘探中，曾经在小嘴出土了铸造青铜器用的石范，暗示此地可能与青铜器生产有关。随后考古工作队进行了考古发掘，发现若干与青铜器制作作坊相关的遗迹（图九）。如大型灰烬沟遗迹，灰烬沟呈长条形分布，自北向南然后90°转角向东部湖岸延伸，最宽处近2米，最深处约0.65米。大型灰烬沟还分支出若干小的灰烬沟，也是与大型灰烬沟垂直交叉分布，形成了若干方形区域，方形区域内则有圆形灰坑。灰烬沟填土为黑色，经检测里面铜元

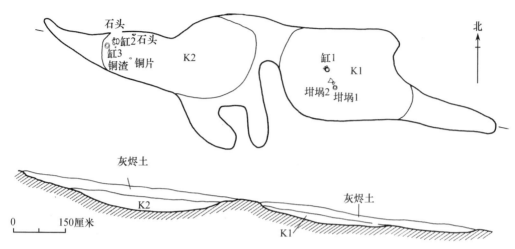

图八　杨家嘴灰烬沟遗迹平、剖面图[14]

图九　小嘴青铜作坊航拍图[16]

素含量较高，包含有铜刀、铜渣和较多的碎陶片，灰烬沟边缘有石头堆砌的边，有学者猜测灰烬沟是道路，也有人认为是青铜器生产场车间的隔断。除灰烬沟外，灰坑内也出土许多与铸造青铜器相关的遗迹遗物，如提炼铜料用的孔雀石、制作生产工具的操作台、可能用于回炉重铸的铜器碎片、铜液冷却飞溅的残渣。最重要的是在这些灰坑中发现了若干细碎的陶范，其中一块陶范上还能看出青铜器上的弦纹纹饰。在几块厚胎缸陶片内壁发现了附着的铜液残留，应是铸造青铜器用的坩埚。因此可以基本确认此处是一家青铜器制作作坊，小嘴应是盘龙城青铜器生产的中心。

　　经过了60多年的考古发掘，学者们对盘龙城的总体范围和布局已有了较为准确的认识。盘龙城与中原同时期的遗址一样，有成片的可用于耕作的土地，有河道与外地连接，保障了人最基本的生活要求。在这样的地理环境条件之下，可定居于岗地较高处，临近河湖方便取水，又不会因为洪水泛滥而被淹没，有一定的防御能力。因此我们可以看到，无论是中原的遗址还是盘龙城，都将宫城区建立在高处，目的是保卫统治者的安全[17]。宫城区，确切说是宫城里的大型宫殿，是统治者生活居住的场所，是盘龙城的核心，盘龙城的其他建筑、设施都是为其服务的。宫殿位于宫城东北角的岗地上，占据制高点，"前朝后寝"的布局方式开创了中国古代宫殿布局先河[18]。虽只发掘出了F1、F2两座大型宫殿建筑，但对比其他同时代的大型遗址，宫城区内应该还有其他大型建筑群、祭祀活动和奴仆的居所，只是尚未发现或已经被破坏。四方形的城垣、城壕将宫殿区牢牢拱卫，唯有四个城门与城外相连，可以直接到达四周的普通居民区、手工业作坊区与墓葬区。墓葬区和普通居民区则在城外，围绕城垣分布。贵族和平民的生活、墓葬区是被区分开的。从东城门出可达李家嘴贵族墓葬区；西城门出则是小嘴青铜作坊区域；南城门出抵达王家嘴，临近府河，有生产陶器的陶窑；北城门出则是杨家湾岗地，有等级较高的建筑和墓葬。这些地点的普通居民区、手工业作坊区与墓葬区皆围绕宫城分布，一方面突出了宫城的中心地位，一方面也起到了拱卫宫城的作用。除了宫城城垣，杨家湾、杨家嘴北坡岗地还有疑似"外城垣"的带状夯土遗迹[19]。如果"外城垣"存在，则可将大部分普通居民区、手工业作坊区与墓葬区也囊括进去，盘龙城就会有内、外两重城垣，主要的生产和祭祀活动在城内进行。盘龙城面积不仅限于城垣，在"外城垣"外还有部分生活和墓葬遗迹。以上的考古发现皆证明夏商时期的盘龙城是当时最大的几个城池之一，它已经具备了后世大城市的基本格局（图一〇）。

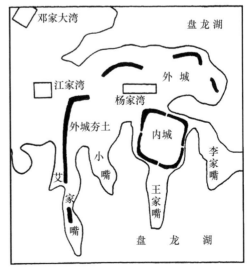

图一〇　盘龙城平面布局图[20]

二、盘龙城作为城市的依据

盘龙城发现后的一段时间曾流行"军事堡垒"的说法,强调盘龙城军事色彩。部分学者认为,盘龙城从地理位置、布局设施、出土器物上都能看出有极其浓厚的军事色彩,是商人建立在长江中游的巨大堡垒,方便军队囤积驻扎,掠夺奴隶与财富,并将力量延伸到长江以南,征服这些地区[21]。从夏商时期的城市分布看,除盘龙城外,其他大的城市都集中于中原附近,环绕都城分布,很难想象当时人群绕过千山万水,来武汉如此遥远的地方建城。且盘龙城与中原之间的路线上,没有发现其他大城市存在的迹象。在当时南方地区方国众多的情况下,要想获取资源,最好最省力的方法就是抓住点与线,线便是交通线,点便是驻军的保路点。盘龙城就是这样的一个军事堡垒,它主要的作用就是保障收集、掠夺的资源,北上运输至中原。因此"军事堡垒说"认为盘龙城的军事防卫性质大于其作为一个城市而具有的政治、经济职能,不适合人群的日常生活而适合驻军备战。

有人对这样的观点提出反驳,如果盘龙城仅仅只是一个军事堡垒,远离中原地区,路线之间又没有其他城市,则必然缺乏后方人力、物力支持,长时间孤悬境外没有补给,则应该很快被消灭[22]。可实际的情况是,盘龙城的人口众多,一直延续存在了400多年。进入21世纪后,新的考古发现与研究使学术界逐渐意识到,盘龙城的性质复杂、功能全面,不能用单独的发现或标准去衡量,要多方面综合性地去认定。

江汉平原出现的古城,如天门石家河[23]、澧县城头山[24]、荆门马家院[25]、石首走马岭[26]、江陵阴湘城[27]、黄陂张西湾[28]和应城门板湾[29]等,其时代在新石器时代,均不具备城市的规格与内涵,因而只能称为城堡,不能称为城市[30]。而中国古代城市的标志是什么?谭维四先生根据盘龙城考古资料,主张盘龙城是武汉城市文明的开端,而不是一座城堡,它已具备早期城市的条件,表现在:有高耸的夯土城墙,深阔的城壕;城内有大型的宫殿基址;有精湛的青铜冶铸技术及制陶、琢玉等大批手工业作坊遗址;有祭祀坑遗迹及卜骨,大型玉戈等祭器;有杀殉、人祭及奴隶主贵族的陵寝;出土有戈、矛、刀、簇等大量青铜兵器与石制、木制兵器与工具;宫城外之"市"与商品交换的遗迹、遗物;城市居民点遗址及远郊商代遗址所反映出的城多对立;陶器上的刻划符号及青铜器物体上所透露的原始文字的信息;地理位置及结合文献研究所知商代方国都城暨商王朝在南方掠取资源的重镇等等[31]。

张光直先生曾指出,反映城市的五个要点:第一,夯土城墙、战争、兵器;第二,宫殿、庙宇与陵寝;第三,祭祀法器与祭祀遗迹;第四,手工业作坊;第五,聚落布局在定向与规划上的规则性[32]。对照盘龙城,有高大的城垣,深阔的城壕,兴修大型宫殿建筑用于统治者日常起居,并有整齐规划的大型墓地供统治者死后安葬。中原高超的青铜器铸造技术也被带到盘龙城,其他如玉器、陶器手工业也发展繁荣。遗址内发现有祭祀坑，出土有玉戈、卜骨等祭祀物品；贵族墓葬中经常出土觚、爵、斝成套青铜礼器，更有戈、矛、刀、镞等青铜兵器。墓葬有规律、有等级、有差异的器物数量和组合，表现了当时社会贫富差距拉大，社会阶级形成，社会结构复杂化。以上五点盘龙城皆具备，所以盘龙城作为一个城市是毋庸置疑的。

现在的主流观点多认为盘龙城是夏商王朝向南方扩张所建立的军事据点，然后在此基础上发展形成了一个完全由王朝统治的地区中心级城市[33]。夏商时期，由于受社会生产力水平的限制，建立城市并不容易，一个大的区域内都不能诞生或最多只能诞生一个城市。当时长江中游地区仍有其他聚落遗址，如江陵荆南寺、孝感聂家寨、黄陂郭元咀、安陆晒书台等，这些聚落遗址没有盘龙城等级高，有可能就是处于其"行政管辖"的范畴，说明盘龙城在夏商时期就是管理长江中游地区广阔地域的中心城市[34]。

三、盘龙城与现代武汉市的关联

在一块地理区域中，当人口聚集到一定阶段，社会政治、经济、军事不断发展，就必然会产生城市，城市的位置、布局、体量大小不仅是人为规划的结果，同样也会受地理自然条件的限制有可能会发生相对位置转移。自然与地理是变化的，如同社会在不断地发展变化一样。两者共同作用，造成城市相对移动，也就是说，城址可能在该地理单元中迁徙[35]。城市兴衰迁移是城市发展的变化规律，中国历史上大多数古城，如西安、北京，都经历了多次荒废、重建的过程，仍被称之为千年古都。今西安于汉唐长安，在地理位置上并不对应，更不用说西安与西周的沣京、镐京之间的差距，但人们仍将现西安的源头追溯到沣、镐和汉唐长安城。盘龙城与武汉市的关系，类似于沣、镐和西安的关系。盘龙城在"大武汉"之内，离"小武汉"（市区）也只不过10里之遥，从功能而言也讲得通，盘龙城的大量考古材料显示此城当年的政治、军事、宗教、经济作用，此城后被废弃，其功能为武汉地区渐次兴起的其他城址所续接、承传，这是绝大多数城市与先期古城间关系的通例[36]。可见从地理区域的角度看盘龙城与武汉市有密切的关联。

现代武汉是中国中部六省唯一的副省级市和特大城市，下辖长江中游地区的诸多中小城市，是地区政治中心；武汉国民生产总值长期以来保持长江中游地区的第一位，经济发展的走向对周围地域城市影响深刻，是地区经济中心；武汉四通八达，南北、东西铁路、航线多在武汉交汇，更处于长江、汉水交汇处，通过水路可来往中国东部与西部，所以武汉也是全中国最重要的综合交通枢纽，号称"九省通衢"，可见其地理位置优越，交通便利，是兵家必争之地。那么，武汉所处的这片土地，是什么时候开始成为了长江中游地区政治中心、经济中心、交通要道的呢？答案就是从盘龙城开始。站在一个大的时空视角来考察武汉的悠久历程，一个不容置疑的事实摆在我们面前：武汉地区处在中国南北政治、经济、文化的连接点上，一个极具地理优越性的区域中心就此诞生，而盘龙城是最早显现并确立武汉这种优越地理位置的城邑。

　　盘龙城地处大别山余脉南部岗地，又靠长江北岸，背山面水，易守难攻。商人依据优越的地理条件建造城郭，囤积军队，以盘龙城为大本营，依靠水路向东、西、南三个方向上扩展势力范围，进行资源掠夺。同时，城外的青铜器、陶器手工业作坊，表明手工业生产发达，产出的物品除了供自己使用外，部分运输到了其他地区，如最有特色的器物"大陶缸"，在长江中游其他遗址和中原地区皆有发现；长江下游地区的印纹硬陶、原始瓷在盘龙城出现，说明盘龙城也是当时运输产品的一个关键中转与补给站[37]，也就是说，夏商时期南方与中原地区之间，无论是军事或者经济行为，大概率要通过盘龙城这个关口（图一一）。盘龙城作为夏商时期长江中游地区唯一发现的有高等级贵族生活、统治，有大型宫殿建筑、城垣、城壕，有诸多居民人口和军队驻扎的大型城市，控制和管理地区内的其他小型聚落，是真正意义上的地区行政中心。因此，盘龙城和武汉市在各自相处的时代里，都是长江中游地区的政治、经济和交通中心。虽然这座古城在商代中期便废弃了，但是这种格局一经确立，在其自然地理环境和社会人文背景没有较大改变的前提下，它的影响和意义便不会轻易消失，后续也还会以另外的行政建置和城市景观表现出来。

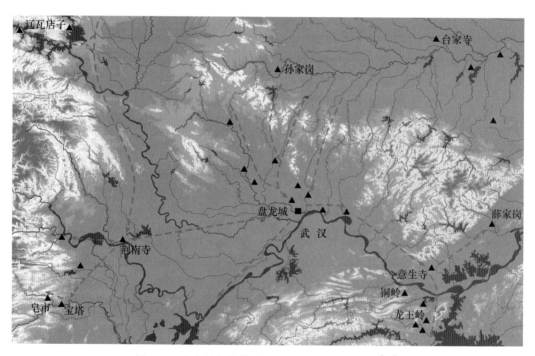

图一一　盘龙城与其他遗址贸易、文化交流路线[38]

　　在今"大武汉"范围内，先后发现先秦时期古代文化遗存150余处，其中30余处新石器晚期至东周时期的古遗址、古城址和古墓地，绝大多数只能算聚落，盘龙城是等级最高的城市[39]。盘龙城废弃之后至现代武汉市发展之前，武汉地区仍涌现出诸多高等级的城镇。周代鲁台山地处黄陂离盘龙城不远，曾发现过青铜器，证明也有周代贵族在此地生活；汉代从南郡中分离出江夏郡，正式设置郡县管理；三国时期建立夏口城；进入隋代，汉阳作为单独的县建置；从隋代至明代，汉阳与武昌曾多次合并，又多次分据；明代汉口从汉阳分离出来，逐渐形成了当今武汉三镇的格局。由盘龙城到黄陂鲁台山，又延续到江夏郡、夏口城，后发展为郢州、鄂州，再演化成为武汉三镇，在不同时期都树立了各自具有时代特征的里程碑。

四、结　语

盘龙城屹立在商王朝南方，不仅控制管理着周围区域的聚落、人口，且贸易往来频繁，手工业生产发达，是长江中游地区的政治、经济中心，同时又有很强的军事属性，驻扎着强大的军队，对周围区域进行战争扩张来获取各种资源。盘龙城成为中原向南扩张、传播的基地和跳板、商代南北文化交流的桥梁。诸多证据表明，商代盘龙城已进入比较发达的文明社会，是一座高等级、高生产力的城市，也是武汉地区发现的年代最早的大城市。自商代盘龙城开始，武汉地区成为长江中游的政治、经济和军事中心，成为连通东西、贯穿南北的中心枢纽，这种职能和优势一直从盘龙城延续到现武汉市。因此，学术界才认定盘龙城是武汉城市文明的开端，是武汉地区城市化的起源。

注　释

［1］　陈贤一：《商代盘龙城——武汉城市之根的考古历程》，武汉出版社，2015年，第205页。陈贤一先生在此书中对武汉城市起源的说法进行了总结。

［2］　2002年，"商代盘龙城与武汉城市发展研讨会"在武汉召开，众多著名考古学家、历史学家参加了会议，通过讨论肯定了"盘龙城是武汉城市之根"的观点，并出版了论文集，参见中共武汉市委宣传部、武汉市历史文化名城委员会：《武汉城市之根——商代盘龙城与武汉城市发展研讨会论文集》，武汉出版社，2002年。

［3］　中国社会科学院考古研究所：《中国考古学·夏商卷》，中国社会科学出版社，2003年，第231～234页；湖北省文物考古研究所：《盘龙城——1963～1994年考古发掘报告》，文物出版社，2001年，第1～5页；武汉大学历史学院、盘龙城遗址博物院、武汉市文物考古研究所：《武汉市盘龙城遗址杨家湾商代建筑基址发掘简报》，《考古》2017年第3期。

［4］　图片采自万琳、方勤：《南土遗珍——商代盘龙城文物集萃》，湖北教育出版社，2016年，第6、7页。

［5］　湖北省文物考古研究所：《盘龙城——1963～1994年考古发掘报告》，文物出版社，2001年，第14～77页。

［6］　图二～图四皆采自湖北省文物考古研究所：《盘龙城——1963～1994年考古发掘报告》，文物出版社，2001年，第15～44页。

［7］　湖北省文物考古研究所：《盘龙城——1963～1994年考古发掘报告》，文物出版社，2001

年，第78~147页。

［8］ 图片采自湖北省文物考古研究所：《盘龙城——1963~1994年考古发掘报告》，文物出版社，2001年，第88、114页。

［9］ 湖北省文物考古研究所：《盘龙城——1963~1994年考古发掘报告》，文物出版社，2001年，第147~217页。

［10］ 图片采自湖北省文物考古研究所：《盘龙城——1963~1994年考古发掘报告》，文物出版社，2001年，第154页。

［11］ 湖北省文物考古研究所：《盘龙城——1963~1994年考古发掘报告》，文物出版社，2001年，第217~300页；武汉大学历史学院、盘龙城遗址博物院、武汉市文物考古研究所：《武汉市盘龙城遗址杨家湾商代建筑基址发掘简报》，《考古》2017年第3期；武汉大学历史学院、盘龙城遗址博物院：《武汉市盘龙城遗址杨家湾商代墓葬发掘简报》，《考古》2017年第3期。

［12］ 图片采自武汉大学历史学院、盘龙城遗址博物院、武汉市文物考古研究所：《武汉市盘龙城遗址杨家湾商代建筑基址发掘简报》，《考古》2017年第3期；武汉大学历史学院、盘龙城遗址博物院：《武汉市盘龙城遗址杨家湾商代墓葬发掘简报》，《考古》2017年第3期。

［13］ 湖北省文物考古研究所：《盘龙城——1963~1994年考古发掘报告》，文物出版社，2001年，第300~361页。

［14］ 图片采自湖北省文物考古研究所：《盘龙城——1963~1994年考古发掘报告》，文物出版社，2001年，第317页。

［15］ 武汉大学历史学院、湖北省文物考古研究所、盘龙城遗址博物院：《武汉市盘龙城遗址小嘴2015~2017年发掘简报》，《考古》2019年第6期。

［16］ 图片采自武汉大学历史学院、湖北省文物考古研究所、盘龙城遗址博物院：《2012~2017年盘龙城考古：思路与收获》，《江汉考古》2018年第5期。

［17］ 张国硕：《试论夏商都城遗址的认定方法》，《江汉考古》2018年第5期。

［18］ 郭明：《商周时期大型单体建筑平面布局浅析》，《文物》2015年第8期。

［19］ 刘森淼：《盘龙城外垣带状夯土遗迹的初步认识》，《武汉城市之根——商代盘龙城与武汉城市发展研讨会论文集》，武汉出版社，2002年，第190~198页。

［20］ 图片采自湖北省文物考古研究所：《盘龙城——1963~1994年考古发掘报告》，文物出版社，2001年，第4页。图中外城夯土的位置参考了刘森淼先生《盘龙城外垣带状夯土遗迹的初步认识》一文。

［21］ 宋焕文：《从盘龙城考古发现试谈商楚关系》，《江汉考古》1983年第2期；高大伦：《论盘龙城遗址的性质与作用》，《江汉考古》1985年第1期；郝本性：《谈盘龙城在商王国南土的作用》，《武汉城市之根——商代盘龙城与武汉城市发展研讨会论文集》，武汉出版社，2002年，第84~88页。

［22］ 李学勤：《盘龙城与武汉市的历史》，《武汉城市之根——商代盘龙城与武汉城市发展研讨会论文集》，武汉出版社，2002年，第41~45页。

［23］ 荆州博物馆：《肖家屋脊》，文物出版社，1999年；湖北省文物考古研究所、北京大学考古学系、荆州博物馆：《邓家湾》，文物出版社，2003年；湖北省文物考古研究所、北京大学考古文博学院、天门市博物馆：《湖北天门石家河谭家岭城址2015~2016年发掘简报》，《江汉考古》2017年第5期。

［24］ 湖南省文物考古研究所：《澧县城头山——新石器时代遗址发掘报告》，文物出版社，2007年；湖北省文物考古研究所：《湖南澧县城头山遗址城墙与护城河2011～2012年的发掘》，《考古》2015年第3期。

［25］ 荆门市博物馆：《荆门马家院屈家岭文化城址调查》，《文物》1997年第7期。

［26］ 荆州博物馆、石首市博物馆、武汉大学历史学系考古专业：《湖北石首市走马岭新石器时代遗址发掘简报》，《考古》1998年第4期；武汉大学历史学院、石首市博物馆：《湖北石首走马岭遗址周边史前遗址调查简报》，《江汉考古》2017年第1期；武汉大学历史学院考古系、石首市走马岭遗址公园管理处：《湖北石首市走马岭新石器时代城址的发掘》，《考古》2018年第9期。

［27］ 杨明洪：《江陵阴湘城的调查与探索》，《江汉考古》1986年第1期；荆州博物馆、福冈教育委员会：《湖北荆州市阴湘城遗址东城墙发掘简报》，《考古》1997年第5期；荆州博物馆：《湖北荆州市阴湘城遗址1995年发掘简报》，《考古》1998年第1期。

［28］ 詹琦、史强：《4300岁！武汉最古城现身黄陂》，《武汉晨报》2008年11月13日，每日聚焦本地版。

［29］ 陈树祥等：《应城门板湾遗址发掘获重要成果》，《中国文物报》1994年4月4日第1版；李桃元：《应城门板湾遗址大型房屋建筑》，《江汉考古》2000年第1期。

［30］ 董琦：《中国先秦城市发展史概述》，《中原文物》1995年第1期。

［31］ 谭维四：《黄陂商代盘龙城——武汉城市文明之源》，《武汉城市之根——商代盘龙城与武汉城市发展研讨会论文集》，武汉出版社，2002年，第75～83页。

［32］ 张光直：《关于中国初期"城市"这个概念》，《文物》1985年第2期。

［33］ 徐少华：《论盘龙城商文化的特征及其影响》，《江汉考古》2014年第3期；武汉大学历史学院、湖北省文物考古研究所、盘龙城遗址博物院：《2012～2017年盘龙城考古：思路与收获》，《江汉考古》2018年第5期。

［34］ 石泉：《盘龙城——长江中游早商文化中心》，《武汉城市之根——商代盘龙城与武汉城市发展研讨会论文集》，武汉出版社，2002年，第62、63页。

［35］ 陈贤一：《商代盘龙城——武汉城市之根的考古历程》，武汉出版社，2015年，第209、210页。

［36］ 冯天瑜：《武汉"市龄"四段说及武汉城市风格地位》，《武汉城市之根——商代盘龙城与武汉城市发展研讨会论文集》，武汉出版社，2002年，第66页。

［37］ 陈朝云：《商代聚落体系及其社会功能研究》，郑州大学博士学位论文，2004年，第96页。

［38］ 图片采自中国科学院计算机网络信息中心国际科学数据镜像网站DEM数字高程模型和国家基础地理信息系统，孙卓改绘。

［39］ 魏航空：《商周时期武汉地区早期城市探讨》，《武汉城市之根——商代盘龙城与武汉城市发展研讨会论文集》，武汉出版社，2002年，第175页。

盘龙城F1宫殿建筑复原成果

廖 航

（盘龙城遗址博物院）

1974年，北京大学历史系考古专业师生与湖北省博物馆合作，由俞伟超先生与王劲先生共同主持开展了对盘龙城的考古发掘[1]，在盘龙城宫城内东北高地上发现两座大型宫殿建筑基址（图一、图二）。这两座建筑的地上部分已经消磨殆尽，仅余留地下部分，包括基槽、柱洞和柱础石。此后，有学者对这两座大型宫殿建筑基址进行过复原研究，取得了丰富的成果。2018年我院策划新的展览陈列，这些成果是面向观众展示的重要内容。然而在实际操作的过程当中，遇到了若干问题，一是建筑复原的部分细节问题，如地上建筑的用料、尺寸、结构等尚未完全清楚明确；二是仅仅依靠考古学文字资料无法为普通观众提供最直观的参观体验。因此，将现有的复原研究进行整合，明确建筑营造方式，并将研究成果转换成可供观众参观的媒介形式是当时展览策划工作的重点。

2018年5月，我院邀请了武汉大学历史学院考古系教授张昌平、南方科技大学人文社会科学学院讲席教授唐际根会同院内专家，对保存更加完好的F1宫殿建筑开展复原

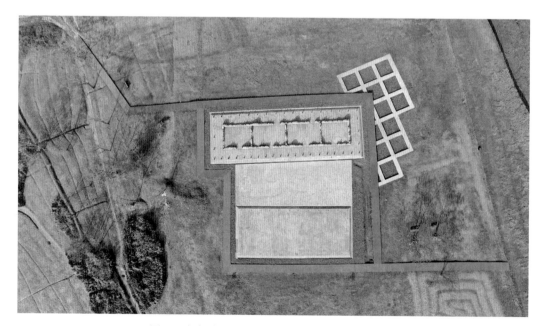

图一 盘龙城遗址F1、F2大型宫殿建筑基址航拍

图二　盘龙城遗址大型宫殿建筑（F1）基址（侧视）

展示项目，并聘请专业的设计制作团队，依照专家意见制作相应的建筑复原图纸、视频和模型。项目历时3个月，期间参考了前人研究及同时期中原地区建筑考古发掘和研究情况，最后复原成果已转换成实物并向观众展出，获得了业内考古学专家和大众的一致好评。本人有幸参与到该项目中，现将一些成果进行汇总。

一、建筑结构分析

有关盘龙城两座大型宫殿建筑的基本资料，已经发表在1963年至1994年间的盘龙城遗址考古发掘报告中[2]，杨鸿勋先生、郭明先生也撰写过相关论文[3]，这些都能够较为宏观地、全面地展现盘龙城遗址宫殿建筑群的整体风貌和内部构造。我们经过对比分析，找出不同复原方案的差异所在，同时参考同一时期商代宫殿遗址建筑群的考古发掘报告和相关文献资料，一一验证已有结论，指导并修正复原方案。在建筑发展的早期，建筑形制特征多由满足日常生活的实际功能来决定，即"形式追随功能"，因此也可以根据考古发掘的遗迹现象来合理推断建筑物的功能布局，进而来佐证提出的复原结构。据此可以详实复原盘龙城F1宫殿建筑的基本结构。

1. 堂屋结构

目前，F1宫殿基址所在台基损失殆尽，现存夯土台基残面，呈东高西低之势，在散水面层之下，且夯土台没有砖、石包裹，为"土阶"。东室红土台面保存尚好，中间二室红土台面保存较差，西室内的红土台面仅存片段。台基四周残存有曲率半径较大的大型陶器碎片（可辨器类多数为缸、瓮，少量为鬲），陶片层位略有高下。台基四周显示出一定宽度的边界，此为散水，与盘龙城所在地理位置的多雨条件有关（图三、图四）[4]。

图三　1974年盘龙城1号宫殿基址（F1）发掘现场

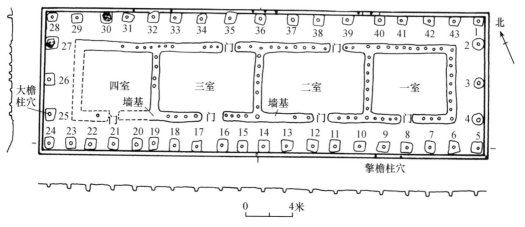

图四　1974年考古发掘F1平面图

F1宫殿建筑基址，北距北城垣内基脚36.6米，东距东城垣内基脚47米，所在高程为42.46米，方位坐北朝南，方向20°；用红土铺筑的台面东西长39.8、南北长12.3米；整个建筑以回廊外沿大檐柱柱中为计，总面阔为38.2、进深为11米。且以檐柱中心与四室墙中心为计，回廊东、西、北三面均宽2.5米，南面宽2.4米；已知中原地区殷商宫殿的檐柱埋深约1.5米左右，现在台基上的檐柱柱洞最大残深约1米，暗础厚0.2米，则柱洞的有效残深为0.8米，台基损失在0.7米。因而，台基原高度为0.7～0.75米，和《考工记》记载的殷人宫室"堂崇三尺"相符；四室位于台基中部，东西向排列于一条直线上。四室以木骨泥墙相隔，其面积以墙中心计，通面阔33.9、进深6～6.4米。四室以中间二室面积较大，略呈长方形，东西两端二室较小，略呈方形。由东往西编号为一至四室，以墙中计，其面阔分别为：第一、四室各面阔7.55米，第二、三室各面阔为9.4米；四室墙基，每室四壁的墙基槽宽度为0.7～0.8米，墙内均立有许多直径约0.2米的小木柱[5]。

　　盘龙城F1的殿堂结构与中原地区的商代建筑相似，亦是一座坐北朝南的窄长方形单体建筑，它建筑在夯土台基上，且四周有回廊，中为并列四室，正门朝南，方向东偏南20°。因而，复原方案所用数据以考古数据为准（图五、图六）。

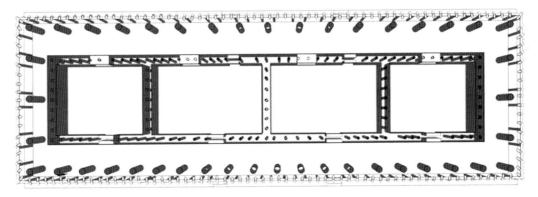

图五　F1堂屋结构复原推测

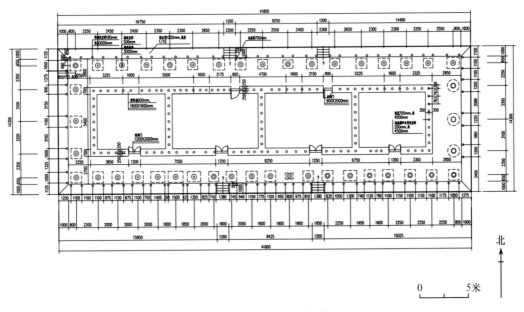

图六　F1平面复原图（自绘）

2. 墙体的建筑

台基上，中部划分四室的墙基带有柱洞。第一室墙基现保存较完整，墙基槽内的柱穴基本清理出来；第二室墙基保存较差，墙基槽内的柱穴痕迹不太清楚；第三室墙基保存状况很差；第四室墙基严重破坏，保存状况极差，其东墙大部分被毁，仅西北角尚存墙基痕迹，其中的柱穴均已破坏。

四室墙基，每室四壁的墙基槽宽度为0.7～0.8米，墙内均立有许多直径约0.2米的小木柱。各式墙基槽内现存的柱穴遗迹情况如下：

第一室，东西两面墙基槽内各有柱穴9个，间距为0.65～0.9米不等。南墙被南门分为东西两段，东段墙基槽内发现柱穴3个，间距为0.85～0.9米。西段墙基槽内发现柱穴4个，从门往西计，第一至第二柱穴间距为0.5米，第二至第三柱穴间距为0.6米。

第二室，东墙即第一室西墙，数据见上。西墙基槽内有柱穴8个，间距为0.6～0.9米，唯南段的两个柱洞间距较大，为1.6米，其间似应有一个柱穴，因土色难辨未能找出，故西墙内应有柱穴9个。北墙被北门分为东西两段，东段墙基槽内发现柱穴2个，西段墙基槽内分布柱穴7个，间距为0.7～1.1米。南墙被南门分为东西两段，东段墙基槽内分布柱穴3个，间距为0.7～0.9米，西段墙基槽内发现柱穴2个，间距分别为1.35和2.85米，显然其间至少应还有3个柱穴，也因土色难辨，未能找出或已毁。

第三室，东墙即上述西墙。西墙基槽内发现柱穴4个，间距皆为0.85米，仅南段的第一与第二柱穴间距为0.7米，南段的第一个柱穴距西南角2.25米，其间可能有两个柱穴被毁。北墙被北门分为东西两段，东段墙基槽内，发现柱穴2个，间距为1.3米，西段墙基槽内发现柱穴6个，其间距多为0.6米，个别为0.7米，唯第三与第四柱穴间距最大为3.2米，其间也有柱穴被毁。南墙亦被南门分为东西两段，东段墙基槽内分布柱穴4个，间距分别为0.9、1.2米，最西的一个柱穴距西南角1.8米，其间有的柱穴已毁。

第四室，其东墙即上述西墙。北墙基槽内仅在东部尚存柱穴4个，余皆被毁，东段墙基槽内柱穴全毁。

综合以上数据，推测F1墙体宽度为70厘米，上部略有收分，墙基中排列着较为整齐的木柱，直径约20厘米，柱间距0.6～0.9米，比较密集。木骨墙形态复原为木骨泥墙（图七）。

3. 檐柱的使用

回廊四周围绕着大檐柱穴43个，檐柱距夯土台基边缘0.6米。大檐柱础穴布局规整，分布在一条水平线上：前檐（南面）檐柱础穴分布较密为20个，础穴方形或近方形，间距为1.6～2.4米；后檐（北面）柱础穴分布较稀疏为17个，础穴方形或近方形，间距为1.8～2.9米；东西两面檐柱柱础穴各为3个，西面檐柱础穴为方形，间距为

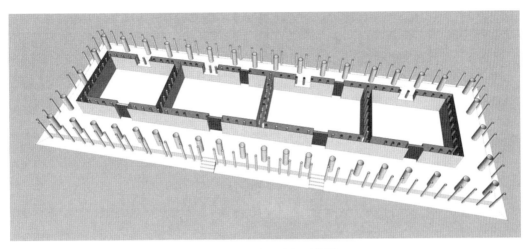

图七　F1木骨泥墙复原推测

2.8～2.9米，东面檐柱础穴为圆形，间距2.25～3.5米。石础为自然石，仅打击出一个平面，础石上平面布满打击点。柱础穴的间距，东西二排距离较稀，北排柱穴距离均匀，南排中段柱穴距离较密。以东北角为起数，将大檐柱础穴按顺时针方向编号为D1～D43。现将各排柱础穴具体介绍如表一所示：

表一　F1考古平面础穴、柱洞统计表　　　　　（单位：米）

础穴	长	宽	间距	形制	柱洞	直径	残深	间距	形制
D1	1.25	1.10	—	长方形	1	0.20	0.70	—	圆形
D2	1.20	—	1.10	圆形	2	0.40	0.69	2.25	圆形
D3	1.22	—	1.10	圆形	3	0.45	0.70	3.30	圆形
D4	1.20	—	2.10	圆形	4	0.40	0.69	3.10	圆形
D5	1.05	1.05	1.25	正方形	5	0.33	0.69	2.35	圆形
D6	1.10	1.00	1.00	近方形	6	0.28	0.61	2.25	圆形
D7	1.10	1.10	1.15	方形	7	0.28	0.70	2.25	圆形
D8	1.10	1.10	1.15	方形	8	0.26	0.70	2.25	圆形
D9	1.12	1.10	1.20	近方形	9	0.28	0.61	1.90	圆形
D10	1.30	1.00	0.98	长方形	10	0.26	0.75	1.95	圆形
D11	1.10	1.00	1.08	近方形	11	0.27	0.62	2.25	圆形
D12	1.05	1.00	1.00	近方形	12	0.24	0.38	1.95	圆形
D13	0.80	0.60	0.90	近方形	13	0.24	0.60	1.90	圆形
D14	1.10	1.05	0.85	近方形	14	0.24	0.44	1.90	圆形
D15	1.15	1.00	0.90	近方形	15	0.22	0.55	1.90	圆形
D16	1.07	1.02	0.75	近方形	16	0.22	0.54	2.05	圆形
D17	1.00	1.10	0.80	正方形	17	0.26	0.50	1.80	圆形

续表

础穴	长	宽	间距	形制	柱洞	直径	残深	间距	形制
D18	1.35	0.98	0.90	长方形	18	0.15	0.50	2.00	圆形
D19	1.50	1.10	0.80	长方形	19	0.18	0.50	1.85	圆形
D20	1.40	1.05	0.80	长方形	20	0.20	0.20	1.80	圆形
D21	1.10	1.05	1.05	长方形	21	0.16	0.25	2.00	圆形
D22	1.15	1.10	0.70	近方形	22	0.20	0.34	2.00	圆形
D23	1.10	1.10	0.97	正方形	23	0.20	0.45	2.00	圆形
D24	1.10	1.05	0.94	近方形	24	0.20	0.21	2.00	圆形
D25	1.05	1.00	1.15	近方形	25	0.20	0.30	2.35	圆形
D26	1.15	1.10	2.20	近方形	26	0.20	0.50	3.20	圆形
D27	1.10	0.90	2.05	长方形	27	—	—	3.10	圆形
D28	1.10	1.05	1.12	近方形	28	0.27	0.18	2.25	圆形
D29	1.10	1.00	1.05	长方形	29	0.16	0.45	2.25	圆形
D30	1.15	1.00	1.35	长方形	30	—	—	2.45	圆形
D31	1.05	1.00	1.40	近方形	31	0.20	0.60	2.45	圆形
D32	1.20	1.00	1.35	长方形	32	0.25	0.60	2.35	圆形
D33	1.00	1.00	1.40	正方形	33	0.20	0.75	2.30	圆形
D34	1.15	1.10	1.50	近方形	34	0.20	0.70	2.29	圆形
D35	1.10	1.10	1.50	正方形	35	0.20	0.70	2.20	圆形
D36	1.00	0.95	1.35	长方形	36	0.20	0.72	2.25	圆形
D37	1.00	0.85	1.45	长方形	37	0.24	0.70	2.55	圆形
D38	1.10	1.00	1.40	近方形	38	0.22	0.64	2.40	圆形
D39	1.00	1.00	1.50	近方形	39	0.20	0.85	2.30	圆形
D40	1.10	1.00	1.40	近方形	40	0.20	0.60	2.65	圆形
D41	1.15	1.00	1.45	长方形	41	0.20	0.65	2.30	圆形
D42	1.15	1.00	1.45	长方形	42	0.20	0.75	2.30	圆形
D43	1.00	0.95	1.30	长方形	43	0.20	0.65	2.25	圆形

　　按照考古数据，檐柱复原为直径40厘米，共43根，其中北檐17根、南檐20根、东西各3根。由台基面向下至础石上方，柱的底径减小（图八）。

4. 擎檐柱的使用

　　F1台基边缘散水和台基东南转角均发现了擎檐柱遗迹。擎檐柱穴，位于大檐柱穴外约0.7～0.8米处，即紧靠台基边缘的台下部位。考古清理发现，擎檐柱穴11个、北面7个、南面4个。柱穴直径为0.1～0.18米，残深0.06～0.10米。穴内外皆为灰黄色土，穴

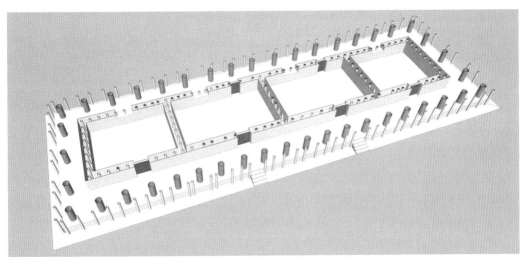

图八 F1檐柱复原推测

外填土较穴内结实。从已发现的擎檐柱穴和大檐柱的关系位置看，擎檐柱对称于大檐柱的左右外角，即一个大檐柱外配以两个擎檐柱作支撑，且擎檐柱设置较密集。

根据以上数据推测，擎檐柱穴规律地排列在大檐柱穴外约0.7～0.8米处，柱穴直径为0.2米。就营造方法来看，F1的擎檐柱是在廊柱外挖一周0.35米左右深的沟槽，在廊柱的柱洞两角对应部位的沟槽内立柱，即一个大檐柱外配以两个擎檐柱作支撑，再将沟内填土夯实（图九）。

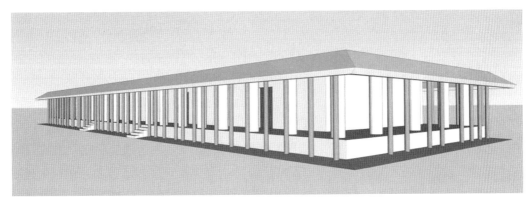

图九 F1擎檐柱复原推测

5. 屋顶的复原

目前的复原方案一致认为是四坡重檐草顶。《考工记》上有"殷人四阿重屋"之说，对照遗址来看，确乎是有可能的。盘龙城宫殿遗址台基周边散水上残存有擎檐柱迹，擎檐柱的使用，是为了加大出檐以保护夯土台基和外檐柱脚免遭雨淋损坏。对于高大的殿堂来说，出檐必须相应增加才能起到保护作用。按现有位置，只有降低加深的檐部才可能达到较好的防护效果，即这些擎檐柱所支承的应是低于屋盖的一周庇檐。查甲骨文中确有"重屋"图形，金文也有很多简化的"重屋"象形文字，足证殷商时代确已创造了在屋盖下增设防雨庇檐的"重屋"殿堂。据此，F1的屋盖可以复原为"四阿重屋"。

屋顶材料可复原为草顶，茅草屋面在构造上需要总结在屋脊部位，防止雨水渗漏，也防止风力掀翻茅草，于是要求特别加固屋脊。作为宫殿，加固的屋脊不但要求结实，而且要求美观。屋顶的坡度，根据《考工记·匠人为沟洫》记载："葺屋叁分，瓦屋四分。"即草屋顶坡度为房屋进深的1/3（深三高一），瓦屋顶坡度为房屋进深的1/4（深四高一）。考虑重檐，在前后散水中距约7.15、檐柱高3米、屋面坡度在按三分举一（坡度33°）的情况下，屋脊高度约为9.4米左右。大叉手屋架，杨鸿勋先生在复原商代建筑宫殿、廊庑等时，推测其构架"是采用大叉手（人字木）支承檩、椽"[6]。由于宫殿F1的承重结构为木骨泥墙承重，因此梁架形式采用圆木梁架（图一〇）。

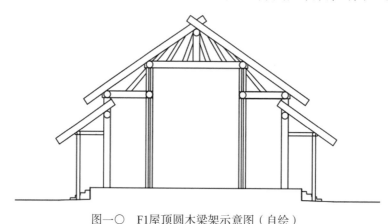

图一〇　F1屋顶圆木梁架示意图（自绘）

6. 门、窗和台阶的设置

经考古发掘出的墙基来看，四室门皆南向，中间二大室有后门。二大室的后门偏在一边，另一边应即后窗的位置，二小室的后窗可能开在室内后墙的中间。F1的门前并未发现台阶。《考工记》中描述周人宫廷是："内有九室，九嫔居之。外有九室，九卿朝焉。"从建筑学的角度来判断，这里的四室是卧室的性质，即"寝"的形制。因墙壁上部损坏，只残余部分墙基的遗迹，因此，无法经过考古实测得出是否有窗及窗的具体位置。但根据盘龙城当地湿热的气温情况来看，四室可能都有通风的后窗，且据江苏省邳州市大墩子遗址出土的新石器时代陶屋模型来看，是有后窗的，可知同样湿热的江淮流域至迟在原始社会晚期已经有此做法。

推测F1四室门皆南向，中间二大室有后门。二大室的后门偏在一边，另一边应即后窗的位置，二小室的后窗开在室内后墙的中间。台基南面中间二大室前门一门对一阶，且两外侧不设台阶；台基北面二大室后门一门对一阶（图一一）。

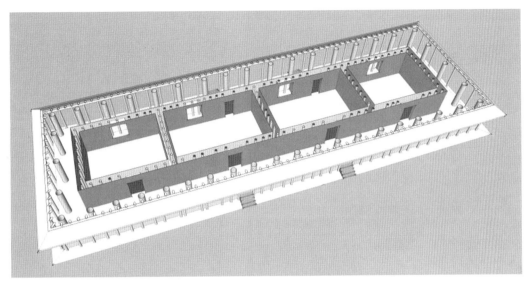

图一一　F1门、窗和台阶的复原推测

7. 陶片散水的铺设

散水位于台基四周边缘向外延伸0.4～1米的斜坡地，是在倾斜1/10坡度的斜坡地上，铺以成层疏密不一的陶片，以起散水作用。所铺陶片多为红陶缸片，亦有瓮和鬲等残片。可推测F1的散水位于台基四周，做斜坡状，宽0.4～1米，先以褐灰色土和灰白色土夯实，再用疏密不一的碎陶片层层叠砌铺成，散水起檐下排水的作用。

结合堂屋结构、墙体的修筑、檐柱的使用、擎檐柱的使用、屋顶形式、门窗和台阶的设置、陶片散水的铺设7个方面，盘龙城F1宫殿建筑基址与同时期中原地区的大型建筑大同小异（图一二～图一四）。F1从结构上可以看出是属于"寝"的部分，它和

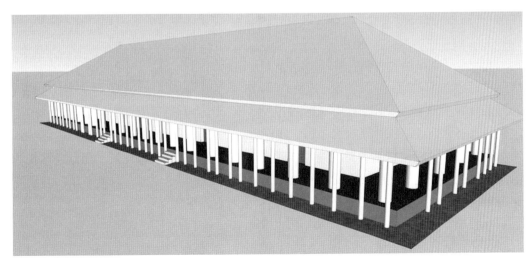

图一二　F1整体透视图

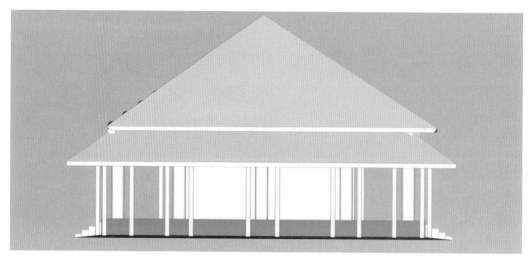

图一三　F1整体立面图

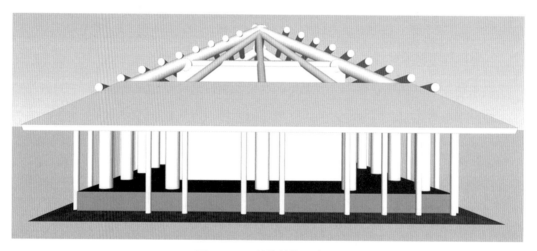

图一四　F1整体结构示意图

F2一起组成了明显的"前朝后寝"式格局。

二、建筑营造方式分析

盘龙城F1宫殿建筑基址是夏商时期武汉地区发现的最高等级建筑,是盘龙城统治阶级居住之所,也是武汉城市文明与文化繁荣极具代表性的象征。以盘龙城F1宫殿建筑为例,我们对其营造建设顺序进行了复原,主要有以下几个阶段:

1. 挖坑筑基

在高地上规划好建造1号宫殿的位置,先开挖基槽,再于基槽内层层填土夯实。填至坑口平齐时，再用土铺盖台面，填筑至高出周围地面0.2米以上的低矮台基。台基东西长39.8、南北宽12.3米。整座台基夯成后切齐边缘，并用土修筑台阶（图一五）[7]。

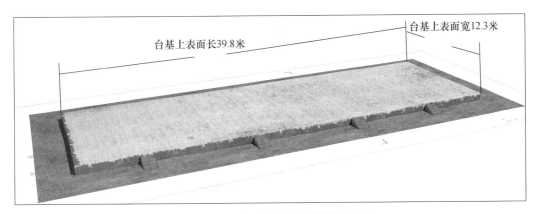

台基上表面长39.8米　　　　　　　　　　　　　台基上表面宽12.3米

图一五　宫殿营造方式复原（挖坑筑基）

2. 挖基筑墙

台基上，规划出回廊与四室的部位。开挖基槽，基槽深约0.2米，在基槽中心栽立成排的木柱后，用土填实木柱下端，夯实牢固。木柱直径约20厘米，间距约60～90厘米。然后在成排的木柱外用泥土筑墙。墙体宽度约为70厘米。四室宽均为5.45米，中部两室长8.7米，其余长6.85米。同时在回廊周边布置43个大檐柱，下挖檐柱础穴坑；同时培筑出台面外围的散水护坡，起檐下排水作用。散水为内高外低的斜坡，坡面自台基边缘向外延伸0.4～1米。散水坡面用褐灰土和灰白土夯实，其上再层层铺陶片覆压，以保护土层坡面，使散水更耐用结实。然后在四室的墙基槽中栽立成排木桩，用土填实，使木桩下端树立牢固，再将基槽全部夯实，在木桩间填充苇束之类的材料，涂上草拌泥，构成木骨泥墙（图一六）。

3. 修筑门窗，铺筑门道

四室门皆向南，中间两室有后门。前面四门宽1.2、高2.4米。后门宽0.9、高2.4米。紧靠门道的东西两侧墙体内各有一个柱洞，可能与门框的支撑柱有关。门框有木条支撑，门下有门坎，高15、厚20厘米。四室窗皆向北，中间两室南也有窗。窗边长1.5米。有窗框，宽10、厚10厘米（图一七）。

4. 立柱铺梁

栽立大檐柱和擎檐柱，用于支撑屋顶。在挖好的大檐柱柱洞中放置础石和大檐柱，用土夯实底部。在大檐柱外约0.7米处挖一周深0.35米的浅沟槽，栽立擎檐柱（外檐柱），用土夯实底部。大檐柱直径约40厘米，擎檐柱直径约18厘米。然后在檐柱间

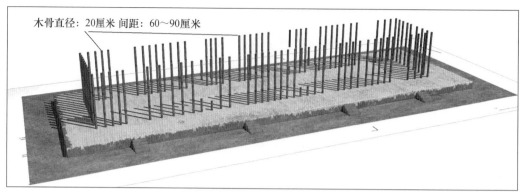

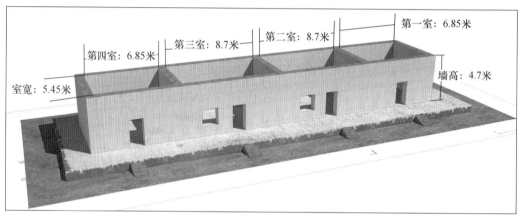

图一六　宫殿营造方式复原（挖基筑墙）

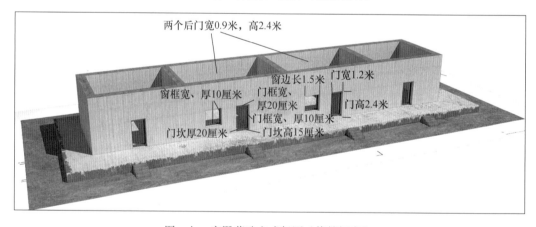

图一七　宫殿营造方式复原（修筑门窗）

架设方木枋，在墙体上架设梁架、檩。方木枋直径约20厘米，梁架、檩直径约40厘米（图一八）。

5. 铺置房顶

以"大叉手"结构支撑屋顶的圆木梁架和檩，在梁架与木椽上先铺置木条，木条

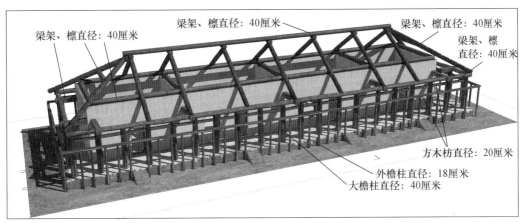

图一八　宫殿营造方式复原（立柱铺梁）

长 1~2 米，宽 0.1~0.2 米，木条间距 0.1~0.2 米。用芦苇捆成一束，与木条同方向平铺其上。再使用草拌泥，涂抹于芦苇束上。待草拌泥干燥后，最后铺置茅草。这样的结构可以起到保暖与防雨的作用（图一九）。

通过以上营造顺序，我们最后制作生成了 F1 的复原展示电子模型（图二〇），并进一步按照 4:1 的比例，将 F1 实际体积缩小 4 倍，制作了实物模型（图二一）供观众在展厅中参观。F1 宫殿建筑展现出高超的营造方式，证明夏商时期中国已具备较完整的建筑营造体系。千年风雨，虽然只残存地下台基部分，地上屋面部分已毁坏殆尽，但经过历年细致的考古发掘和研究，F1 宫殿建筑的宏大雄伟与先人所展现出的高超智慧仍然震撼着世人。

三、建筑复原模型的合理性验证

在推理营造方式的过程中，有若干数据是无法在盘龙城考古发掘资料上去获得的。如木材的质地、房屋的高度、梁杆间的连接方式等。我们在面临这些问题的时候

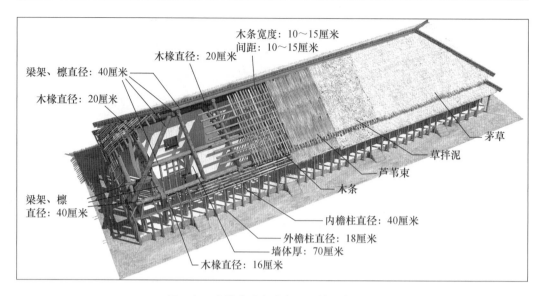

图一九　宫殿营造方式复原（铺置房顶）

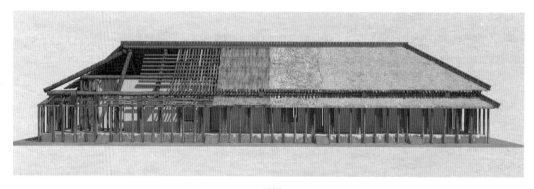

1. 正视

2. 俯视

图二〇　F1复原展示电子模型

3. 仰视

图二〇　F1复原展示电子模型（续）

图二一　F1复原展示实物模型

需要力学计算等技术手段，尽可能逼真而合理地数字化复原盘龙城宫殿建筑，展示其形式、结构、材料等信息，使得复原结果科学合理，具有说服力。

我们利用有限元法进行计算，对宫殿建筑的力学特性进行模拟，并得到满足结构安全的尺寸范围，为所复原的宫殿的高度提供科学依据。有限元分析法是对于结构力学分析迅速发展起来的一种现代计算方法，精确度高，具有使误差函数达到最小值并产生稳定解的优势，是如今行之有效的工程分析方法。应用ANSYS软件来进行静力分析、模态分析等结构分析，求解结构单元，如杆单元、梁单元、平面单元和三维实体单元，生成准确直观的内力图形，为结构设计提供科学合理的依据，实现数字化虚拟复原的目标。

1. 建筑数据分析

已知盘龙城遗址宫殿建筑群的平面数据、构造方式及根据合理的受力结构和地面遗存的柱洞等计算分析出的受力构件的截面尺寸，结合已有文献资料进行数学建模分析，将建筑各部分的关键数据逐一求出（图二二）。

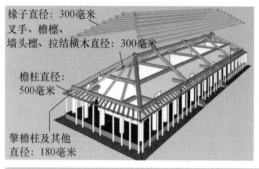
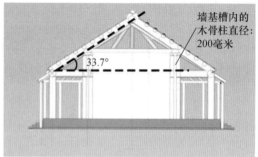
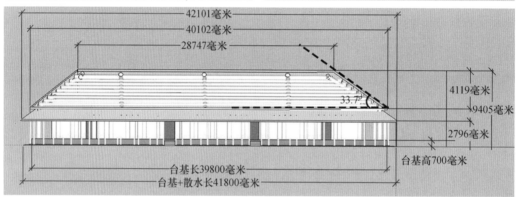

图二二 复原模型各部分关键数据

2. 复原方案有限元分析及验证

利用以上复原模型和模型各部分的关键数据，我们在ANSYS软件中对F1复原方案进行建模并设置相关参数，通过自重和地震力计算，分析复原方案的结构可靠性。F1复原方案中，木结构所采用的木材定为栎木，材料参数见表二，墙体类型定为木骨泥墙，材料参数见表三。采用网格形式对F1进行划分，网格尺寸设置为80毫米，共生成单元数量为21108个，节点数量为20760个。得到全局网格模型（图二三）。模型计算的单位为：长度mm、压力MPa、力N、质量t、时间s。

表二 栎木相关材料参数

树种	气干密度（kg/m³）	泊松比（纵纹）	顺纹抗压屈服强度（MPa）	顺纹抗剪屈服强度（MPa）	抗弯屈服强度（MPa）	抗弯弹性模量（MPa）
栎木	940	0.33	50	无	120	15 000

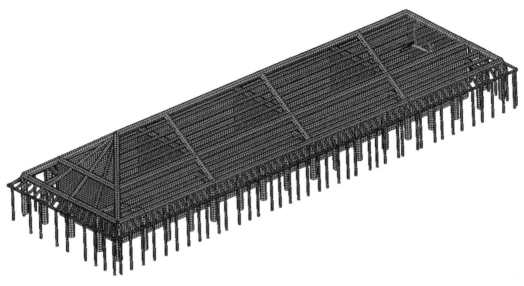

图二三 F1有限元模型

表三 木骨泥墙相关材料参数

材料	密度（kg/m³）	抗压屈服强度（MPa）	抗剪屈服强度（MPa）	竖直向弹性模量（MPa）	水平向弹性模量（MPa）
木骨泥墙	1900	1.63	0.097	120	70

本次研究共分析自重、地震产生的2种荷载，自重及地震加速度对整个建筑施加加速度荷载，盘龙城所在武汉黄陂区的地震参数参照《中国地震动参数区划图》（GB18306-2015），地震计算时使用的反应谱线依照《中国建筑抗震设计规范》（GB50011-2010），因风、雪产生的屋面荷载也进行均值估算，具体参数见表四。

表四 盘龙城所在地区相关参数

正常设防情况下的地震峰值加速度（m/s²）	相应的反应谱特征周期（s）	屋面风、雪等活荷载平均值（kN/m²）
0.49（0.05g）	0.35	1

对宫殿F1模型在自重荷载状态下进行分析，得到相应的应力图（图二四）。由该图可见，受力较集中的部位为F1屋顶的斜梁及内檐柱位置，最大应力为5.05Mpa，远未达到F1木材的应力极限，结构极为安全。另外对宫殿F1模型在地震荷载状态下进行分析，经过多次地震模拟测算，发现宫殿F1模型的地震荷载极限为0.15g，该荷载值远高于盘龙城所在地区的地震加速度0.05g，可判定F1宫殿复原方案在结构上安全合理（图二五）。

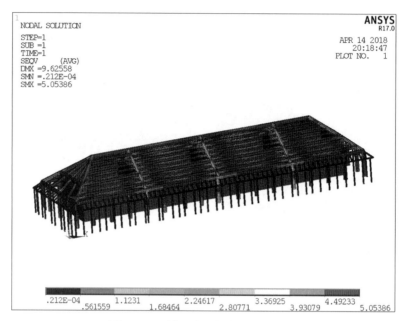

图二四　F1模型自重状态下的应力图

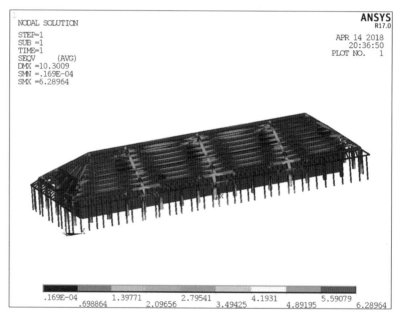

图二五　F1模型0.15g地震加速度状态下的整体应力图

四、结　　语

　　综上所述，我们从建筑结构和营造方式两个方向去还原F1宫殿建筑的原貌，某些建筑信息因为年代的侵蚀而永久性的缺失，我们必须通过力学计算等技术手段，尽可能逼真而合理地复原其最真实的状态。F1的有些问题还尚未有清楚的结论，比如建筑的颜色及纹饰、内部陈设与装饰、建筑结构的连接是否依靠金属部件等，这些问题在盘龙城可能永远也无法出现相应的考古学证据，需要另寻其他方式解决。即使如此，从现在所呈现的F1宫殿建筑模型状态也可看出商代盘龙城居民高超的建筑技术和丰富的建造智慧。

注　　释

[1]　湖北省博物馆、北京大学考古专业盘龙城发掘队：《盘龙城一九七四年度田野考古纪要》，《文物》1976年第2期。

[2]　湖北省文物考古研究所：《盘龙城——1963～1994年考古发掘报告》，文物出版社，2001年。

[3]　杨鸿勋：《盘龙城商代方国宫殿遗址复原研究》，《杨鸿勋建筑考古学论文集》（增订版），清华大学出版社，2008年；杨鸿勋：《殷商的方国宫廷建筑——黄陂盘龙城及周原凤雏遗址》，《宫殿考古通论》，紫禁城出版社，2009年；郭明：《盘龙城遗址商代大型建筑试析》，《盘龙城与长江文明国际学术研讨会论文集》，科学出版社，2016年。

[4]　图3出自湖北省文物考古研究所：《盘龙城——1963～1994年考古发掘报告》（上册），文物出版社，2001年，第45页附图；图4出自同书（下册）图版四（Ⅳ）。

[5]　文中有关F1宫殿建筑基址的数据描述皆参考湖北省文物考古研究所：《盘龙城——1963～1994年考古发掘报告》（上册），文物出版社，2001年，第42～70页。

[6]　杨鸿勋：《盘龙城商代方国宫殿遗址复原研究》，《杨鸿勋建筑考古学论文集》（增订版），清华大学出版社，2008年。

[7]　图一五～图一九主要参考了《盘龙城——1963～1994年考古发掘报告》中的宫殿建造方式，并经过张昌平、唐际根等专家讨论认证，最后由盘龙城遗址博物院制作F1宫殿营造方式复原模型图。

盘龙城大口缸研究

刘云松

大口缸是商代较为常见的一类陶器。其器物造型简单，基本特征为大口，深腹，腹饰箍状附加堆纹，该器物源头可追溯至新石器时代。从目前发表的资料看，夏商时期，大口缸在南、北方均有分布，其中尤以早商时期长江中游地区出土最多，类型也最为丰富。作为早商时期商文化在长江中游乃至整个南方的区域中心，盘龙城遗址出土了数量众多的大口缸，"以杨家湾地点为例，其第六期出土陶缸片的数量可占整个器类陶片数量约64%"[1]。伴随数量之巨的是大口缸各异的形态风格，这也导致难以对其进行型式划分。不仅如此，学界对于盘龙城如此之多类型大口缸的起源、流变关系亦不明朗。故此，本文将在对盘龙城大口缸进行型式划分及分期的基础上，以年代和地域为尺度，分析盘龙城大口缸与他地之间的交互关系。

一、型式划分

根据盘龙城大口缸的底部形态，可以将其分为四型。

A型　圈足大口缸。根据口部和腹部特征，可分两亚型。

Aa型　直口或口微侈，腹壁斜直向下弧收，底近平附一圈足。根据口沿外敞角度及腹壁弧度的不同，分为两式。

Ⅰ式　直口微侈，腹壁弧收，下腹微鼓。标本PWZT25⑦：27，夹砂黄陶。窄方唇，斜弧壁，底附圈足。口沿下饰纽状堆纹，腹饰斜行条纹。口径36.8、通高46.8厘米（图一，1）。标本PWZT36⑧：27，夹砂黄陶。足周边附纽状堆纹，腹饰绳纹。底径11厘米（图一，2）。

Ⅱ式　直口外敞，腹壁斜直急收，底圆折附圈足。标本PLZH2：14，夹砂红陶。直口外敞，腹略斜，底圆折附圈足（图一，3）。标本PLZH18：16，夹砂黄陶。直口外敞，腹残，底附圈足。口沿下饰堆纹，腹饰方格纹。口径26.6厘米（图一，4）。

Ab型　侈口，腹壁斜弧下收，平底或弧底附一圈足。根据口沿外侈不同，分为两式。

Ⅰ式　侈口。标本PWZT36⑧：7，夹砂橙红陶。方唇较厚，筒腹，底附同心圆状的大小两个圈足。口沿下和圈足处各饰两条平行堆纹，腹饰中粗横行条纹。口径38.2、底径24厘米（图一，5）。标本PLZH7：2，夹砂黄陶。泥条盘筑，侈口，斜腹壁，下腹厚

胎，圈足。口沿下饰绳索状堆纹，腹饰小方格纹。口径30.8、通高42厘米（图一，6）

Ⅱ式　口沿外侈加强。标本PYZH1：14，夹砂黄陶。口外侈加强。底径8厘米（图一，7）。标本2013HPQ1712T0816H14：28，夹砂红陶。口外侈加强，尖唇，弧腹下收，颈部有一道附加堆纹，腹饰方格纹，底附矮小圈足。口径35、底径8、通高40厘米（图一，8）。

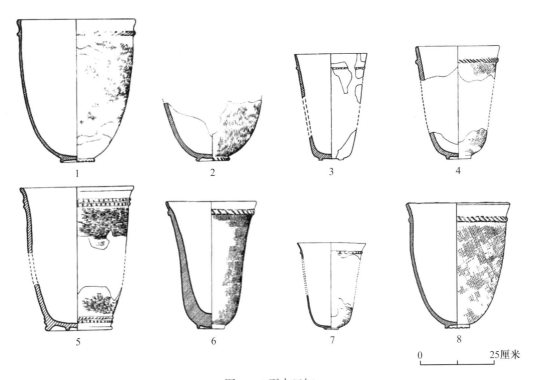

图一　A型大口缸

1、2.Aa型Ⅰ式（PWZT25⑦：27、PWZT36⑧：27）　　3、4.Aa型Ⅱ式（PLZH2：14、PLZH18：16）
5、6.Ab型Ⅰ式（PWZT36⑧：7、PLZH7：2）　　7、8.Ab型Ⅱ式（PYZH1：14、2013HPQ1712T0816H14：28）

B型　饼足大口缸。根据整体特征的不同，可分为六亚型。

Ba型　直口或口微侈，腹壁较直向下斜收，底附一实心饼足。根据口沿外敞角度及下腹部形态不同，分为三式。

Ⅰ式　直口微敞，腹壁斜下，近底处弧收合拢，圜底下附一实心饼足。标本PWZT71⑦：8，夹砂黄陶，含砂量大。模制。斜腹，圆饼状足。口沿下饰一周块状堆纹，腹身饰方格纹。口径30.4、底径6.4、通高36.4厘米（图二，1）。标本PWZT65⑦：8，夹砂砖红陶。底附花边圈足。口沿下饰纽状堆纹，腹饰中粗绳纹。口径32、通高41.6厘米（图二，2）。

Ⅱ式　直口外敞，腹壁斜下，近底处弧折，内底近平。标本PWZT65⑥：8，夹砂红陶。斜腹壁，花边饼足。饼足底饰一周凹槽，口沿下饰堆纹，腹饰绳纹。口径32、底径10、足高1、通高40.8厘米（图二，3）。标本PYWT28⑤：3，夹砂黄陶。短饼足。口沿下饰一周堆纹，腹饰斜行细绳纹。口径36、底径12.4、通高53厘米（图二，4）。

Ⅲ式　直口外敞加剧，腹壁斜直向下，近底处折收，内底较平。标本PLWT8④：2，夹砂红陶。体作筒状，圆饼状足。口沿下饰泥条堆纹。口径35.6、通高47.6厘米（图二，5）。

Bb型　侈口，腹壁向下弧收。根据口沿外敞程度和腹部形态不同，可分四式。

Ⅰ式　侈口，上腹弧收，中腹略鼓，下腹斜收至底。标本PYZT8⑦：17，口微外侈，腹残。腹饰横行条纹。口径19.6厘米（图二，6）。

Ⅱ式　侈口外翻，上腹弧收，下腹略垂弧折接底。标本PYWF1Z1：14，夹砂红陶。口外侈，圆筒状斜深腹，近底部急收成小圆饼状平底足。口沿下饰宽带起棱堆纹。腹部饰粗方格纹经手抹。口径28.8、底径7.2、通高37厘米（图二，7）。标本PYZT3⑤：46，夹砂橙黄陶。圆筒状，底附圆饼足。口沿下饰带状堆纹，堆纹上有竖行凹槽，槽内拍印叶脉纹，通体饰方格纹。口径34、足径0.8、通高39.2厘米（图二，8）。

Ⅲ式　侈口外敞，腹壁斜弧向下，下腹部弧收入底。标本2013HPQ1712T0816H9：2，夹砂黄陶。大敞口，圆唇，下腹斜收，小平底。颈部饰一周附加堆纹，腹部饰小方格纹。口径28.5、高30厘米（图二，9）。

Ⅳ式　侈口外敞更甚，腹壁斜弧向下，至腹中部内收入底。标本2014HPQ1712T1015③：1，泥质红陶，内外壁为灰色。腹中部向内收，饼状小底。肩饰一周附加堆纹，腹部饰绳纹。口径26、底径4、残高30厘米（图二，10）。

Bc型　侈口，束颈，腹壁弧收，上腹部略鼓。标本PWZT48⑧：4，夹砂砖红陶。口外敞，弧腹，底附小圆饼足。口沿下饰连索块状堆纹，腹饰细方格纹。口径32、通高44.6厘米（图二，11）。

Bd型　直口外敞，腹壁斜直，近底处弧收或折收，外形与Ba型大口缸相似。但与之不同的是Bd型大口缸自上而下逐渐增厚，近底处甚尤，部分器底甚至可见多层陶胎包裹成型。标本74HP4TR19④：12，灰陶，胎由上至下渐增厚。敞口，腹壁斜收，小圜底，外壁附加一饼形足。周身饰有竖行绳纹，口沿下饰一周链条状附加堆纹。口径28、通高40厘米（图二，12）。标本2017HPQ1813T0213H35：21，夹砂红陶。敞口，方唇，器壁斜直，从口至底逐渐加厚，近底部时分为了两层，其内层与外层的结合不甚紧密，底部收束，下接一厚实圈足。口沿以下至颈部经抹光，颈部饰以一周附加堆纹，颈部以下饰以纵向细绳纹。口径26.8、底径6.1、通高33厘米（图二，13）。

Be型　缸体上部残缺，仅见下腹及缸底部分。底附实心饼足呈尖圜饼状或短柄状，内底可见泥条拧成的小凹坑。标本PYWT9⑥：20，夹砂灰陶。圆饼足较高。腹饰竖行间断细绳纹。壁厚2～2.4厘米（图二，14）。

Bf型　缸体较大，侈口，弧腹，圜底附圆饼状足，口沿以下至下腹部近底处

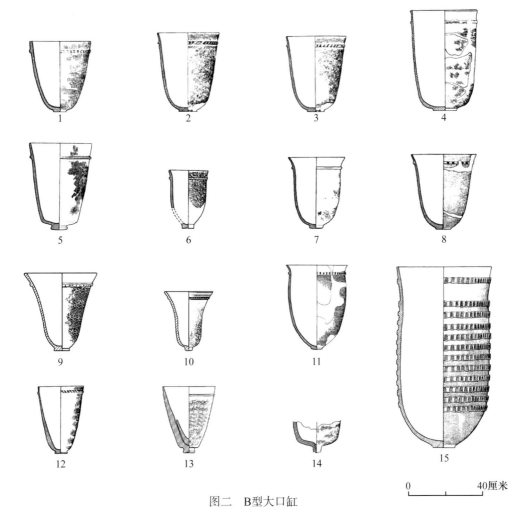

图二　B型大口缸

1、2. Ba型Ⅰ式（PWZT71⑦：8、PWZT65⑦：8）　3、4. Ba型Ⅱ式（PWZT65⑥：8、PYWT28⑤：3）

5. Ba型Ⅲ式（PLWT8④：2）　6. Bb型Ⅰ式（PYZT8⑦：17）　7、8. Bb型Ⅱ式（PYWF1Z1：14、

PYZT3⑤：46）　9. Bb型Ⅲ式（2013HPQ1712T0816H9：2）　10. Bb型Ⅳ式（2014HPQ1712T1015③：1）

11. Bc型（PWZT48⑧：4）　12、13. Bd型（74HP4TR19④：12、2017HPQ1813T0213H35：21）

14. Be型（PYWT9⑥：20）　15. Bf型（PWZT72⑦：6）

饰多道附加堆纹。标本PWZT72⑦：6，夹砂红陶。口外侈，斜腹壁，圜底，圆饼状足。口沿下饰带状堆纹，堆纹上饰椭圆形的凹槽，腹部饰带状堆纹十一周，堆纹上饰椭圆形凹槽，凹槽上饰方格纹。口径54.4、底径12.8、通高100.6、胎厚1.8厘米（图二，15）。

C型　圜底大口缸。根据器壁厚度不同，可分两亚型。

Ca型　器壁较薄且各处厚薄相对一致。标本PLWG2⑤：3，夹砂褐陶。直筒腹，近底部急收成圜底。腹饰方格纹，上压五周平行堆纹，近腹底处饰中粗绳纹。口径23.2、通高35厘米（图三，1）。

　　Cb型　器壁自上而下增厚，近底处可见多层陶胎包裹，内底呈漏斗状或管状。标本PLWM3：17，质较硬，羼有砂粒。圆锥体，器壁分两层，内层作漏斗状。器表饰不规则方格纹。残高26.2厘米（图三，2）。

　　D型　管状或柄状底大口缸。敞口深腹下急收成漏斗形，底呈管状或高柄状，体大胎厚，形似倒置的将军盔。根据内底呈实心或空心管状的不同，分为两亚型。

　　Da型　器底为实心高柄。根据柄状器底高度可分两式。

　　Ⅰ式　短柄足。标本PYWT18④：2，夹砂红陶。器表凹凸不平。口唇外侈，下腹壁斜收为小圜底，底部为短柄足。口沿下饰附加堆纹，堆纹上饰绳纹，腹、足部饰竖行粗绳纹。口径39.2、足径6.4、通高49.2厘米（图三，3）。

　　Ⅱ式　长柄足。标本PYWT24③：5，夹砂砖红陶。口外侈，下腹略残，底附长柄状足。口沿下饰一周竖绳纹状堆纹，腹饰斜行细绳纹。口径47.2、底径8.4、足高10.8厘米（图三，4）。

　　Db型　内底呈空心管状。根据管状器底高度可分两式。

　　Ⅰ式　管状足较矮。标本PYZT13④：4，夹砂黄陶。足作高柄状，中空。口径44、足径8.8、通高39厘米（图三，5）。

　　Ⅱ式　管状足较高。标本PYZT13④：2，夹砂红陶。下腹斜收，底附筒柄状足。腹饰方格纹，上加饰四周平行堆纹。口径44.4、足高4.8、残高62厘米（图三，6）。

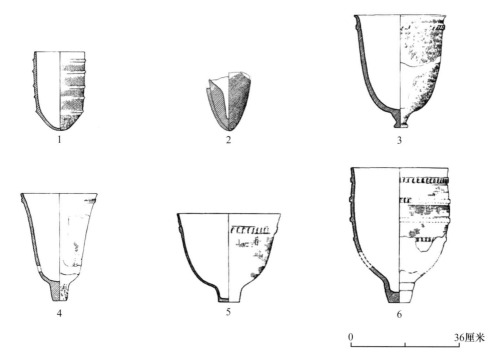

0　　　　　　　　　　36厘米

图三　C、D型大口缸

1.Ca型（PLWG2⑤：3）　2.Cb型（PLWM3：17）　3.Da型Ⅰ式（PYWT18④：2）

4.Da型Ⅱ式（PYWT24③：5）　5.Db型Ⅰ式（PYZT13④：4）　6.Db型Ⅱ式（PYZT13④：2）

除上述所划分大口缸型式外，还有部分形制特殊、数量较少、未分型者。如少数《盘龙城——1963～1994年考古发掘报告》（以下简称《盘龙城》）中归类为"坩埚"的小型大口缸以及器底未附泥饼的薄胎平底大口缸等。

二、分期与年代

在前文对盘龙城大口缸所划分型式的基础上，通过对不同型式大口缸出土单位及共存物的分析，并结合各型式之间的差异性，可将盘龙城大口缸发展演变大致划为二期（图四）。

第一期，主要流行Aa型Ⅰ式、Aa型Ⅱ式、Ab型Ⅰ式、Ab型Ⅱ式、Ba型Ⅰ式、Ba型Ⅱ式、Ba型Ⅲ式、Bb型Ⅰ式、Bb型Ⅱ式、Bb型Ⅲ式、Bc型、Bd型、Be型、Bf型、Ca型、Cb型、Da型Ⅰ式、Db型Ⅰ式等型式大口缸。该期大口缸类型多样，以B型饼足底大口缸为主，该期早段流行的A型圈足底大口缸器底圈足不断变矮，最终与实心饼足无异，该期后段始见D型管状或柄状底大口缸。

该期以PWZT25⑦、PWZT36⑧、PWZT71⑦、PWZT65⑥、PWZT48⑧、PWZT72⑦、PLZH18、PLWG2⑤、PLWT8④、PLWM3、PYZH1、PYZT8⑦、PYZT3⑤、PYWT9⑥、PYWT18④、2013HPQ1712T0816H9、2017HPQ1813T0213H35等单位为代表。《盘龙城》报告中将PWZT36⑧、PWZT48⑧定为盘龙城遗址第二期，将PWZT72⑦、PWZT25⑦、PWZT71⑦、PYZT8⑦定为盘龙城遗址第三期，将PWZT65⑥、PYWT9⑥定为盘龙城遗址第四期，将PYZT3⑤、PYZH1、PLWG2⑤、PLWM3定为盘龙城遗址第五期，将PLZH18、PLWT8④、PYWT18④定为盘龙城遗址第六期，年代分别对应为二里头文化三期（二期）、二里头文化四期偏晚或二里岗下层一期偏早（三期）、二里岗上层一期偏晚阶段（四、五期）、二里岗上层二期偏晚（六期）[3]。蒋刚先生在对盘龙城居址陶器重新进行研究后，提出了与报告不同的分期与年代判断，认为盘龙城遗址一、二期对应二里岗下层早段偏早，盘龙城遗址三期对应二里岗下层早段偏晚，盘龙城遗址四期对应二里岗下层晚段，盘龙城遗址五、六期对应二里岗上层早段，本文从蒋说[4]。至于2017HPQ1813T0213H35，因所出的鬲、罐兼有折沿与卷沿，沿面大多窄小，以圆唇与尖圆唇居多，特别是其中的鬲H35：2与盘龙城PYWT9⑥：22[5]特征接近，故发掘者认为其年代当属盘龙城遗址第四期[6]，依蒋说其应对应二里岗下层晚段。而2013HPQ1712T0816H9，因所出鬲H9：1与盘龙城PLWG2⑤：14[7]、PYZH1：2[8]形态，故发掘者认为其年代当属盘龙城遗址第五期[9]，依蒋说其应对应二里岗上层早段。综上，第一期的年代应为二里岗下层一期至二里岗上层一期。

第二期，主要流行Bb型Ⅳ式、Da型Ⅱ式、Db型Ⅱ式等型式大口缸。该期大口缸口部外敞角度不断变大，腹壁弧收入底的转折处不断下移，下腹变鼓，整体形态逐渐由筒状变

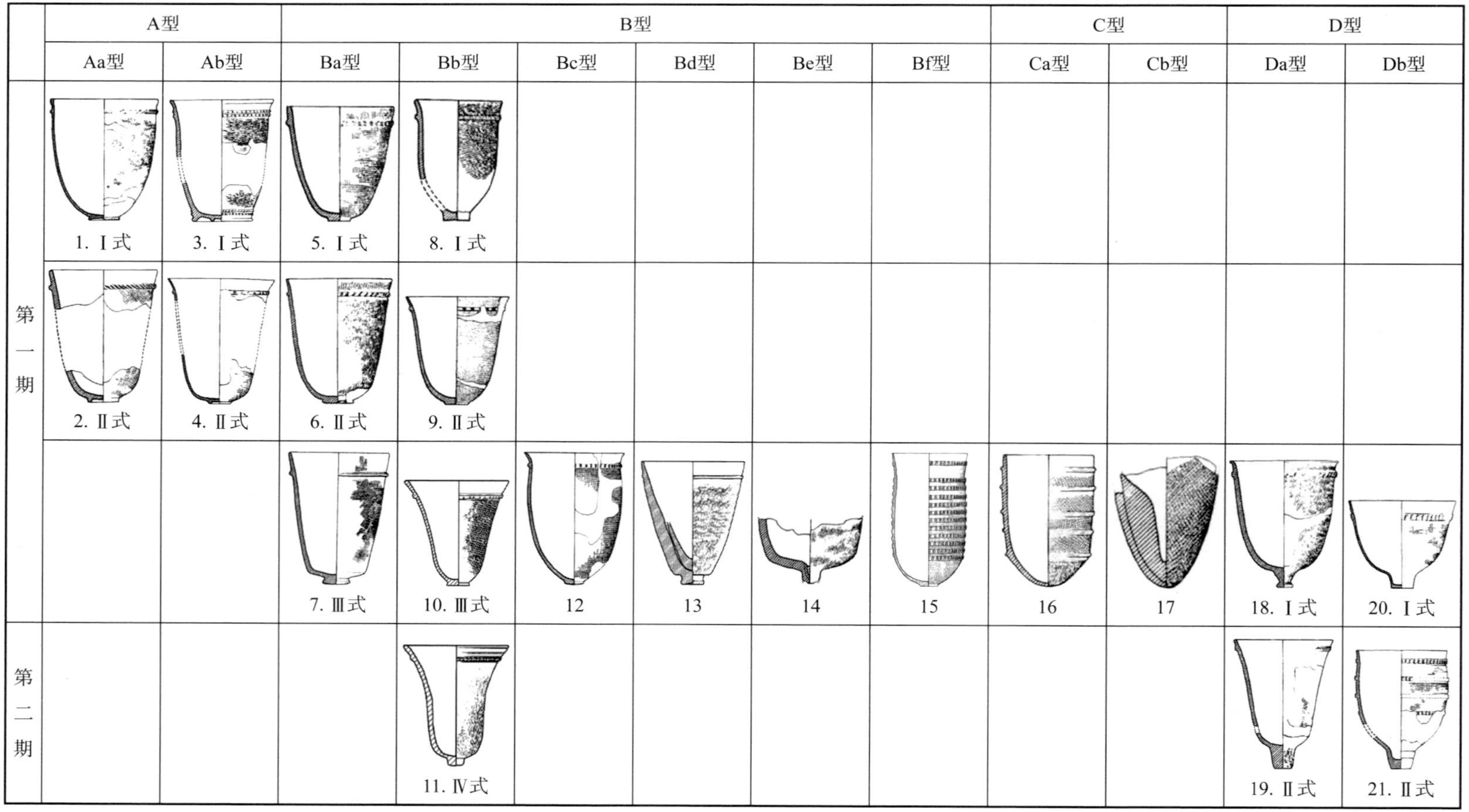

图四　盘龙城大口缸分期图

1. PWZT25⑦：27　2. PLZH18：16　3. PWZT36⑧：7　4. PYZH1：14　5. PWZT71⑦：8　6. PWZT65⑥：8　7. PLWT8④：2　8. PYZT8⑦：17
9. PYZT3⑤：46　10. 2013HPQ1712T0816H9：2　11. 2014HPQ1712T1015③：1　12. PWZT48⑧：4　13. 2017HPQ1813T0213H35：21　14. PYWT9⑥：20
15. PWZT72⑦：6　16. PLWG2⑤：3　17. PLWM3：17　18. PYWT18④：2　19. PYWT24③：5　20. PYZT13④：4　21. PYZT13④：2

为喇叭状。此外，D型大口缸管状或柄状底变长，且D型大口缸在总数中所占比重上升。

该期以PYWT24③、2014HPQ1712T1015③等单位为代表。《盘龙城》报告中将PYWT24③定为盘龙城遗址第七期，年代对应二里岗上层二期晚段，蒋刚先生认为盘龙城遗址第七期年代对应二里岗上层晚段，本文从蒋说。至于盘龙城2014HPQ1712T1015③，因所出部分仰折沿方唇鬲如T1015③∶2与洹北花园庄出土的G4∶1、H1∶9[10]形态近似，而所出平折沿鬲如T1015③∶13、T1015③∶14、T1015③∶15等表现出较晚的特征，故发掘者认为其年代下限在殷墟一期之前。综上，第二期的年代应为二里岗上层二期至殷墟一期。

三、比 对 研 究

根据前文对盘龙城大口缸的分期，结合其他地区大口缸出土情况，可分析盘龙城与其他地区大口缸之间的交互关系。为方便比对及描述，我们按照遗址的分布结合自然地理区域的划分，将出土有大口缸的商代遗址划入七个区域，分别为：江汉平原、鄱阳湖流域、环洞庭湖地区、峡江地区、淮河流域、豫西晋南和陕西东部地区、豫北冀南和山东西部地区。

（一）第一期

在江汉平原地区，荆州荆南寺同期发现有盘龙城Ba型Ⅰ、Ⅱ式直口斜腹饼足缸（图五，1）、Bb型Ⅰ、Ⅱ式侈口弧腹饼足缸（图五，2）、Be型尖圜饼状缸（图五，3）以及Bf型体量较大、器身附多道堆纹的侈口弧腹饼足缸（图五，4）。此外，荆南寺还有相当一部分具有当地特色的大口缸类型，如一类侈口，束颈，斜弧腹，饼状小平底，颈部带錾的大口缸（图五，5）。以上器型年代在二里头下层晚期至二里岗上层一期之间[11]。黄梅意生寺发现有饼足缸底和直口下带堆纹的陶缸片（图五，6、7），但器物大都残碎，故不知其具体形制，仅推测其年代在二里岗上层时期[12]。沙市周梁玉桥[13]和官堤遗址[14]同时期亦发现有大口缸一类器物，但形制与盘龙城存在一定差异，具体表现在其侈口下带短束颈，弧腹，圜底，形似深腹罐（图五，8、9）。

向西进入峡江地区，宜昌路家河发现有盘龙城Ba型直口斜腹饼足缸（图六，1）和Be型尖圜饼状底缸（图六，2）。报告作者将以上遗存归入路家河二期，其前段相当于二里头二、三期，后段相当于殷墟时期早段[15]。根据大口缸形制及出土单位判断其年代应在二里岗上层二期之前。

西南进入环洞庭湖地区，岳阳铜鼓山遗址有Bb型Ⅲ式侈口弧腹小圆饼形底缸（图七，1），除此外，还发现有少量侈口，束颈，斜弧腹，小平底，颈部带錾的大口缸（图七，2），该类型亦见于荆州荆南寺。底部不附泥饼的薄胎平底缸（图七，3）在铜鼓山遗址有较多发现，应与束颈带錾大口缸同属当地特色，虽薄胎平底缸在盘龙城

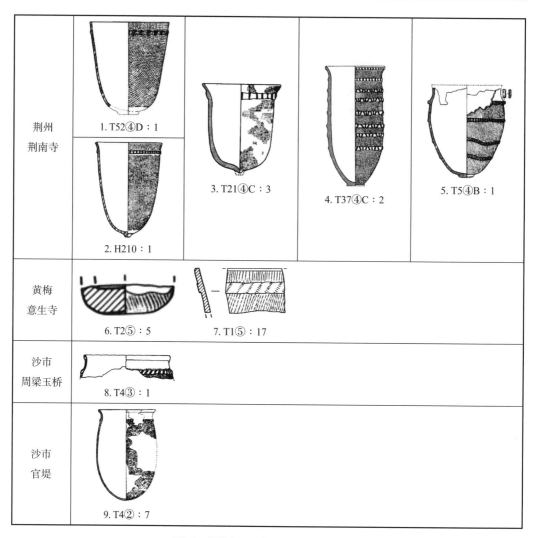

荆州
荆南寺

1. T52④D：1

2. H210：1

3. T21④C：3

4. T37④C：2

5. T5④B：1

黄梅
意生寺

6. T2⑤：5

7. T1⑤：17

沙市
周梁玉桥

8. T4③：1

沙市
官堤

9. T4②：7

图五　同期江汉平原地区出土大口缸

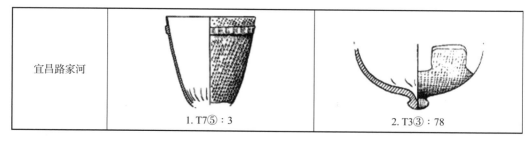

宜昌路家河

1. T7⑤：3

2. T3③：78

图六　同期峡江地区出土大口缸

亦有发现，但少见完整器且数量远低于铜鼓山。铜鼓山时代推测为二里岗下层到二里岗上层晚段[16]。松滋西斋汪家嘴遗址发现有个别陶缸残片，其形制不明，夹砂略粗但绝非粗大石英砂，缸壁薄，素面或饰细绳纹，这些特征与盘龙城大口红陶缸存在一定

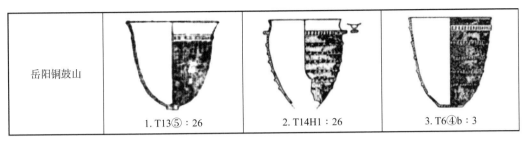

| 岳阳铜鼓山 | 1. T13⑤：26 | 2. T14H1：26 | 3. T6④b：3 |

图七　同期环洞庭湖地区出土大口缸

区别，或具有当地特色。汪家嘴时代为二里岗上层偏早延续至殷墟二、三期[17]。

　　盘龙城遗址东向进入鄱阳湖流域，九江神墩[18]，瑞昌檀树咀[19]，万年斋山、肖家山[20]等遗址均出土有盘龙城B型饼足缸或饼足缸底（图八，1~3），年代均在二里岗上层时期。吴城遗址亦见B型饼足缸，据已披露的材料，其所出大口缸形制接近Ba型Ⅰ式（图八，4、5）。但吴城所出陶缸片多为夹砂灰陶或灰色硬陶，甚至可见一仅存上部的残陶缸器表施黄褐釉，这与盘龙城烧制温度降低的红陶缸存在显著区别，应为当地特色。这些遗存年代从二里岗下层延续至殷墟二期晚段[21]。婺源茅坦庄遗址亦发现有部分陶缸片，与吴城遗址情况类似，残缸片多为灰色硬陶，其年代在二里岗上层时期[22]。

　　再来看与盘龙城同时期，位于二里岗文化中心地带，地处豫西晋南和陕西东部地区诸遗址。郑州商城发现有盘龙城Aa型侈口弧腹圈足缸（图九，1）、Ab型直口斜腹圈足缸（图九，3）、Ba型直口斜腹饼足缸（图九，2）、Bb型侈口弧腹饼足缸（图九，4）、Bd型器壁由上而下逐渐增厚的直口斜腹饼足缸（图九，6）、Ca型器壁各处厚薄一致的圜底缸（图九，5）以及Bf型体量较大、器身附多道堆纹的侈口弧腹饼足缸（图九，7）。这些遗存时代主要集中在二里岗下层二期至二里岗上层一期之间[23]。虽陶缸片的数量在整个器类陶片数量中的占比远不及盘龙城，但单就大口缸的类型而言，郑州商城是早商时期与盘龙城最为接近的遗址。偃师商城[24]、垣曲商城[25]可见盘龙城Ba型侈口弧腹饼足缸和Bb型直口弧腹饼足缸（图九，8~11），垣曲商城出土陶缸单位的年代可精确到二里岗下层时期。郑州大师姑[26]、辉县孟庄[27]早商文化单位中亦见残缸片（图九，12~15），虽形制不明，但从仅存的口部判断应与盘龙城所见大口缸形制较为接近。夏县东下冯发现的夹砂红陶缸数量不多，器型基本一致，均为侈口弧腹或直口斜腹的饼足缸（图九，16），与盘龙城Ba型、Bb型大口缸相类。报告作者将这些陶缸归入东下冯Ⅴ、Ⅵ期，分别对应二里岗下层和上层时期[28]。西安老牛坡商代文化二期发现有盘龙城Bd型器壁由上而下逐渐增厚的直口斜腹饼足缸（图九，17）、Be型尖圜饼状底缸（图九，18）和Ca型器壁各处厚薄一致的圜底缸（图九，19），其年代对应二里岗上层时期[29]。

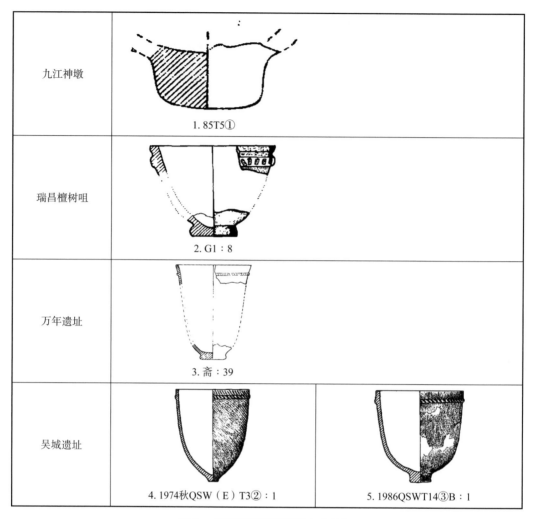

九江神墩	1. 85T5①
瑞昌檀树咀	2. G1：8
万年遗址	3. 斋：39
吴城遗址	4. 1974秋QSW（E）T3②：1　　5. 1986QSWT14③B：1

图八　同期鄱阳湖流域出土大口缸

（二）第二期

在江汉平原地区，同盘龙城商城一样，该期的荆南寺渐趋衰落，出土大口缸类型、数量明显减少。此外，该期新发现一类侈口，微鼓腹，圜底，形同无柄"将军盔"的圜底大口缸（图一〇，1）。

峡江地区，宜昌路家河、秭归长府沱等遗址发现有盘龙城Bb型Ⅳ式大口缸（图一〇，2、3）。

环鄱阳湖地区，石门皂市渐趋兴盛，出土大口缸数量较多，型式较丰富，发现有盘龙城Bb型Ⅳ式大口缸（图一〇，5）、类似荆南寺所出的形同无柄"将军盔"的圜底大口缸以及直口外敞（图一〇，4），直腹斜收入小饼足底，形若漏斗的饼足大口缸（图一〇，6）——该类型似为盘龙城Ba型Ⅲ式大口缸演进而来。

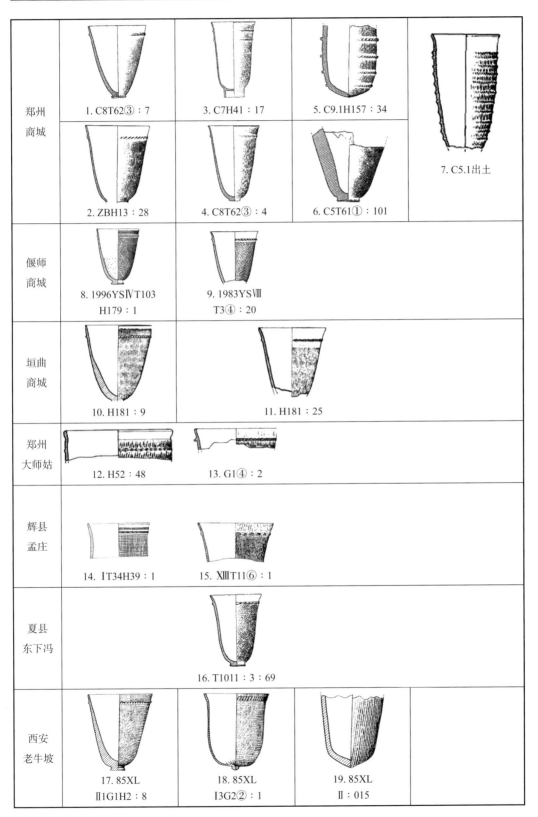

图九　同期豫西晋南和陕西东部地区出土大口缸

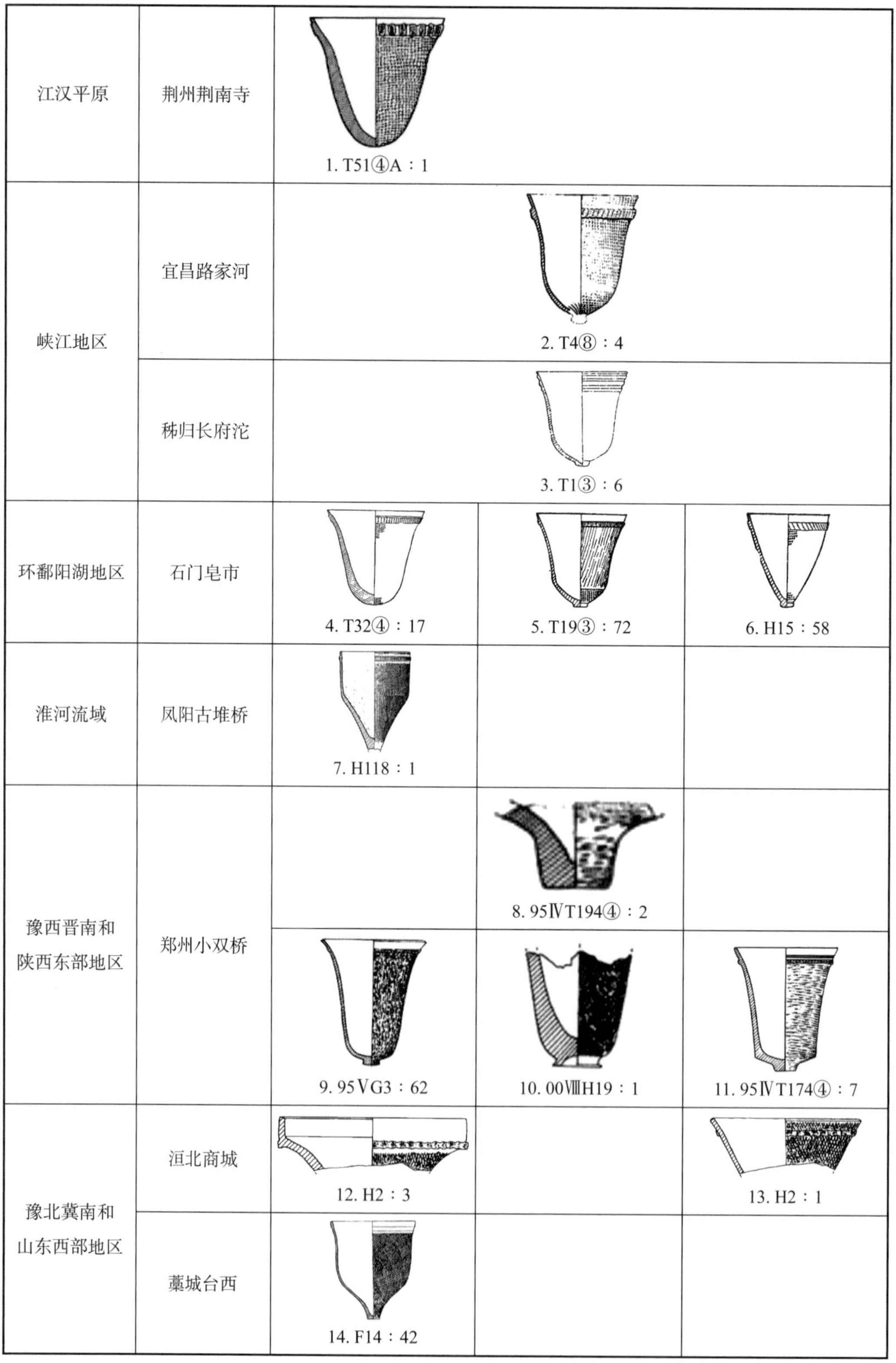

江汉平原	荆州荆南寺	1. T51④A：1		
峡江地区	宜昌路家河	2. T4⑧：4		
	秭归长府沱	3. T1③：6		
环鄱阳湖地区	石门皂市	4. T32④：17	5. T19③：72	6. H15：58
淮河流域	凤阳古堆桥	7. H118：1		
豫西晋南和陕西东部地区	郑州小双桥	8. 95ⅣT194④：2		
		9. 95ⅤG3：62	10. 00ⅧH19：1	11. 95ⅣT174④：7
豫北冀南和山东西部地区	洹北商城	12. H2：3		13. H2：1
	藁城台西	14. F14：42		

图一〇　同期各地出土大口缸

豫西晋南和陕西东部地区，小双桥遗址[30]发现有盘龙城Ba型直口斜腹饼足缸（图一〇，11）和Bb型侈口弧腹饼足缸（图一〇，9），且大部分形态接近Ba型Ⅲ式和Bb型Ⅳ式，甚至存在进一步的演化。具体表现为口部外侈程度进一步加强，下腹急收状况进一步夸张，底部完全缩为小圆饼状，整体形态近似喇叭。除此外，小双桥遗址还发现有盘龙城A型圈足缸底（图一〇，10）和Db型管状缸底（图一〇，8），不过数量稀少。与盘龙城不同，小双桥遗址所见大口缸，有相当比例的灰胎、深灰胎，另有部分大口缸陶胎外包有黑皮，这是小双桥遗址大口缸特征所在。另一特征在于小双桥遗址该阶段所观察到的大口缸，多数为手轮兼制，大口缸内外壁的轮旋痕迹清晰可辨，说明在此阶段，轮制，或最少说是慢轮修整工艺的利用率大大提升了。最后值得注意的是，小双桥部分大口缸器表绘有朱书文字符号，或隐喻该遗址非同一般的性质。

淮河流域，此前本区域未见大口缸这一器类，但该期凤阳谷堆桥即出一件Db型大口缸（图一〇，7），或为盘龙城同型管状底大口缸演进而来，体现出中原商文明在该期对淮河流域的经略。

最后着眼于豫北冀南和山东西部地区，由于材料披露的局限性，洹北商城目前仅发布三件陶缸残件[31]，且缸底均不存。但就仅存的缸体上半部分看来，有一件陶缸残件直口外敞（图一〇，13），似与盘龙城Ba型Ⅲ式大口缸及其演进形态同属一类，有两件陶缸残件侈口上附一竖直的折沿（图一〇，12），该形态与盘龙城大口缸存在一定差别，但与小双桥部分大口缸形态类似。藁城台西发现的"将军盔"直口微敞，口沿下饰凸棱纹两周，深腹，下腹内弧收为管状小平底（图一〇，14）。单就器形而言，藁城台西这件大口缸已具备：口沿下饰两周凸棱纹、下腹内弧、高管状底三个典型特征，与安阳殷墟的同类器已颇为类似，唯器底下的柱状柄较短而已。

四、传布流变

前文比对研究表明，盘龙城大口缸在不同时期均与其他地区大口缸存在交流与互动，而这种交互关系的具体形式与内容也并非从一而终。因此，这就要求我们必须从发展的、动态的角度来认识盘龙城大口缸的传布和流变过程。

（一）第一期

与盘龙城大口缸发展演变的第一期同时，各区域大口缸的发展均呈兴盛之势，大口缸数量众多，类型丰富。以盘龙城、荆南寺为代表的江汉平原是该时期大口缸分布的中心区域，出土大口缸数量远超同时期其他区域。上文已提到，在盘龙城的部分地点，出土陶缸片的数量可占整个器类陶片数量的六成以上[32]，而在荆南寺遗址陶缸片也占其陶片总数的一半以上[33]。但若谈及大口缸的种类形制，盘龙城大口缸的类型则远超荆南寺。姑且不论盘龙城是否为早商时期大口缸的起源地，单就此器类在盘龙城出现时间之早、数量之多、类型之丰富以及式别发展序列之完整等线索而言，盘龙城应为早商时期大口缸传布环节的一个重要节点，且针对不同区域发展出不同的传布路径和模式，这种不同尤以长江流域和黄河流域的对比而明显。

在长江流域，虽然早商时期诸多遗址被发现有可见于盘龙城的大口缸类型，但它们一定程度上亦保留了自身特色。例如：在江汉平原地区，荆州荆南寺多见一类侈口束颈，斜弧腹，饼状小平底，颈部附加堆纹增厚且附一对鋬的大口缸（图五，5），此类器多见于荆南寺、铜鼓山，而少见于其他地区。通过观察二里岗期以后，铜鼓山遗址第五期及稍晚于前者的岳阳对门山遗址的文化面貌可发现，随着商文化在南方的消退，本地文化兴起，鼎釜类器物得到延续，且型式比前一期更加多样，与此同时，带鋬类器物也纷纷涌现，而非仅见于缸类器——带鋬的瓮、带鋬甗形器及大量出现的带内鋬的釜即是例证。类似情况，在荆南寺及其周边地区也有相应发现。以上观察说明，带鋬类器物为长江以南，洞庭湖以东一带土著文化的特征，带鋬大口缸应为糅合当地土著文化特征而形成。在环洞庭湖地区，岳阳铜鼓山除发现有类似荆南寺颈部带鋬的侈口束颈小平底缸外（图七，2），还发现有一定数量少见于其他地区的薄胎平底缸（图七，3）。与其他大口缸相比，此类缸形体偏于粗胖，且器底为薄胎平底，以上形制特征与屈家岭文化大口缸相类似，应带有当地土著文化因素。此外，松滋西斋汪家嘴也发现有个别陶缸残片，夹砂略粗但绝非粗大石英砂，缸壁薄，素面或饰细绳纹，具有当地特色。在鄱阳湖流域，吴城、婺源茅坦庄等遗址出土陶缸虽与同时期他地陶缸形制无二（图八，4、5），但具有当地特色的情况是，可见部分陶缸胎质为夹砂灰陶或泥灰硬陶，甚至有少数表面施黄褐釉，这与其他地区大口缸多为红陶且陶质通常较差的情况有云泥之别。

结合以上情况，在大口缸的传布上，我们判断盘龙城与长江中下游诸遗址之间应存在一个渐染融合的模式。荆南寺、铜鼓山、吴城等遗址，文化面貌与二里岗文化有较大区别，虽然也遭早商文化的波及，但更多的还是受本地土著文化的影响。盘龙城作为二里岗文化的强势代表，其大口缸在进入江汉平原、环洞庭湖地区及鄱阳湖流域后，并未完全取代当地的文化要素，而是与当地文化相交融，创造出了富有地方特色的大口缸类型。至于盘龙城大口缸在上述区域的传布路径，则更有可能是以盘龙城为最高等级中心，依次向下一层级中心的层层传布，这样就解释了为何长江中下游诸遗址似乎对大口缸这一器类的接受程度不尽相同，同时也解释了为何以土著因素为主体的荆南寺遗址，其所出大口缸的数量亦占绝对优势。

在黄河流域，大口缸传布范围同样很广，尤其是在作为本期商文化中心区域的豫西晋南和陕西东部地区，郑州商城、偃师商城、垣曲商城、郑州大师姑、辉县孟庄、夏县东下冯、西安老牛坡等地点均可见该期流行的大口缸型式。但与南方的情况不同，北方诸遗址出土大口缸类型较少，区域之间差异较小。以郑州商城为例，其为北方地区出土大口缸数量最多，类型最丰富的地点（图九，1~7），但与盘龙城遗址相比，虽与之接近但仍有较大差距。

由于出土材料的局限性，目前我们难以在大口缸这一议题上对郑州商城与盘龙城之间孰早孰晚、哪方先影响另一方做出回复。但是通过以上分析，我们仍能看出，与南方渐染融合的模式不同，黄河流域实际上在以郑州商城为核心的二里岗文化的强势影响下，各地区大口缸形制呈现高度统一，表现了一种高度垂直的传布模式。

（二）第二期

与盘龙城大口缸发展演变的第二期同时，各区域大口缸普遍衰落，这体现在该期大口缸数量、类型的减少及分布区域的缩小。在长江流域，江汉平原的盘龙城和荆南寺渐趋衰落，出土大口缸类型、数量明显减少（图一〇，1）。环鄱阳湖地区的石门皂市渐趋兴盛，出土了一定数量的大口缸，且型式较丰富（图一〇，4~6）。此外，峡江地区的宜昌路家河、秭归长府沱等遗址也有大口缸的零星发现（图一〇，2、3）。在黄河流域，随着早商文化的衰落，早商文化中心区域不见大口缸，郑州小双桥成为新的分布中心（图一〇，8~11）。

该期大口缸形制主要呈现两种演化方向：其一，部分大口缸延续第一期主流型式演变趋势，具体表现为口部外敞角度不断变大，腹壁弧收入底的转折处不断下移，下腹变鼓，整体形态逐渐由筒状变为喇叭状（图一〇，2、3、5、6、9、11），并且，该期新出现的一类侈口，微鼓腹，圜底，形同无柄"将军盔"的圜底大口缸（图一〇，1、4）也体现出上述器型演变趋势；其二，D型管状或柄状底大口缸得到重视并逐渐成为主流，其口部外敞角度亦不断变大，斜弧入底的下腹部不断收束，管状或柄状底不断加长（图一〇，7、8、14；图四，19、21）。

目前能见最早的管状或柄状底大口缸出自荆州荆南寺，年代可早至二里头下层晚段[34]。但荆南寺管状底大口缸（图一一，1）的口部外侈程度、下腹急收形态以及管状器底的深度均与安阳殷墟同类器（图一一，7）存在显著区别，其形态演变过程中尚存能够直接决定该式别特征的缺环。其实，就形态而言，盘龙城D型大口缸口部外敞、下腹急收入底、管状器底较深等特征更接近晚商时期管状底大口缸。并且，荆南寺管状底大口缸器身多饰三至五道堆纹，这点与盘龙城D型大口缸更为接近（图一一，2）。目前虽不敢断言盘龙城D型管状或柄状底大口缸源出荆南寺，但基本可认定二者间应存在密切关联。上述种种，说明盘龙城D型大口缸足以填补该式别形态演变过程中的缺环。根据《盘龙城》报告，出土D型大口缸的有PYWT18④、PYZT13④、PYWT24③等单位。报告将PYWT18④、PYZT13④定为盘龙城六期，将PYWT24③定为盘龙城五期，分别对应二里岗上层二期偏早和二里岗上层二期晚段。蒋刚先生认为原报告五、六期应与二里岗上层早段相当，原报告七期应与二里岗上层晚段相当[35]，本文从蒋说。综上，盘龙城D型管状或柄状底大口缸的出现应不晚于二里岗上层一期，

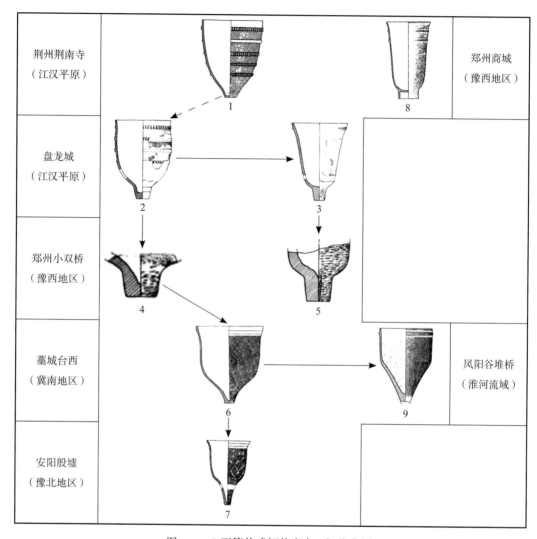

图一一　D型管状或柄状底大口缸流变图

1. 荆州荆南寺（H17：21）　2. 盘龙城（PYZT13④：2）　3. 盘龙城（PYWT24③：5）

4. 郑州小双桥（95ⅣT194④：2）　5. 郑州小双桥（95ⅣH16：58）　6. 藁城台西（F14：42）

7. 安阳殷墟（87H1：15）　8. 郑州商城（C7H14：17）　9. 凤阳谷堆桥（H118：1）

（实线箭头表示二者间存在直接的演变关系；虚线箭头表示对于二者间是否存在直接演变关系存疑）

或为晚商时期分布范围甚广的管状底大口缸，即"将军盔"形制大口缸的直接前身。有学者提到，"将军盔"形制的大口缸亦见于二里岗[36]，但笔者遍观已发表材料，未见有同类型器。仅二里岗下层二期C7H14：17（图一一，8）与此类器形制稍似，但其实为圈足缸，而非管状或柄状底。

据此我们相信，盘龙城在其大口缸发展演变的第二期，已出现了即将对下一阶段大口缸形制产生极大影响的"将军盔"一类管状或柄状底大口缸。但随着上一期长江流域大口缸分布的区域中心——盘龙城与荆南寺的渐趋衰落，再加上又面临以环鄱阳湖地区石门皂市为代表的长江中下游土著文化的复兴，盘龙城大口缸在该期无法对长江流域产生强势影响。因此，本期长江流域所见大口缸大多延续第一期型式的发展，而除盘龙城、荆南寺外，基本未见在该期逐渐越居主流的D型管状或柄状底大口缸。

在黄河流域，除部分大口缸亦延续第一期型式的发展外，源出盘龙城的D型管状或柄状底大口缸得到重视并逐渐成为主流，开始取代其他型式大口缸。小双桥商城发现有空心管状缸底（图一一，4）及实心高柄缸底（图一一，5），或分别为盘龙城Db型Ⅱ式及Da型Ⅱ式大口缸的延续。藁城台西发现的"将军盔"直口微敞，口沿下饰凸棱纹两周，深腹，下腹内弧收为管状小平底（图一一，6）。单就器形而言，藁城台西这件大口缸已具备：口沿下饰两周凸棱纹、下腹内弧、高管状底三个典型特征，基本上与安阳殷墟的同类器已颇为类似，唯器底下的柱状柄较短而已。上述情况足以说明，该期盘龙城大口缸对中原商文化的直接输出，并且，本期早商文化的中心区域未见大口缸，小双桥商城代替上一期的郑洛地区成为大口缸新的分布中心，结合洹北商城和藁城台西观察到的情况，大口缸在黄河流域的分布重心整体向东移动。伴随着中原商文明在本期东向对淮河流域的经略，盘龙城D型管状底大口缸甚至藉机得以首次进入淮河流域。

五、余　　论

（一）盘龙城大口缸的起源

早商时期，长江中游所见大口缸的分布极为普遍，除盘龙城外，荆南寺、意生寺、周梁玉桥、官堤、铜鼓山、吴城等遗址均可见到此类器。通过对出土单位及共存物的分析，我们可知上述遗址所出部分大口缸的年代可早至长江中游二里头文化时期，如盘龙城PWZT32⑨：13、PWZT32⑨：9以及荆南寺H17：21等。由此，在分析盘龙城大口缸的起源问题时，我们需先追溯至二里头文化时期找寻线索。

中原地区早在二里头文化时期也已见大口缸，在二里头[37]、驻马店杨庄[38]等遗址均有所发现。总的来说，二里头时期所见大口缸可划分为灰陶、卷沿、平底以及红陶、斜直口、小圈足、器表多饰附加堆纹两类（图一二，1、2）。其中，第一类流行时段较早，约合二里头文化一至三期，此类器少见于含有二里头文化因素的长江中游地区遗存；而第二类则流行于二里头文化三、四期，在位于豫南地区的二里头文化杨庄类型中有较多发现，但更几乎未见于同期的长江中游地区遗存。豫南地区临近江汉平原，但同期江汉平原却未见此类大口缸，说明以盘龙城大口缸为代表的长江中游地区商时期大口缸另有自身的起源。

截至目前的材料，在二里头文化之前，中原地区尚未出现大口缸或与大口缸有渊源关系的器形，另外，鉴于长江中游地区商时期大口缸普遍流行，且该地区新石器晚

	驻马店杨庄	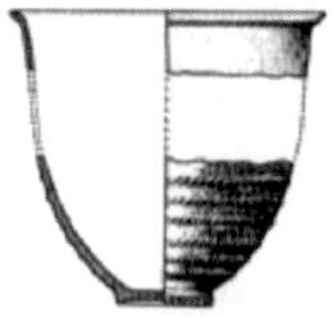 　1. T7④：4
二里头文化时期	二里头	 　2. IVT8③：20
新石器时代晚期	天门邓家湾	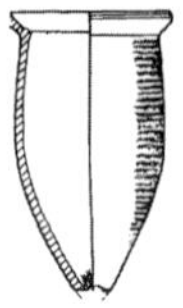 　3. H2：2
	房县七里河	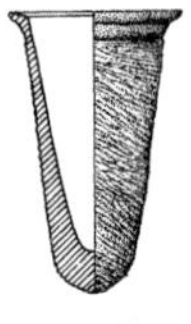 　4. 1T7B⑤：1
新石器时代中期	澧县城头山	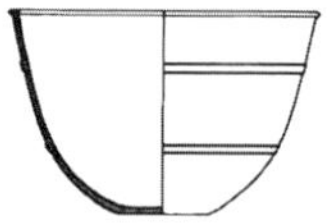 　5. M382：1
	海宁小兜里	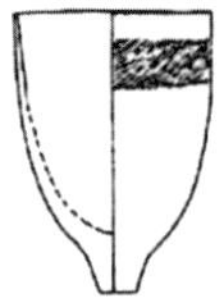 　6. M20：8

图一二　早商时期之前长江中下游遗址出土大口缸

期就多见有此类器，故多有学者认为长江中游商时期大口缸起源于本地，而在商时期得以兴盛。熊传新先生就提出"商时期的大口缸极有可能是在长江中游龙山时期本地文化中发展而来"，并举出天门邓家湾（图一二，3）、宜昌糜城、房县七里河（图一二，4）、澧县道河等新石器时代晚期遗址所出陶缸作为例证[39]。

其实，不仅在新石器时代晚期的石家河文化遗址中，长江中游地区所见大口缸一类器物，最早可追溯至新石器时代中期的屈家岭文化遗址中。但经观察比对，可发现屈家岭文化大口缸整体形制偏于矮胖，且陶胎较薄（图一二，5），这些特征与环洞庭湖地区所见的一类具有当地特征的薄胎平底缸相近，但与以盘龙城为代表的本地区普遍流行的形态偏于瘦高且陶胎较厚的大口缸似有区别，故其并不是盘龙城大口缸流传的直接源头。

在以上推论的基础上，笔者则以为盘龙城大口缸的渊源最早可追溯至长江下游的良渚文化。海宁小兜里M20，年代相当于良渚文化早中期，出有一件直口，弧腹，沿下饰一周斜向篮纹，下腹内凹弧收为饼足底的大口缸[40]，该大口缸形体瘦高，陶胎较厚且近底部甚尤（图一二，6），以上特征极为符合盘龙城普遍流行的B型饼足底大口缸。

（二）关于盘龙城大口缸的制作工艺

有关盘龙城大口缸的胎体成型工艺，李文杰先生已做过基本归纳[41]，本文基本同意其观点，故在此仅引述结论。根据大口缸断面及泥条盘绕的方向，盘龙城大口缸至少存在三种成型方法，分别为泥条盘筑法、泥圈套接法和模制法，三种制法还可互为补充、相辅相成。其中按照泥条盘绕的方向，泥条盘筑法又可细分为正筑、倒筑以及正筑与倒筑相结合的三类。作为制作盘龙城大口缸应用最为普遍的工艺，泥条盘筑法工序简单、所需门槛较低，仅靠双手及刮刀、陶垫、陶拍等简单工具便可完成成型全过程。对于较为复杂的大口缸类型，如Be型短柄状底大口缸和D型管状或高柄状底大口缸，只需再加上一根绕绳小棍，用小棍充当缸底模具，用力拍打缸底成型，再用小棍压实器底与器腹黏合处即可。

对于盘龙城大口缸的烧制工艺，此前学界并无专门探讨，但徐劲松先生等人对盘龙城大口缸曾进行的仿制复制实验可做参考。实验人员将已成型的陶缸坯体置入倒焰窑中焙烧12小时，最终烧制成功，且记录烧成温度约800～900℃[42]。运用半倒焰窑进行烧制，或许能够体现出实验人员的倾向性。但笔者认为，研究盘龙城大口缸烧制工艺的关键点就在于盘龙城大口缸是有窑烧制还是无窑的平地堆烧？若是有窑烧制，那么是采用何种类型的陶窑？是长（龙）窑？还是圆窑？

根据对《盘龙城》报告及其后发表的简报中有明确口径、通高尺寸的130件大口缸进行的数据统计[43]，笔者发现有12件口径大于45厘米或通高大于50厘米的大型大口缸，约占样本总数的1/10。余下的大口缸口径大多集中在25～45厘米的区间范围内，通高集中在30～50厘米的区间范围内。这一统计结果说明，大口缸属于盘龙城遗址平均体量最大的一类器型，且在此之中不乏有尺寸接近或超过半米的大体量器物。反观盘龙城陶器的烧制场所，目前盘龙城所发现的3座陶窑中，王家嘴盘龙城二期的Y1、王家嘴盘龙城三期Y3虽被《盘龙城》报告编写者定义为"长窑"，但一直以来其性质便备受质疑[44]；余下的1座是王家嘴盘龙城二期的Y2，其窑室直径仅为1.3米，也绝无可能是烧制大口缸一类大型器物的陶窑。综上，笔者认为盘龙城大部分大口缸更有可能采用平地堆烧的方式进行烧制，平地堆烧对陶器的体积几乎无限制，且一次性能够烧成的陶器数量也较多，是适合于烧制盘龙城大口缸一类大型器物的烧制方法。中国硅酸盐学会曾于1977年组织有关单位，对西双版纳傣族和西盟佤族原始制陶工艺进行过一次较为全面的科学考察。考察发现，平地堆烧法为当地傣族与佤族陶工一种惯常使用的烧制方法，其运用该法普遍可将陶器烧成温度控制在800℃左右，陶器烧成率也相对较高，所烧成的陶器陶色也从米黄色到砖红色不一。更为重要的是，该法对所烧制陶器的体量并无太大限制，一次烧制平均可烧成20～30件陶器，甚至居住在勐海附近的曼贺寨傣族通过将小件陶器套在大件陶器内的做法，一次烧制可烧成135件陶器。来自民族学的材料可辅证盘龙城大口缸采用平地堆烧的可能性。再者，笔者认为所谓王家嘴盘龙城二期的Y1、王家嘴盘龙城三期的Y3实际上就是大口缸这一类大型陶器的露天烧制场所，这一方面与Y1、Y3中多出缸等大型陶器的情形互相印证，另一方面也解释了为何盘龙城大口缸为何烧成温度较低而多为红陶的原因。

（三）关于盘龙城大口缸的功能和用途

根据已公开发表的资料，盘龙城已复原或可辨明型式的大口缸有157件。从大口缸的出土环境观察，主要有五种情况：第一，出于房址内；第二，出于灰坑中；第三，出于墓葬中；第四，出于窑址（包括平地堆烧的"一次性窑址"）内；第五，出于地层中。下面将它们制成统计表（表一）。

表一　不同时期已复原或可辨明型式的大口缸出土环境统计表[①]

出土环境　　期别	房址	灰坑	墓葬	窑址	地层	不明
第一期	1	35	2[②]	0[③]	83	15
百分比（%）	0.6	22.3	1.3	0	52.8	9.6
第二期	0	3	0	0	16	2
百分比（%）	0	1.9	0	0	10.2	1.3

由表一可知，绝大多数大口缸出土于地层或灰坑中，这说明其主要还是作为盛贮器所使用。在盘龙城早中期，大口缸亦用于墓葬的随葬品，但值得注意的是，此类大口缸一般个体较小、敷泥较厚、制作随意，这符合其作为明器使用的特征。《盘龙

---

① 总数157件。

② 盘龙城PLZM2、PYZM1、PLWM5、PYWM9、PLWM3、PYWM11均见大口缸一类器物，但所公布资料中已复原或可辨明型式的大口缸仅2件。

③ 盘龙城PWZY1、PWZY3均见大口缸，其中PWZY1内陶缸烧成温度低，遇水成泥状，PWZY3内明确有7处陶缸遗迹，但《盘龙城》报告未公布其具体形制。

城》报告中所谓"坩埚"一类的随葬器物,如PLWM3∶17、PYWM9∶1等,其实均为作为明器而使用的大口缸。

目前可以确定的是,商时期大口缸的功能不一,如藁城台西用以酿造[45]、殷墟用以熔铜[46]、费家河用以盛水[47]等。但通过上述分析,笔者认为,盘龙城大口缸主要还是作为盛贮器所使用,而兼有其他功能。自新石器晚期以来,大口缸这一器类就在南方普遍流行,或许就是为了储藏生活资料,以适应南方地下水位高,地面潮湿的地理环境。

注　释

[1]　孙卓:《盘龙城遗址出土陶器演变初探》,《江汉考古》2017年第3期。

[2]　本文图中所示器物比例尺均统一为1/25,个别特殊情况已在图上器物编号后作标注。

[3]　湖北省文物考古研究所:《盘龙城——1963~1994年考古发掘报告》,文物出版社,2001年。

[4]　蒋刚:《盘龙城遗址群出土商代遗存的几个问题》,《考古与文物》2008年第1期。

[5]　湖北省文物考古研究所:《盘龙城——1963~1994年考古发掘报告》,文物出版社,2001年,第226页。

[6]　武汉大学历史学院、湖北省文物考古研究所、盘龙城遗址博物院:《武汉市盘龙城遗址杨家湾坡顶发掘简报》,《江汉考古》2018年第5期。

[7]　湖北省文物考古研究所:《盘龙城——1963~1994年考古发掘报告》,文物出版社,2001年,第376页。

[8]　湖北省文物考古研究所:《盘龙城——1963~1994年考古发掘报告》,文物出版社,2001年,第332页。

[9]　武汉大学历史学院、盘龙城遗址博物院、武汉市文物考古研究所:《武汉市盘龙城遗址杨家湾商代建筑基址发掘简报》,《考古》2013年第3期。

[10]　中国社会科学院考古研究所安阳工作队:《河南安阳市洹北花园庄遗址1997年发掘简报》,《考古》1998年第10期。

[11]　荆州博物馆:《荆州荆南寺》,文物出版社,2009年。

[12]　湖北省文物考古研究所纪南城工作站:《湖北黄梅意生寺遗址发掘报告》,《江汉考古》2006年第4期。

[13]　荆州市周梁玉桥遗址博物馆:《湖北沙市周梁玉桥遗址1987年的发掘》,《考古》2004年第9期。

[14]　湖北省博物馆:《沙市官堤商代遗址发掘简报》,《江汉考古》1985年第4期。

[15]　长江水利委员会:《宜昌路家河——长江三峡考古发掘报告》,科学出版社,2002年。

[16]　湖南省文物考古研究所、岳阳市文物工作队:《岳阳市铜鼓山商代遗址与东周墓发掘报告》,《湖南考古辑刊》(第5辑),《求索》杂志社,1989年。

[17]　枝柳铁路复线工程考古队荆州博物馆支队:《湖北松滋西斋汪家嘴遗址发掘报告》,《江汉考古》2002年第4期。

[18]　江西省文物工作队、九江县文物管理所:《九江神墩遗址发掘简报》,《江西历史文物》

1987年第2期；江西省文物工作队、九江市博物馆：《江西九江神墩遗址发掘简报》，《江汉考古》1987年第4期。

［19］ 江西省文物考古研究所、瑞昌市博物馆：《江西瑞昌市檀树咀商周遗址发掘简报》，《考古》2000年第12期。

［20］ 江西省文物工作队、万年县博物馆：《江西万年类型商文化遗址调查》，《东南文化》1989年合刊第1期。

［21］ 江西省文物考古研究所、樟树市博物馆：《吴城——1973～2002年考古发掘报告》，科学出版社，2005年。

［22］ 江西省文物考古研究所、江西婺源县博物馆：《江西婺源县茅坦庄遗址商代文化遗存发掘简报》，《南方文物》2006年第1期。

［23］ 河南省文物考古研究所：《郑州商城——一九五三年——一九八五年考古发掘报告》，文物出版社，2001年。

［24］ 中国社会科学院考古研究所：《偃师商城》，科学出版社，2013年。

［25］ 中国历史博物馆考古部、山西省考古研究所、垣曲县博物馆：《垣曲商城（一）——1985～1986年度勘察报告》，科学出版社，1996年；中国历史博物馆考古部、山西省考古研究所、垣曲县博物馆：《垣曲商城（二）——1988～2003年度考古发掘报告》，科学出版社，2014年。

［26］ 郑州市文物考古研究所：《郑州大师姑（2002—2003）》，科学出版社，2003年。

［27］ 河南省文物考古研究所：《辉县孟庄》，中州古籍出版社，2003年。

［28］ 中国社会科学院考古研究所、中国历史博物馆、山西省考古研究所：《夏县东下冯》，文物出版社，1988年。

［29］ 刘士莪：《老牛坡——西北大学考古专业田野发掘报告（1985～1988）》，陕西人民出版社，2002年。

［30］ 河南省文物考古研究所：《郑州小双桥——1990～2000年考古发掘报告》，科学出版社，2013年。

［31］ 中国社会科学院考古研究所安阳工作队：《河南安阳市洹北商城的勘察与试掘》，《考古》2003年第5期。

［32］ 孙卓：《盘龙城遗址出土陶器演变初探》，《江汉考古》2017年第3期。

［33］ 荆州博物馆：《荆州荆南寺》，文物出版社，2009年。

［34］ 孙卓：《盘龙城遗址出土陶器演变初探》，《江汉考古》2017年第3期。

［35］ 蒋刚：《盘龙城遗址群出土商代遗存的几个问题》，《考古与文物》2008年第1期。

［36］ 湖北省文物考古研究所：《盘龙城——1963～1994年考古发掘报告》，文物出版社，2001年。

［37］ 中国社会科学院考古研究所：《偃师二里头——1959～1978年考古发掘报告》，中国大百科全书出版社，1999年。

［38］ 北京大学考古学系、驻马店市文物保护管理所：《驻马店杨庄》，科学出版社，1998年。

［39］ 熊传新、郭胜斌：《长江中游商时期大口缸的探讨》，《中国考古学会第七次年会论文集》，文物出版社，1989年，第89页。

［40］ 浙江省文物考古研究所、海宁市博物馆：《小兜里》，文物出版社，2015年。

［41］ 李文杰：《中国古代制陶工程技术史》，山西教育出版社，2017年。

［42］ 徐劲松、李桃元、胡莎可：《从模拟实验看商周时期大口陶缸的性质及用途》，《考古》

2005年第7期。

[43] 所选大口缸经测量或推算至少可得口径或通高二数据其一，其中，于《盘龙城》报告中挑选出大口缸103件，于其后发表的简报中挑选大口缸27件。

[44] 拓古：《盘龙城与〈盘龙城〉》，《江汉考古》2002年第4期。

[45] 河南省文物研究所：《藁城台西商代遗址》，文物出版社，1985年，第58页。

[46] 中国社会科学院考古研究所：《殷墟发掘报告》，文物出版社，1987年，第30页。

[47] 湖南省博物馆、岳阳地区文物工作队、岳阳市文管所：《湖南岳阳费家河商代遗址和窑址的探掘》，《考古》1985年第1期。

盘龙城遗址宫城的废弃时间

白　雪　刘森淼

（盘龙城遗址博物院）

一、问题的提出

2001年，湖北省文物考古研究所《盘龙城——1963～1994年考古发掘报告》（以下简称《盘龙城》）出版。报告明确提出，盘龙城宫城（图一）始筑于盘龙城四期，延续至盘龙城五、六期，至七期时"已沦为废墟"，"盘龙城七期的墓葬打破城垣，说明此时宫城已经荒废"[1]。此说影响巨大，不少学者至今沿用。因为盘龙城宫城是遗址中最大遗迹、最大一件不可移动文物，对它的认识直接牵涉到遗址文化属性、分期的科学性、考古地层学的严谨性等各项重大问题，有必要加以澄清。为此，我们不揣浅陋，提出新的认识，以就教于方家。

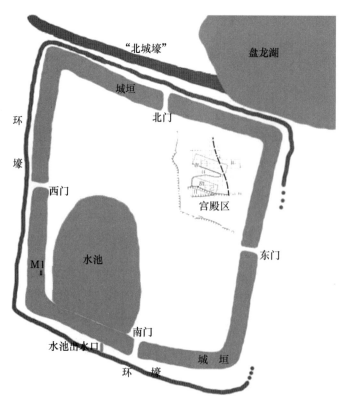

图一　盘龙城遗址宫城平面示意图

二、盘龙城遗址七期之初宫城已废弃之说不可信

盘龙城遗址七期时宫城已废弃之说的主要根据有三个：一是西城垣M1的出现，二是宫城内宫殿基址只使用到六期，三是解剖证明七期时城壕已淤塞。下面我们对此进行剖析。

1. 西城垣 M1 的出现不意味城垣废弃

支持《盘龙城》七期时的宫城"已沦为废墟"一说的最主要证据，是1989年在西城垣南段东侧（城垣内坡）发掘的编号为89HPCYM1的一座属于盘龙城七期的商代墓葬（图二）。墓为南北向长方形竖穴土，发掘者认为死者可能头向南。墓底南北长2.35、东西宽1.5、残深不足0.2米，仅余底部。灰褐色填土较松软。有16件随葬品，内含鼎、觚、爵等一套青铜礼器，属中下层贵族身份。该墓打破城垣，发掘者于是认为城垣此时已被废弃。我们认为，这种理由经不起推敲。

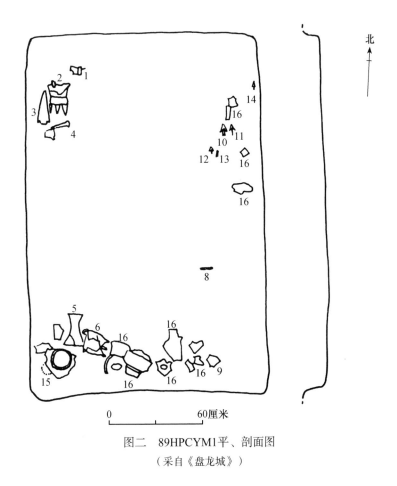

图二　89HPCYM1平、剖面图

（采自《盘龙城》）

第一，中原商代习俗，事死如生。死者墓葬与生者居址，往往同处一区，相互杂陈，并无截然的分界。将死者葬于城内，恰好表明此时城内还有不少生者居住生活。盘龙城遗址如此，郑州商城、偃师商城也是如此。死者与生者分离于城内城外，是周代以后的事情。如果城垣上有少量墓葬就意味城垣废弃，那遗址内许多墓葬，是否就意味遗址废弃呢？

第二，墓葬置于城垣内侧，对城垣本体局部固然有一定伤害。但这不是毁灭性的伤害。因为城垣主体及外侧依然坚固。城垣上仅少量墓葬而不是成片墓葬，表明当时人们可能意识到墓葬对城垣具有破坏性，因而很快对这一现象加以制止。这恰好表明了人们对城垣依然重视。在此需要强调，墓葬与城垣上部被破坏，并非商代盘龙城人所为，而主要是1954年武汉防汛取土所致。

第三，盘龙城大部分墓葬头向朝北或东北，头朝南只是个例。发掘者特别介绍此墓可能头向南，暗示盘龙城文化在性质上可能有一定程度改变——外人进入，性质改变，城垣被废弃顺理成章。但我们对盘龙城文化全面梳理，第七期时虽有较大变化，但那是发展所致，在本质上并无差别。盘龙城文化从最初到最末，一脉相承，中间不存在性质上的突然改变。从文化传承学角度观察，盘龙城人没有将祖先辛苦修建、用来保护自己的城垣予以废弃的理由。

2. 宫殿区转移到杨家湾岗地不表示旧城废弃

《盘龙城》报告认为，盘龙城宫城内宫殿基址只使用到盘龙城六期，到盘龙城七期时，因为有灰坑、地层打破或叠压在宫殿遗迹之上，表明宫殿已废弃，也就代表城址废弃[2]。

2001年以来，通过大量勘探工作，我们在杨家湾岗地南坡发现不少下有础石的建筑柱洞。2006年至2008年，在此清理出属于七期的大型建筑基址F4。F4与宫城区F1基址的规模相当[3]。依据新的材料，张昌平等学者提出，盘龙城遗址商代宫殿区，在第七期时已经从宫城区转移到杨家湾岗地南坡。对于这一点，我们表示认同。但他同时认为，这一转移证明了宫城在第七期时确已废弃[4]。对此，我们便不认可。

首先，宫殿区转移到杨家湾南坡，与宫城废弃，是两个不同概念，二者没有必然的联系。宫殿区转移，只能表明宫城内没有专供统治者居住的宫殿建筑，但不能证明宫城内没有中下层贵族与平民等其他人活动。宫城废弃，我们的理解是那里面没有任何人居住或防守。从2013~2014年考古勘探材料看，宫城内除宫殿区外，东、南、西部还有其他建筑基址存在。在没有对这些基址的时代进行确认，以及宫城内全面勘探发掘之前，说宫城在第七期已经废弃还为时过早。

其次，开拓新城区，并不意味废弃旧城区。随着时间推移，将旧城区过于拥挤的人口分流一部分到新城区，是任何统治者都能想到的事情。我们注意到，环盘龙湖周边，西部的大邓湾、小王家嘴，北边的童家嘴，东边的小杨家嘴，所见商代遗存，大都属于盘龙城文化七期（图三）。它们的存在，可以说明此时盘龙城文化范围的扩大与发展，但不能说明盘龙城文化的萎缩或旧城区的废弃。

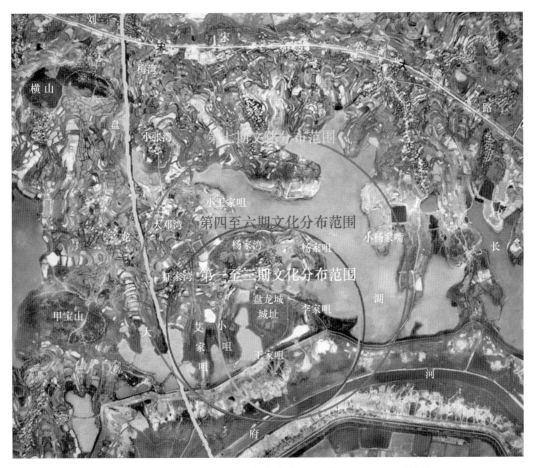

图三　盘龙城遗址夏商文化遗存分布范围示意图（2000年卫星图）

最后，统治者管理的需要。盘龙城文化第七期时，由于人口的增加，遗址分布范围得以扩大。统治者为便于管理，将中心区移往杨家湾南坡，是顺理成章的事情。统治者对城区的管理，除了定期不定期的巡视，还有日常的监视。限于当时的条件，在制高点修建合适的观察点或者哨位，是可以联想的事情。毕竟，宫城是在盘龙城四期修建。第四期时，全城人口的活动区，主要在现重点保护区约1平方千米范围内。宫城区恰好是这一区域的中心位置。在城垣上修建高台观察哨，无论白天黑夜，都可对全城实施监控。第七期时，人口活动区域已扩大到环盘龙湖周边。此时统治者的监控视线，受到了杨家湾岗地的阻隔。将统治中心区移往杨家湾岗地，有利于这种日常监控。

3. 盘龙城七期时城壕淤塞问题分析

《盘龙城》报告中列举了南城壕中段、南城壕东段、北城壕西段三处发掘情况。关于盘龙城北城壕，因为2014年勘探工作表明它与西边壕沟并不是一个整体，且只存在于北部区域，并有向杨家湾岗地延伸的趋势，且在此处消失。它是否为城壕或者其他贮水设置，还有待进一步考古发掘证实。在所谓"北城壕"与北城垣之间，还存在另一条宽约5、深约3米的壕沟。这条壕沟与西城垣边上的壕沟连成一体，可能才是真正的环壕（参见图一）。因此，这里只讨论南城壕的情况。

对于南城壕中段76HP3TB'32-B'34与东段79HP3TU38-U39剖面（图四、图五），《盘龙城》报告认为，76HP3TB'32-B'34第7、8层与79HP3TU38第6层属盘龙城四期晚段，76HP3TB'32-B'34第5、6层及79HP3TU38-U39第4、5层属盘龙城五、六期，76HP3TB'32-B'34第4层及79HP3TU38-U39第3层属盘龙城七期。因为各层内所包含遗物各有不同，因此我们认为这种分期有可能是正确的。但报告结论："城壕内的文化堆积说明，城壕在盘龙城四期开挖后，使用至盘龙城六期晚段到七期时已经淤塞。"[5]并进而将其作为城垣在六期与七期之际废弃的依据，却有点令人费解。

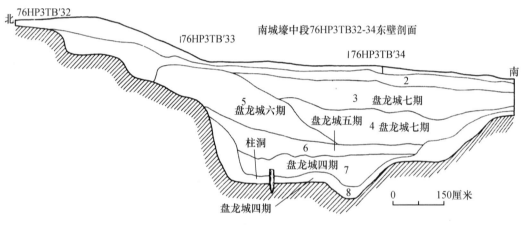

图四　南城壕中段76HP3TB'32-B'34东壁剖面图
（采自《盘龙城》）

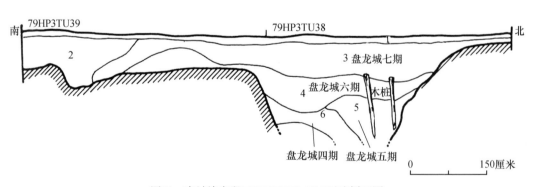

图五　南城壕东段79HP3TU38-U39西壁剖面图
（采自《盘龙城》）

按照通常理解，城垣使用过程中，为保持壕沟的防御作用，每年都会对壕沟内的淤积进行清理。现在我们看到，76HP3TB'32-B'34第7、8层与城垣修建大约同期的四期淤积没有被清理，属于五、六期的淤积没有被清理，属于七期的淤积同样没有被清理。依此说来，这些壕沟在第四期晚段时就有可能废弃，至少在五、六期时就已废弃，而无须等到第七期。我们真不知道，已经淤平的五、六期壕沟还在使用，同样淤平的第七期它就废弃掉了，这样说的真正根据何在？

说五、六期使用七期废弃，逻辑上存在悖论，有否定自己发掘成果的嫌疑。是否考古发掘过程中没有弄清楚，壕沟中那所谓四、五、六期的堆积，其实属于第七期的堆积，只不过它们中含有四、五、六期的遗物罢了。如果发掘成果确实可信，那就不应得出那样的结论。

我们的解释是：最初的盘龙城人，对于壕沟的军事防御作用有所认识。也许因为承平日久，认为外界的入侵对他们来说过于遥远，因而在思想上有所松懈，对壕沟清淤工作并未认真进行。以致后来在遇到真正强大威胁时，壕沟未能发挥正常的防御作用。因此，城壕淤塞不能作为第七期初城垣废弃的依据。

三、盘龙城七期宫城仍在使用的直接证据

1. 宫城内存在盘龙城七期文化堆积

宫城内存在盘龙城第七期文化堆积，是一个不争的事实。宫殿基址上部就有第七期的堆积。它的存在，固然可以说明第七期时此地不再是宫殿所在，却也说明此地仍然有人活动。

我们注意到，《盘龙城》报告有关盘龙城宫城区七期文化遗物的描述十分简单："出土陶片极少。皆为残片，标本仅一件残簋。"[6] 这一现象，可以从两方面进行理解。一种如报告的理解：此地已废弃，在此活动的人极少，因此遗物也少。另一种理解与此相反。陶片等地层堆积的形成，与废弃物相关。我们现在的居室都很整洁，废弃物都往空旷的垃圾场所堆放。城垣内第七期的废弃物少，也许说明这里不是一般场所。宫城城垣坚固，设有四门，外有壕沟，是盘龙城最易于防护的一个区域。宫殿区虽然已经迁往杨家湾，但城内要地，有可能是各类重要物资的存放场所，一般人应该很难入内，更不能容许随便在此倾倒垃圾。鉴于盘龙城文化第七期的繁荣发展，我们倾向于后一种理解。

2. 城垣的考古地层学观察

盘龙城宫城在1954年防汛取土以前，它还保留有七、八米的城垣高度，是整个遗址区保存最完整的一个大型遗迹。

盘龙城文化第七期，少说也有几十年时间。纯厚的城垣夯土，是修筑房屋、道路乃至耕种的良好资源。如果宫城在盘龙城文化第七期之初就已废弃，那为什么除了受

到89HPCYM1等零星破坏外，当时人们并未给它更多的损伤？

考古地层学是田野考古学的基础。考古地层学上有一个基本原理：晚的遗迹在上，因其未被其他遗迹破坏，保存也最为完整。反过来，我们是否可以作出这样的推论：同一地点保存最为完整的遗迹，如果不是最晚出现，也一定使用到最晚。我们对于小的灰坑、墓葬等遗迹，可以用地层学原理加以合理推断。在考察这种大的城垣遗迹时，地层学难道就会失去作用？按照这一原理，盘龙城城垣使用过程中，会有其他堆积形成，其时代晚于城垣的修筑年代。但宫城城垣保存那么完整，在当时应该一直受到人们呵护，并使用到最后。

四、军事角度的观察

城垣是一种军事防御设施。因此，从军事角度观察盘龙城城垣的作用必不可少。

冷兵器时代，攻至敌方城下颇为常见。因此城池对于防护非常重要。修筑盘龙城宫城的初衷，正是为了军事防御。盘龙城周边，无山险可用。战争来临，要防守盘龙城，依靠的就是水阻、壕沟与这高峻的城垣。

从历史态势上看，盘龙城文化第四期与第七期，周边可能的威胁，并无太大的不同。北方的中原势力，东南地区的淮夷，南方的南夷，这是基本的态势，都有可能构成威胁。既然第四期的盘龙城人要筑城，那么第六、七期之际的盘龙城人就没有理由废城。

也许有人认为，由于聚落的扩张，盘龙城人实力大增，防线已向外围扩展，因此废弃宫城在情理之中。其实不然。

第一，盘龙城规模最大的盘龙城文化七期，盘龙城人口总数也不会超过3万人，实力远未达到不需要城垣的程度。

第二，我们至今尚未真正找到盘龙城外围的防线。2001年，笔者之一曾推论盘龙城可能存在"外城垣"[7]，也有可能存在外部的壕沟。但到目前为止，武汉大学的张昌平教授还在对此进行艰难的田野考古寻觅中。

第三，即使外围存在城垣或壕沟一类防线，也不一定非要将宫城废弃。因为，多一道城垣，就多一份保险。盘龙城人深知自己的弱点以及外部世界的巨大风险。和平时期，宫城可能是统治者囤积重要物资的战略要点。战争来临，它就是盘龙城人赖以防守的最后堡垒。为求实用与自保，他们绝不会愚蠢到将自己赖以保命的城垣废弃。

盘龙城宫城之中，高地在平时可以存放军械粮草等重要物资，低洼处可以蓄水为池，以备不虞。战争来临，盘龙城人可以通过外围野战打击敌人。实在不行，则男女老幼全体退守城内。因平时准备的充足，防守几个月可能也不是问题。如果弃去城池，他们的命运将十分悲惨。

五、盘龙城遗址宫城的真正废弃时间

宫城的废弃，与盘龙城的废弃时间一致。商代盘龙城人奋战到什么时候，宫城就使用到什么时候。

目前，我们在盘龙城发现的最晚贵族墓葬，是南城垣外的王家嘴M4。它的时代可能在殷墟文化一、二期之际[8]。此墓下葬不久，就是盘龙城遗址与宫城的真正废弃时间。

从考古发掘资料分析，盘龙城宫城在使用过程中，人们的认识可能曾经产生过某种程度的变化。修建之初的第四期，人们是相当重视的，城垣、壕沟等防御设施都颇为完善。五、六、七期，可能因为承平日久，人们产生一定的和平麻痹思想，对壕沟不再清理，任其被淤泥填平，甚至开始在城垣上面挖坑筑墓。尽管筑墓现象被很快制止，但壕沟一直未作清理，导致这一设施在后来的军事防御上未能发挥真正作用。但作为商代盘龙城人保护性命的根本，城垣一直使用到最后。

注　释

［1］　湖北省文物考古研究所：《盘龙城——1963～1994年考古发掘报告》，文物出版社，2001年，第11、448页。

［2］　湖北省文物考古研究所：《盘龙城——1963～1994年考古发掘报告》，文物出版社，2001年，第448、449页。

［3］　孙卓、陈晖：《盘龙城杨家湾遗址2006—2013年度考古发掘收获》，《盘龙城与长江文明国际学术研讨会论文集》，科学出版社，2016年。

［4］　张昌平、孙卓：《盘龙城聚落布局研究》，《考古学报》2017年第4期。

［5］　湖北省文物考古研究所：《盘龙城——1963～1994年考古发掘报告》，文物出版社，2001年，第41页。

［6］　湖北省文物考古研究所：《盘龙城——1963～1994年考古发掘报告》，文物出版社，2001年，第31页。

［7］　刘森淼：《盘龙城外垣带状夯土遗迹的初步认识》，《武汉城市之根——商代盘龙城与武汉城市发展研讨会论文集》，武汉出版社，2002年。

［8］　盘龙城遗址博物院、武汉大学历史学院：《武汉市盘龙城遗址王家嘴M4发掘简报》，《江汉考古》2018年第5期。

武汉市盘龙城遗址王家嘴M2清理简报

盘龙城遗址博物院

一、概　　况

2001年4月，叶店村民在府河河道边沿附近取土加固堤坝时，发现出土文物线索后上报给武汉市盘龙城遗址博物馆筹建处。考古人员在此布设探方进行抢救性清理发掘，通过发掘确认是1座商代墓葬，编号为王家嘴M2。墓葬处于盘龙城遗址王家嘴南端西侧的一处名为栗子包的土丘上，海拔17.5米，东南距离府河枯水期河道北侧边沿约80米，东北距王家嘴M1约177米（图一），位于盘龙城遗址考古探方系统的Q1904T1816内。

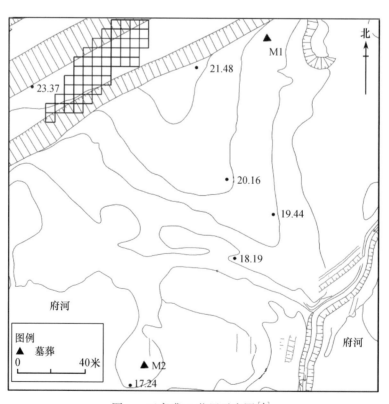

图一　王家嘴M2位置示意图[1]

　　M2为长方形竖穴土坑墓，方向约345°。墓口遭到破坏，仅存墓底，墓圹打破土质较硬的黄色土商代文化层，墓葬填土为土质松软的褐黄色土，夹杂少量木炭、红烧土颗粒。墓圹北部被破坏，南部残深0.25米，残长1.8、宽0.96米。墓内有少量炭块，可能为棺木痕迹。墓底南端见有肢骨痕迹，具体葬式不明。残余随葬品散落在墓底中部（图二）。另外，在府河堤坝上采集到铜鬲、尊、斝及玉柄形器、钺等残片若干。墓葬内和堤坝上的铜鬲、尊残片可以拼合，由此可知堤坝上的文物残片出自王家嘴M2。

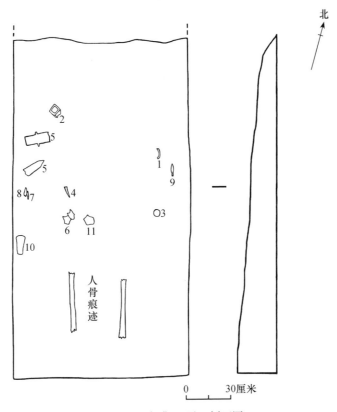

图二　王家嘴M2平、剖面图

1. 铜斝鋬　2. 铜锛　3. 圆陶片　4. 铜爵足　5. 铜戈　6. 铜尊残片　7～9. 铜镞　10. 石锛　11. 铜鬲残片

二、出土遗物

　　铜斝　1件。M2∶1，大部分残片被取土带出，仅斝鋬残片位于墓底中部东侧。器型基本完整，柱帽缺失，口、腹、底部均有残缺，已简单修复。通体较瘦高，侈口，加厚唇边，束腰，深腹微鼓，微凸圜底，半环形鋬，空三棱形锥足外撇。腰部饰一周三组带状纹饰，其中鋬两侧各有一组夔纹，与鋬相对的一组为兽面纹。每两组纹饰之间各有一条范线，鋬内外可见范线，鋬上的范线与一足上的范线相连，鋬对应的器身上无纹饰。口径17.9、底径13.6、残高22.6、足高10.4、壁厚0.2厘米（图三）。

铜爵　1件。M2：4，位于墓底中部，两个爵足上下叠压。三尖锥状实足，足外侧有明显铸痕。残高分别为7.8、6.9厘米。在M2：6铜尊残片下压爵腹部粗阳线兽面纹残片和尾部残片（图四）。

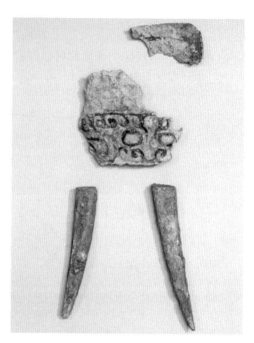

图三　铜斝（M2：1）　　　　　　　　图四　铜爵（M2：4）

铜尊　1件。M2：6，大部分残片被取土带出，少量腹部残片位于墓底中部。器型基本完整，口、颈、腹、底及圈足均有残缺，已简单修复。口微敞，短束颈，折肩，斜弧腹，圈足较高并向外撇，近底部有加厚唇边。颈部饰三周平行凸弦纹，肩部饰一周三组窄带状夔纹，上腹部饰一周三组宽带状兽面纹，上下有联珠纹镶边。圈足上部有一周凸弦纹，其间等距分列三个"十"字形镂孔。口径18.4、肩径23.8、圈足径14.2、通高29.2、壁厚0.2厘米（图五）。

铜鬲　1件。M2：11，大部分残片被取土带出，少量残片位于墓底中部。器型基本完整，口、颈、腹均有残缺，已简单修复。口沿部分加厚，沿面成台阶状，方唇，上立双耳，双耳与三足呈四点式分布，颈部内收，腹部较鼓，分裆，袋足，中空近圆锥形足尖微撇。颈部饰三周平行凸弦纹，腹裆部饰三组双线人字纹。口径18、足高6、通高26、壁厚0.15厘米（图六）。

铜戈　1件。M2：5，断为两截分散置于墓底中北部西侧。器型基本完整，锋刃微残。通体光滑，素面，长方形内，援宽于内，援内之间有阑，援身起脊，横截面为棱形，三角形前锋。二合范，阑部可见范线。残长26.4、阑宽7.2、厚0.35厘米（图七）。

铜锛　1件。M2：2，位于墓底北部西侧，南与铜戈相邻。器型严重残缺，并且矿化严重，仅存銎口及部分锛身。銎口接近正方形，外沿有一周凸箍，器表一侧有一

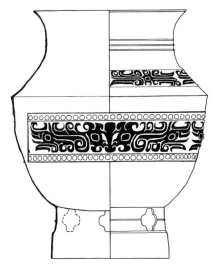

图五　铜尊（M2：6）

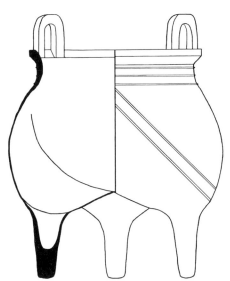

图六　铜鬲（M2：11）

图七　铜戈（M2：5）

图八　铜锛（M2：2）

纵向凸弦纹。銎口边长5.2、厚0.7厘米（图八）。

铜镞　3件，位于墓底中部东西两侧。M2：7为无翼镞，体扁平，前锋和铤尾残。残长3、宽0.6厘米（图九）。M2：8为有翼镞，残缺、矿化严重，未能提取。M2：9为无翼镞，基本完整，前锋和铤尾微残。体扁平，圆头、脊、铤作四棱状，两侧有刃。残长5.8、宽1厘米（图一〇）。

圆陶片　1件。M2：3，位于墓底中部东侧。泥质黑皮灰陶，圆形，周壁呈坡状，故一面径大于另一面，小面中间

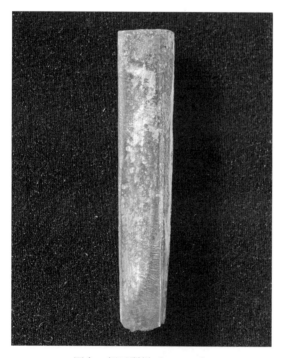

图九　铜无翼镞（M2：7）

图一〇　铜无翼镞（M2：9）

略低于周边。直径5.1、厚0.9厘米（图一一）。

石锛　1件。M2：10，位于墓底中部西侧。灰白色石灰岩，器型不太规整，扁平长条状，一面磨光平滑，一面粗糙、凹凸不平，单面弧形刃。通长13.6、刃宽5.9、厚2厘米（图一二）。

玉柄形器　1件。M2：12，被取土带出，不知在墓中原来的位置。柄首端残缺，断为三截，灰褐色，通体磨制，蜡状光泽，长条扁状。残长7、宽1.9、厚0.45厘米（图一三）。

玉钺　1件。M2：13，被取土带出，不知在墓中原来的位置。玉钺残缺严重并经过改制，刃部侧端有切割打磨痕迹，顶侧表面有一凹槽，断为大小不一的9块，可完整拼接。灰白色，有黑褐色斑沁。通体磨制，蜡状光泽，不规则形，扁状。残长8.5、残宽5、厚0.5厘米（图一四）。

图一一　圆陶片（M2：3）

图一二　石锛（M2：10）

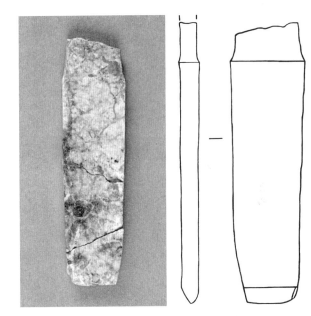

图一三　玉柄形器（M2：12）

另有采集3块大小不一的铜鼎腹部残片（M2：14），较大的铜鼎残片表面装饰细阳线兽面纹，附着有烟炱痕迹。残长7.3、残高3.8、厚0.2厘米（图一五）。采集1件铜瓡残片（M2：15），残余腹与圈足交接的部位，腹部饰带状细阳线兽面纹和一周圆圈纹，圈足上部有两道平行凸弦纹。腹底径5.1、残高3.7厘米（图一六）。

三、结　语

王家嘴M2遭到了严重破坏，出土残余随葬品15件。铜罍（M2：1）较瘦高，侈

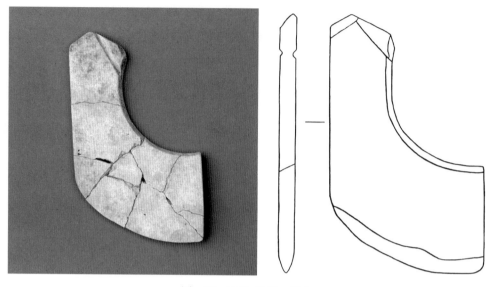

图一四　玉钺（M2：13）

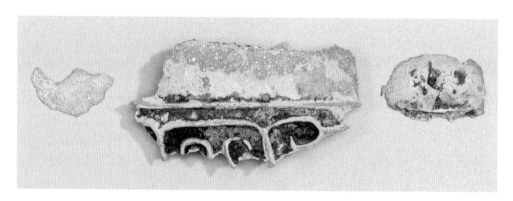

图一五　铜鼎残片（M2：14）

图一六　铜觚（M2：15）

口、束颈、弧腹、圜底、足微外撇，整体形态与李家嘴 M1 铜罍（PLZM1∶11）[2]相近，腹部装饰的兽面纹和夔纹与李家嘴 M1 铜罍（PLZM1∶12）[3]近乎一致；铜尊（M2∶6）小敞口、束颈、折肩、斜弧腹、高圈足，整体形态接近李家嘴 M1 铜尊（PLZM1∶7）[4]；铜鬲（M2∶11）圆鼓腹、圆锥形足尖和近乎直角的双线人字纹与李家嘴 M1 铜鬲（PLZM1∶3）[5]相似。由此可知，王家嘴 M2 与李家嘴 M1 年代接近，应为盘龙城遗址第五期。

从随葬品来看，王家嘴 M2 至少包括一套铜爵、觚、斝的酒器组合，铜尊、铜鬲、铜鼎则表明墓主人的等级相对较高，应属于商代中下级贵族。铜戈、镞以及玉柄形器、圆陶片也是商代贵族墓葬中常见的随葬品。铜戈断为两截几乎并排放置，说明墓葬存在碎器葬俗。

王家嘴 M2 靠近府河北侧河道，是目前为止盘龙城遗址最南端的商代墓葬，这为研究盘龙城遗址聚落分布提供了新材料。

附记：文物线索由叶店村民黄毕涛提供，参与此次考古清理的人员有盘龙城遗址博物馆（现盘龙城遗址博物院）筹建处韩用祥、余才山、徐国胜、刘翠兰、杨凤霞，参与整理的人员有盘龙城遗址博物院付海龙、郭剑、吕宁晨、刘畅、王颖和江汉关博物馆韩庆，线图由余才山、付海龙绘制，照片由郭剑拍摄。在整理和写作过程中得到盘龙城遗址博物院万琳研究员和武汉大学张昌平教授的大力支持和指导，在此表示感谢！

执笔：付海龙　王　颖　吕宁晨　刘　畅　韩　庆

注　释

［1］　此图采自武汉大学历史学院、湖北省文物考古研究所、武汉市文物考古研究所、盘龙城遗址博物院：《武汉市盘龙城遗址各地点历年考古工作综述》，《江汉考古》2020 年第6 期，图一〇。

［2］　湖北省文物考古研究所：《盘龙城——1963～1994 年考古发掘报告》，文物出版社，2001年，第191 页。

［3］　湖北省文物考古研究所：《盘龙城——1963～1994 年考古发掘报告》，文物出版社，2001年，第192～194 页。

［4］　湖北省文物考古研究所：《盘龙城——1963～1994 年考古发掘报告》，文物出版社，2001年，第194 页。

［5］　湖北省文物考古研究所：《盘龙城——1963～1994 年考古发掘报告》，文物出版社，2001年，第199 页。

武汉市盘龙城遗址采集出土的几件玉石器

盘龙城遗址博物院

盘龙城遗址历经近70年的考古，出土文物数千件。近期，我院在盘点馆藏文物过程中发现11件尚未公开发表的玉石器，另有2件虽在《盘龙城——1963~1994年考古发掘报告》（以下简称《盘龙城》）有过正式发表但仅有线图未有高清照片。为此，我们进行整理，在此集结发表。

一、玉　　器

玉戚　1件。20世纪末杨家嘴采集，发表在《盘龙城》第435、436页，原名为玉铲（PYZ：0322）[1]。纵向残缺一半，经过改制，右侧边沿有双向切割错痕，顶端一面残缺凹陷，现已用石膏修补。灰白色，局部黄棕色斑沁，通体圆润光滑。长条片状，顶窄刃宽，左侧中部边沿装饰一组扉牙，刃部一角微外撇，为弧形双面钝刃（图一）。长12.1、刃残宽2.9、厚0.4厘米。

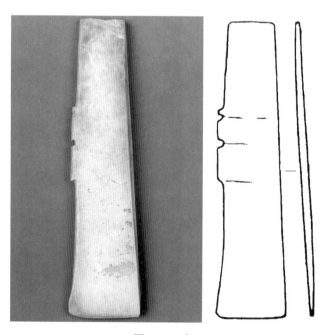

图一　玉戚

玉琮　1件。1974年李家嘴M4出土，发表在《盘龙城》第204页，原名为玉饰件（PLZM4：13）[2]。牙白色，通体圆润光滑。形状近长条片状，有一定弧度，外凸内凹，上宽下窄，顶端一角残，已修补，底端残缺，未修补，两侧边沿有切割整修痕迹。外表上端有一浅浮雕动物纹饰，似简化蝉纹（图二）。此件玉器应属于玉琮的某一角棱部位。残长3.5、上宽2.6、下宽1.4、厚0.4厘米。

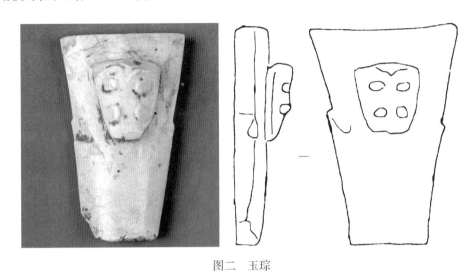

图二　玉琮

玉柄形器　1件。2001年楼子湾西徐桂生旱地采集。黄白色，局部褐色斑沁。柄首残。长条状，一侧斜边，斜端刃，通体光素无纹饰（图三）。残长5.8、宽1.6、厚0.4厘米。

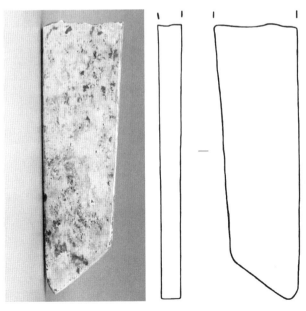

图三　玉柄形器

　　玉柄形器　1件。2001年考古工作站院后采集，与馆藏号01591玉戈[3]一同出土，另外伴随出土有若干铜器碎片，可辨识器类有铜斝、铜爵，此处应为一座商代贵族墓葬。青灰色，局部有黄白色及黑褐色斑沁。长条片状，较为完整，柄身尾部有残缺。通体光素无纹饰，柄首内收，顶端较为平直，柄身一侧有一处内凹，柄首、身各有一圆形穿孔（图四）。残长7.7、宽2.5、厚0.4厘米。

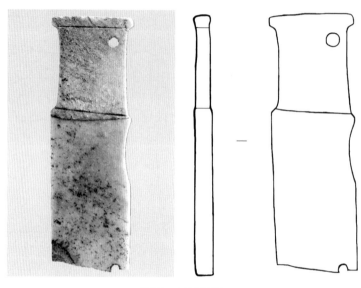

图四　玉柄形器

　　玉柄形器　1件。2004年江家湾采集。黑褐色，有黄色斑沁。长条片状，器型完整。通体光素无纹饰，柄首内收，顶端弧凸，平端刃，残留切割痕迹（图五）。长5.6、宽1.8、厚0.7厘米。

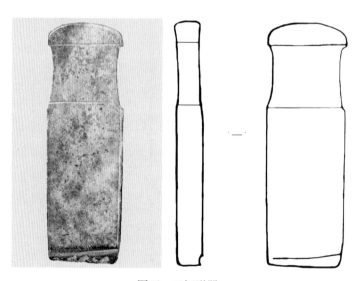

图五　玉柄形器

　　绿松石管珠　1件。2008年杨家湾1712区域采集。翠绿色，光滑细腻，保存完整，两头齐平，中间微鼓，有小孔贯穿（图六）。长0.8、中间直径0.5厘米。

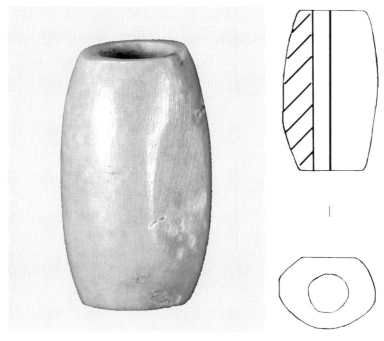

图六　绿松石管珠

　　玉笄　1件。2006年杨家嘴2114区采集。牙白色，局部有青绿色斑沁。细长条圆柱体，体侧有一浅凹槽，顶端残，底端如尖锥形，通体圆润光素（图七）。残长5.3厘米。

　　玉笄　1件。2021年杨家嘴湖边采集。黄色，夹杂黑褐色斑沁。扁圆柱体，上部相对较粗，顶端平滑，底部残，有改制加工痕迹，通体光滑圆润（图八）。长6.3、顶径0.8、底径0.56厘米。

二、石　　器

　　石镞　1件。原始编号为王家嘴T47⑤C：14，经过与《盘龙城》报告中王家嘴发掘层位编号校对，其报告编号应为王家嘴PWZT85⑧：14。青绿色，夹杂黄灰色、黑褐色斑沁。器型基本完整，宽叶形扁长体，短扁铤，两短翼双面刃，横截面为梯形，前聚成锋，锋微残（图九）。长7、宽3.2、厚0.8厘米。

　　石饼　1件。原始编号为王家嘴月T8解剖沟③A，经过与《盘龙城》报告中王家嘴发掘层位编号校对，其应为王家嘴PWZT45⑤出土。灰色，圆饼状，通体磨光，表面有磨痕，应为打磨垫衬的加工工具（图一〇）。直径15、厚3厘米。

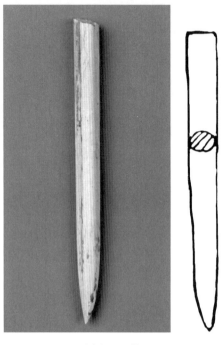

图七　玉笄

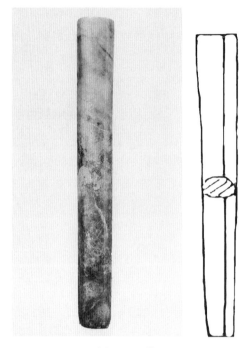

图八　玉笄

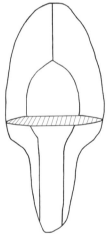

图九　石镞

　　石锥　1件。原始编号为杨家嘴F1②。青灰色，圆锥体，表面为粗糙，其功用应为吊线垂直定位的线锤（图一一）。底径2.6、通高2.9厘米。

　　石杵　1件。2008年出土于杨家湾Q1712T1518②。灰色，通体磨光。器型基本完整，纵向残缺约1/3。亚腰形，两端圆鼓，其中一端与腰部有凸带分界（图一二）。直径5.5、通高11.5厘米。

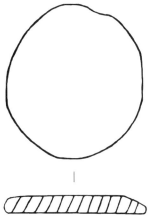

图一〇　石饼

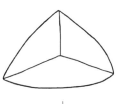

图一一　石锥

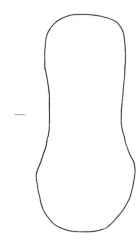

图一二　石杵

石臼　1件。2005年杨家湾采集。灰色，表面粗糙。器型基本完整，纵向残缺约1/2。口部近圆形，底部较平，中间凿有敞口、束腰、圜底状的臼窝（图一三）。口径19、通高14.5厘米。

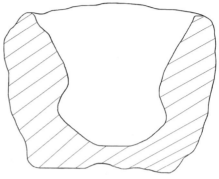

图一三　石臼

三、结　语

杨家嘴采集的玉戚、李家嘴M4出土的玉琮应为完整玉器残损之后稍微修整加工改制成现在的玉器形制，这种现象在盘龙城遗址较为普遍，如杨家湾H6出土玉璜（PYWH6：44）[4]形制古朴，可能是从龙山时代晚期至夏代早期玉璇玑残件中改制而来。这在一定程度上说明盘龙城先民有着惜玉、宝玉的行为意识。采集的3件玉柄形器分布在盘龙城遗址的不同地点，我们一般认为玉柄形器是盘龙城商代墓葬中的常见随葬品，其发现地点可能为商代墓葬。绿松石管珠主要出自于盘龙城中小型贵族墓葬、灰坑和文化层中，采集的这颗绿松石管珠位于杨家湾南坡以F4大型建筑基址为代表的建筑群区域，可能为商代贵族的遗落物。玉笄在盘龙城遗址出土较少，之前主要出自杨家湾M3[5]和M7[6]墓葬中，这两件采集的玉笄与墓葬中出土的玉笄形制相似，时代应为商代。

石镞、石饼、石锥目前属于盘龙城遗址首次发现，其中石镞年代较早，属于盘龙城遗址第二期，石镞与盘龙城采集的石球[7]应为新石器时代孑遗的石质狩猎工具。石锥出土于房址之上，形状与现代的线锤接近，应与修造房屋有关。亚腰的石杵和束腰的臼窝较为相配，可以看出臼杵是用来舂捣加工谷米之类的食物。

这批采集出土的玉石器多数未发表，其丰富了盘龙城遗址出土玉石器的类型，为研究玉石器的器用特征提供了新材料。

附记：整理人员有盘龙城遗址博物院付海龙、郭剑、吕宁晨、刘畅和江汉关博物馆韩庆，线图由付海龙、余才山绘制，照片由郭剑拍摄。在整理和写作过程中得到盘龙城遗址博物院万琳研究员和武汉大学张昌平教授的大力支持和指导,在此表示感谢!

执笔：付海龙　宋若虹　郭　剑　李一帆　韩　庆

注　释

[1]　湖北省文物考古研究所：《盘龙城——1963～1994年考古发掘报告》,文物出版社,2001年,第435、436页。

[2]　湖北省文物考古研究所：《盘龙城——1963～1994年考古发掘报告》,文物出版社,2001年,第204页。

[3]　湖北省文物考古研究所、湖北省博物馆、武汉大学历史学院、盘龙城遗址博物院：《武汉市盘龙城遗址出土玉戈》,《江汉考古》2018年第5期。

[4]　湖北省文物考古研究所：《盘龙城——1963～1994年考古发掘报告》,文物出版社,2001年,第293页。

[5]　湖北省文物考古研究所：《盘龙城——1963～1994年考古发掘报告》,文物出版社,2001年,第230、231页。

[6]　湖北省文物考古研究所：《盘龙城——1963～1994年考古发掘报告》,文物出版社,2001年,第231、232页。

[7]　湖北省文物考古研究所：《盘龙城——1963～1994年考古发掘报告》,文物出版社,2001年,第430页。

考古学与遗址类博物馆的建设运营

——以盘龙城遗址博物院为例

宋若虹　万　琳

（盘龙城遗址博物院）

2021年，是中国考古学诞辰百年的日子。回望百年来时路，中国考古学者筚路蓝缕，构建起了中国考古学的基本框架。在百年历程中，考古学在我国众多遗址的发现、研究、保护中发挥了中流砥柱的作用。

根据国际博物馆协会的定义，遗址博物馆是"为了就地保存可移动或不可移动的自然或文化遗产而建立的博物馆，即博物馆在该遗产被发现或创造的原地"。虽然，我国第一家遗址类博物馆——半坡遗址博物馆在1958年即建成开放[1]，但发展的黄金期则在近20年才开始起步[2]。盘龙城遗址博物院作为2019年开放的遗址类博物馆"新人"，在这里总结博物馆建设经验，和读者一起探讨考古学在遗址类博物馆建设中的运用与影响。

一、遗址博物馆建设

建筑是博物馆赖以存在的重要硬件支撑。众所周知，博物馆建筑除了收藏、展示文物之外，还兼具游客服务、学术研究等功能，是人与文物链接的重要空间媒介。遗址类博物馆则因其和遗址的密切联系，在考量建筑和人之外，还要加上遗址这一重要影响因素。因此，考古学在遗址类博物馆建筑的选址、设计、建设中发挥着重要作用。

（一）考古成果与遗址博物馆建筑选址

建筑选址是多数博物馆建设的第一步，考虑到遗址博物馆的特殊性，博物馆选址位置怎样既能避免对遗址本体造成破坏，同时又维持和遗址的有机联系，就成了选址中的关键要素。当前我国主要有4种遗址博物馆选址的模式：直接建在考古遗址之上、建在考古遗址保护范围之内、建在考古遗址建设控制地带之内和建在考古遗址附近[3]。盘龙城遗址博物馆的选址规划就经历了从建在考古遗址建设控制地带之内向建在考古遗址保护范围之内的转变（图一）。

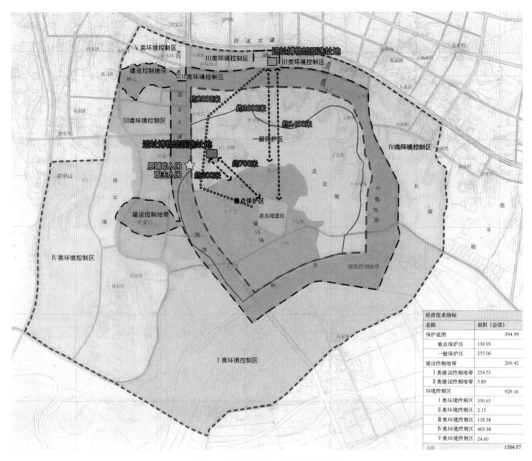

图一　博物馆选址调整示意图

在《盘龙城遗址保护总体规划》（2007—2025）中，规划了遗址博物馆选址的初版方案。该选址位于盘龙城遗址北部，盘龙城经济开发区吕家湾，在保护规划中划定的北侧Ⅱ建设控制地带内。在2008年11月召开的"盘龙城遗址博物馆选址专家会"上，与会的湖北省规划设计及文物考古专家提出，此选址区距离遗址展示区有2000米的直线距离，路程过远，不利于观众参观，且该选址需动迁居民607户，建议将选址地点南移700米至大邓湾与江家湾之间（保护规划中确定的一般保护区内），仅需动迁居民58户。

专家对选址区域的建议调整，体现了我国遗址博物馆建设理念的变化。20世纪50年代，半坡遗址博物馆建成，当时采用的是对出土文物巡回展示和异地展示的方式，博物馆与考古遗址本身存在一定的脱节。至20世纪70年代，秦始皇帝陵博物院开创了在遗址区"边发掘、边保护、边展示"的博物馆建设方式，遗址类博物馆建筑选址和遗址本体的关系日益受到学界关注[4]。多数学者认为遗址类博物馆应该和遗址本体建立紧密联系，例如，张学海曾指出：除非客观条件确实不允许，否则博物馆都应该建在遗址上或紧临遗址[5]；但也有观点认为，在保护区内建设博物馆会对遗址本体及整体环境造成破坏[6]。

解决"盘龙城遗址博物馆建设在保护区内还是保护区外"的问题，关键就在于论证"区内"建设是否会对遗址本体及环境造成威胁或破坏。2012年，武汉市文物考古研究所、武汉大学历史学院考古系、湖北省文物考古研究所、武汉市盘龙城遗址博物馆筹建处联合对盘龙城遗址的一般保护区进行了考古勘探工作，其中在大邓湾小王家嘴一代布置勘探区43个。此次工作，探明博物馆建设区当代土层下多为生土，几无商代遗存，文化层分布零星，属于遗址边缘区。

2015年3月10日~4月25日，武汉大学历史学院考古系再次对博物馆选址建设区进行了考古勘探，并提交了《盘龙城遗址博物馆馆址建设地带考古探勘工作简况》，明确该区域仅发现约100平方米、厚度5~20厘米的，包含少量较细碎二里岗文化时期陶片的商文化堆积，遗址等级较低，原地保存意义不大。结合21世纪以来对遗址区整体的持续性考古认知，大邓湾区域为盘龙城遗址的北部边缘地带，在此处建设遗址博物馆既不会对遗址主体造成破坏，还可与遗址形成呼应关系，让博物馆充分发挥"遗址"和"人"的空间媒介作用[7]。至此，在科学考古学认知的支撑下，盘龙城遗址博物馆历时多年，确定了合适的位置所在。

（二）考古认知与遗址博物馆建筑设计

确定了博物馆选址后，建筑的设计及建设即提上日程，在这个过程中，考古渗透进了方方面面，对盘龙城遗址博物馆的最后诞生发挥了不小作用。

除了选址经过了调整，博物馆的规模也从保护规划提出的3000平方米，到湖北省专家论证会的8000平方米，再到最后建成16310平方米的转变，转变的根源也是考古，核心就在于盘龙城考古的现在和未来（图二）。从现在看，盘龙城遗址作为商王朝的南土中心都邑，60余年的考古历程，发现了早商时期的宫殿、城垣、墓葬等遗迹，出土了3000余件珍贵历史文物，作为20世纪100项考古大发现之一，改写了中国文明史的认知，遗址意义和内涵需要充分的展示空间呈现。从未来看，盘龙城目前已发掘面积不足10%，新的考古技术、考古理论持续投入，新发现、新认识不断面世，对于盘龙城的性质、聚落布局、手工业发展水平等问题还在持续研究中。如此一处取得了阶段性研究成果又在不断深入研究的遗址，需要一个更大的展陈空间为观众讲述历史，需要更充足的修复研究空间、公共空间进行考古科普等，这都决定了盘龙城遗址博物馆体量不宜过小。

考古学在博物馆建筑中的渗透还体现在大大小小的设计中。例如，博物馆建筑造型来源于盘龙城遗址的"城""台""鼎"元素[8]，整体消隐式的设计是为了不破坏遗址区的整体风貌，序厅的采光屋顶是仿探方式的结构、排气孔设计来自于青铜刀的纹饰……特别值得一提的是：被广大观众誉为"武汉小埃及"的网红楼梯（图三），博物馆建筑旁侧的露天楼梯原设计是为了观众可以缘楼梯而上，到屋顶远眺遗址风光，将遗址作为博物馆最大的展品。未曾想到，博物馆建成后，此楼梯因造型别致、颜色

图二 盘龙城遗址博物院新馆照片

复古、适合拍照，火出了圈，原是考古人提出的遗址和博物馆链接的方案，却成就了武汉一个新晋的网红打卡点，可谓是博物馆界"无心插柳柳成荫"的一段佳话了。

二、遗址博物馆展陈

盘龙城遗址博物院基础陈列"江汉泱泱　商邑煌煌——盘龙城遗址陈列"获得了"第十七届（2019年度）全国博物馆十大陈列展览精品奖"，在这个奖项中，考古学的贡献丰厚。

为此次展览，盘龙城遗址博物院成立了以常年从事盘龙城遗址考古工作的张昌平、刘森淼领导的策展团队，团队8名主要成员均为来自西北大学、南京大学、武汉大学等

图三 盘龙城遗址博物院的"网红楼梯"

高校考古学专业毕业的研究生、本科生,从人才队伍构成上保证了展览的专业性,也为展览奠定了浓厚的考古学背景。

(一)考古认知式的展览叙事模式

"江汉泱泱　商邑煌煌——盘龙城遗址陈列"由3个展厅构成。第一展厅系统介绍了盘龙城遗址自1954年发现以来的考古研究历程,创造性地全方位展示考古工具、记录、日记等考古资料,配合场景复原、互动查询、游戏开发等形式,展示了盘龙城考古的成就和进步,同时进行了公共考古科普;第二展厅作为主展厅,以古城的发展为序章,以盘龙城的历史风貌为高潮,以信息岛的形式展示盘龙城先民的饮食、交通、习俗、军事、艺术等各方面内容,开放式路线让观众可以自由选择游览重心,利用文物和信息碎片拼对、复原每个人心中不同的盘龙古城;第三展厅则以更开阔的时空维度,展示了盘龙城先民的世界,让观众从夏商王朝整体发展中看盘龙城的地位和影响。

目前,中国的历史类博物馆展览叙事主要有时间叙事和信息组团叙事2种模式,走进盘龙城展厅,可以感受到这2种叙事模式在展览中的穿插运用。就3个展厅整体布局而言,盘龙城展厅开创了一种遗址类博物馆的展览叙事新手段——考古认知式叙事。仿佛阅读一本考古报告,第一展厅是学术史部分,第二展厅作为主体详细介绍遗址各方面概况,第三展厅则将盘龙城遗址放入夏商时期考古学框架中综合对比认知。这种隐性的考古学式叙事,一方面可以全面系统展示目前学界对于盘龙城的研究成果,另一方面也让观众在参观过程中潜移默化带入考古学家的认知视角,完成了一场"不动声色"的公共考古科普。

(二)学术性和公众性的平衡原则

作为专题性博物馆,遗址类博物馆多存在时代特征鲜明、专业性强、藏品种类单一等问题[9],如何利用有限的文物,传递丰富的信息,吸引观众的注意力成了遗址类博物馆策展人头疼的难题。盘龙城遗址自1954年发现以来,发现文物3000余件,数量并不突出,且因历史原因,大量精品文物位于湖北省博物馆盘龙城展厅,让文物的有限性和信息的广阔性之间的矛盾愈发突出。针对这一矛盾,盘龙城遗址博物院策展团队制定了学术性和公众性平衡的原则。

坚持学术性,即是从展览有限的文物中尽量"榨取"各类历史信息,摆脱"珍宝展"的老路,不以文物的多而精美取胜,而以文物背后的信息撑起展览内容。坚持公共性,就是通过多样化的展览手段和叙事方式、辅助展品等,让学术研究的信息能够以大众喜闻乐见的形式传播、传递。例如,陈列于第二展厅的"镇馆之宝"——绿松石镶金饰件,于2014年元旦出土于杨家湾遗址,2018年底南方科技大学唐际根团队完成了复原研究的科技攻关,2019年该项复原研究成果即进入展厅展示,并辅以图文解析该文物从出土到复原研究的全过程，同时多媒体互动文物修复游戏等形式，将围绕这件文物进行的最新的课题研究成果全面转化。透过一件器物，为观众展示了文物从发掘到修复到研究全部历程（图四）。

图四　绿松石镶金饰件复原展示

　　类似绿松石镶金饰件的全面展示方式，在盘龙城展厅中比比皆是，这背后是数十个考古学术课题的支撑，如"盘龙城碎器葬俗研究""商代落葬礼研究""盘龙城宫殿复原研究"等，它们均为不同机构围绕考古展开的多学科合作研究成果。同时，这也得益于博物院开创的"考古与设计深度结合"的工作模式。在"江汉泱泱　商邑煌煌——盘龙城遗址陈列"展览设计期间，盘龙城策展团队制定了"每周一会，每日一人"的工作制度。"每周一会"是指设计团队每周汇报工作成果，由策展团队集体讨论审核；"每日一人"是指策展团队每天排班1名考古学背景的工作人员陪同设计人员开展工作，随时解答设计团队的专业性困惑，通过这样的制度，有效破解了设计团队不懂专业内容，设计成果难以呈现展览初衷的难题。

　　（三）辅助展品运用中的考古智慧

　　在"江汉泱泱　商邑煌煌——盘龙城遗址陈列"展览中，形式多样的辅助展品有力地服务了展览主旨和内容的阐释，落实了学术性和公众性平衡的原则，是展览的一大亮点。

　　首先，考古学提供了辅助展品的内容支撑。当前，我国很多博物馆存在辅助展品的内容缺乏科学性和真实性的问题[10]，馆方设想的亮点内容却成为了博物馆的污点。究其原因，还是在于展览主办方对于展览内容和形式设计流于表面，研究不足。辅助展品是展览基础内容的延伸，是内容的深化或者形式的趣味化，这要求策展人员对于展览内容的理解不能仅仅停留在展览大纲，要有深入发掘的能力。以盘龙城遗址博物院的辅助展品为例，宫殿建筑部分增加补充说明展板系统介绍了盘龙城宫殿的修建过程，这要求对宫殿建筑过程有一定研究；饮食板块的古今炊器、食器对比滚筒，考验的是对于夏商时代饮食考古的认知；青铜器范铸法的多媒体视频，则蕴含着青铜器铸造工艺的考古知识。充分的学术资料的支撑，策展团队和形式设计团队的默契配合，实现了辅助展品知识性和教育性、科学性和真实性的统一。

　　其次，考古学框定了辅助展品的形式标准。随着科学技术的进步，展览制作材料日益多样化，辅助展品可供选择的表现形式日新月异，如何才能选择合适的方向？遗址类博物馆此类问题的选择还是在于考古学。例如：盘龙城第二展厅炊器部分有一处场景复原，其中不可避免需要用到人物模型，可供选择的形式有形象逼真的蜡像、风格古朴的泥塑和多媒体投影等多样形式。考虑到因为盘龙城的土壤条件，目前尚未发现关于商代盘龙城人衣着的信息，为避免误导观众，最后展览团队选择了以钢网人模型的形式呈现，剪影式的形象效果在展示人物动作的同时，巧妙回避了衣着争议（图五）。

图五　炊器使用场景展示

三、遗址博物馆运营

有了博物馆建筑和基础陈列，一家博物馆对外的基础框架就搭建完成了，但之后还有博物馆管理、对外服务、学术研究等持续的运营工作。盘龙城遗址博物院在近年的运营中，得到了来自专家和政府的支持，也在逐渐摸索适合自身发展的道路，走考古学和博物馆发展深度融合的道路。

（一）政府及机构的专业领导和支持

盘龙城遗址博物院的建设能取得今天的成就，一路走来，得到了国家文物局和省、市政府及文物部门的领导和支持。国家文物局对盘龙城的建设工作进行指导，相关领导多次赴盘龙城考古、保护工程现场指导工作，审议通过了《盘龙城国家考古遗址公园规划》；时任湖北省文物局副局长的王风竹多次主持召开专家论证会，时任武汉市副市长的刘英姿全程督办盘龙城项目，正是因为有各级考古学背景或者理解考古学的专家型领导的大力支持，盘龙城才能成为时任国家文物局副局长的宋新潮评价的"我国土遗址保护的典范之作"。

各级各类考古学机构和专家的支持和把关，也是盘龙城建设畅行无阻的重要保障。盘龙城近年来考古工作主要由武汉大学历史学院张昌平团队负责，张老师既是考古领队，也是策展人之一，切实做到了考古与展览的深度结合，大量展品不是从库房选择，而是从考古工地就开始规划出土遗物在展览中的位置及解读方式。在第一展厅末尾，2个巨大的地层剖面展示吸引着观众的注意力。这2处剖面是2016年盘龙城考古队在杨家湾岗地和破口湖底部解剖的地层，2个地层分别揭示了商代盘龙城人的地形改造运动和盘龙城地区3500年间的水位变化，具有非常重要的意义。此时盘龙城遗址博物馆的展览工作尚未开始，但领队张昌平已意识到这样的地层应该运用到展览之中，遂与院领导商议，用最新技术完整揭取地层，移入库房妥善保存，待布展之时重点呈现。正如国家考古遗址公园联盟副秘书长安磊评价"盘龙城国家考古遗址公园在考古工作和博物馆工作结合方面是全国第一的，做考古的想着如何做展陈，做展陈的又惦记着考古工作的开展"。

在盘龙城遗址博物院，我们还可以看到中国社会科学院考古研究所、南方科技大学、武汉大学遥感与地理信息系统实验中心等科研机构参与的多学科考古课题研究成果，分布在基础陈列和临展中的三星堆遗址博物馆、金沙遗址博物馆、湖南省文物考古研究所等兄弟单位借展的文物，还有五家单位合作开展的中美联合考古盘龙城项目，每2年举办一次的"盘龙城与长江文明国际学术研讨会"，这些工作中都忙碌着考古人的身影，闪烁着考古学的影响。

（二）博物馆社教宣传中的考古学方向

在博物馆的社会教育功能越发得到重视的今天，遗址类博物馆如何发力，是我们思考的重点。作为遗址类博物馆在开展社教与宣传的时候，面临和展览陈列相似的问题，可选择的内容较少，故事性、趣味性相对于综合馆较低。如何另辟蹊径，走遗址类特色的博物馆社教之路，还是要从考古入手。

围绕考古中心，博物馆社教可以重点关注两方面：一是考古学本身的发展情况，二是本遗址的考古学研究成果。遗址类博物馆一般拥有原生的考古遗址，或者有正在发掘中的田野考古工地，甚至如盘龙城还建设有模拟考古基地，为开展考古系列社教提供了充足而多样的场地，而丰富的考古人才储备则提供了课程开发的内容支持。

盘龙城遗址博物院目前即围绕考古学开发了"小小考古人　考古盘龙城"系列社教课程，由考古学背景的工作人员设计，考古专家把关，开发了模拟考古、模拟制陶、商代文化3个系列8门社教课程，并计划继续推出文物修复、拓印等课程，争取在3年内形成从考古调查到考古报告撰写的全线考古体验活动。同时，今年夏天，博物院推出了"盘龙城论坛"系列讲座，邀请考古大家，带领听众走进最新考古发现，体悟考古研究方法。该系列讲座受到了武汉市民的广泛关注、参与，成为了武汉地区学术讲座新品牌。

宣传也是社会教育的一部分，致力于全方位、多角度、宽领域介绍盘龙城文化和公共考古知识，盘龙城的宣传团队采用了"两微为主、多线发力、全面解读"的策略。在微信平台，推出了"南土遗珍——盘龙城文物深度解读"系列；在微博，创建话题#龙龙家的宝贝#，以吉祥物代言文物；在bilibili弹幕网，有"云游盘龙城"系列，讲解员带领观众线上观展……目前，此类考古学系列科普得到了观众的广泛好评，微信公众号8.8万的粉丝、微博话题上百万的阅读量就是观众选择的结果。

而在和大众媒体合作的过程中，盘龙城考古的成果和技术应用也是盘龙城宣传的切入点和落脚点。以央视《国宝·发现》栏目为盘龙城遗址拍摄的系列纪录片为例，共5集的纪录片分别为"皇皇商邑""巍巍商宫""匠心工坊""贵族墓葬""探古访今"，系统介绍了盘龙城数十年考古历程中，在城邑面貌、建筑、贵族墓葬、手工业发展等方面取得的成绩，中间还穿插介绍了近年采用的考古新技术，如水下勘探、陆地地磁探测等。

遗址类博物馆是展示遗址文化的窗口，是融入遗址的风景，也是遗址和观众的媒介。如何利用特有的丰厚考古学资源在遗址保护、研究、展示中发力，是每一家遗址类博物馆思考的课题。盘龙城遗址博物院将持续探索，继续走考古学与博物馆深度融合之路，为我国的遗址类博物馆建设提供更多的盘龙城方案。

注　释

［1］　责任者：《我国第一座遗址博物馆开放》，《文物参考资料》1958年第4期。

［2］　单霁翔：《关于大型古代城市遗址保护的整体保护的思考》，《考古》2006年第5期。

［3］　耿超、刘迪、陆青松等：《博物馆学理论与实践》，科学出版社，2018年，第90～93页。

［4］　李斌：《遗址博物馆原址展示与文物保护的统一——以秦始皇帝陵博物院为例》，《中国博物馆》2020年第2期。

［5］　张学海：《遗址博物馆建设刍议》，《史前研究》1998年第1期。

［6］　张男：《遗址博物馆建筑研究："区外"模式遗址博物馆建筑设计初探》，天津大学出版社，2004年。

［7］　梁乔、梁华：《遗址博物馆——遗址展示空间意象创造》，《四川建筑》2002年第2期。

［8］　戴大江、廖敏：《"城垣""台基"古城再现——盘龙城遗址博物馆设计理念与建筑风格分析》，《东南文化》2019年第S1期。

［9］　罗晓群：《考古遗址博物馆展览原则的探索——以良渚博物院基本陈列改造为例》，《自然与文化研究遗产研究》2020年第3期。

［10］　陆建松：《博物馆展览辅助展品创作和应用的原则》，《博物院》2018年第3期。

本文原刊于《自然与文化遗产研究》2021年第S1期

考古遗址展览的定制式阐释

——以盘龙城遗址博物院基本陈列为例

程酩茜

（盘龙城遗址博物院）

中国博物馆事业近年发展迅速，随着博物馆数量的快速增长，博物馆的类型也逐渐丰富，依托各类考古遗址建造的考古遗址博物馆取得了可喜的成绩。"大遗址"是具有浓郁中国特色的文物保护概念，主要包括反映中国古代历史各个发展阶段涉及政治、宗教、军事、科技、工业、农业、建筑、交通、水利等方面历史文化信息，具有规模宏大、价值重大的大型聚落、城址、宫室、陵寝、墓葬等遗址、遗址群及文化景观[1]。目前国家文物局已公布的考古遗址公园，其中绝大多数都建有或正在建设考古遗址博物馆。集遗址保护、遗址研究、展览展示、社会教育等任务于一体，考古遗址博物馆愈发成为集中保护展示遗址文物、阐释遗址考古成果、传递文化内涵、彰显地方文化特色的重要场所。

图一　盘龙城遗址

考古遗址博物馆首要的展出对象就是遗址本身，根据博物馆选址可分为四类：直接建设在考古遗址上、建设在考古遗址保护范围内、建设在考古遗址建设控制范围内和建设在考古遗址附近[2]。在对遗址本体进行保护展示之外，配置室内陈列便于深入解读遗址，展示可移动文物。考古遗址的类型多样、文化因素各异，就要求每一处遗址的展示都要展出风格、展出特色，脱离遗址个性、模板式的展陈无法令观众将展览和展示主体直接产生联系，形成专属的文化记忆，这就迫切需要以"一馆一品"定制式的阐释方式创作展览。

盘龙城遗址博物院基本陈列"江汉泱泱　商邑煌煌——盘龙城遗址陈列"，将"定制"思维贯穿始终，打破了以往考古遗址陈列的模式，采用大空间、大挑高、大画面，以深入浅出的展览内容、抽象的人物形象、丰富的色彩、故事性的设计，诠释生涩的专业知识，联通了古遗址和现代人的对话。

图二　江汉泱泱　商邑煌煌——盘龙城遗址陈列

1. 在考古发掘与研究中定制展览

遗址是遗址博物馆的第一收藏品，在某些情况下也是博物馆最重要的收藏品[3]。遗址的考古工作是展陈的前提和基础，考古遗址展览首要的展示内容应当是考古发掘和研究的成果，并经过形象化、通俗化的表达，必须解决考古研究的问题，才能保证展览的学术性和内容言之有物。

　　2013年来，配合大遗址保护与展示工作，盘龙城遗址内持续有计划地展开考古发掘，考古工作围绕深度了解盘龙城遗址展开。常年从事遗址考古发掘的刘森淼副院长和武汉大学张昌平教授共同参与展览大纲的内容设计，边发掘边策展，为展览提供了更多解读模式。2016年，为探究盘龙城遗址地理环境变迁，考古人员在杨家湾岗地和破口湖水下两处地点发掘探沟，发现盘龙城商代水位低于当代，目前湖水之下存在商代遗存；而在杨家湾岗地为了方便蓄水则存在土地改造的情况。为便于观众直观了解盘龙城遗址古今地理景观变迁和土地改造活动，揭取了地层剖面展示在展厅中，并配合动画视频解说，生动诠释了"湖底曾经的人和山顶曾经的湖"这一有趣的地层现象。

图三　破口湖水下地层剖面展示

　　盘龙城遗址陈列全面反映了盘龙城遗址最新的考古发掘和研究成果，近年确立了较为完整的考古发掘三维测绘控制网，建立了数字化地理模型、地理信息系统、陆地地磁仪探测、多波束水下测深、土壤成分分析等多学科新科技的综合运用为展览复原古代盘龙城提供了有力依据，极大地丰富了展览的内容。

　　考古遗址展陈的学术支撑应包含且不限于遗址本体文化内涵和历史信息研究、出土文物的研究、遗址形态的复原、环境信息的采集等多方面，才能在展览中立体呈现遗址本真的面貌。展览策划的过程也是对研究资料整合的过程，发现适合向观众传播、观众感兴趣的课题，在展览中给予观众可视化、易理解的"答案"。盘龙城遗址陈列策展时，邀请全国著名考古学专家组成课题组，研究盘龙城宫殿复原、区域环境地理演变、绿松石镶金饰件复原、碎器葬葬俗等问题，研究结果给展览解读遗址提供了更多维度。

2. 选择富有个性的展示内容

不同于历史类展览，考古遗址地点固定、时间跨度短、文物藏品集中、文化面貌较为单一，展示内容受到客观因素的限制，更强调对遗址的深入解读。围绕考古遗址，应扩大展示内容选择的广度，加深展示的深度，创新组合方式。例如，在遗址的考古历程中留下的考古资产、形成的特有记忆，遗址最新的考古成果，文物保护和复原成果，深入挖掘藏品信息，利用文物的不同组合反映的丰富信息，也可适当借展相关文物，来凸显遗址的地位与意义。

盘龙城遗址自1954年发现至今，积累了大量考古资产，几代考古人对于发掘历程也留下了珍贵记忆。考古历程同样是盘龙城遗址历史的一部分，承载着考古学发展不可磨灭的印记。博物馆是文物的收藏机构，随着时代更迭，这些资产和记忆也亟需纳入收藏的范围。策展人员整理了历年文图记录、实物档案和工具，走访专家学者，最终将俞伟超、李伯谦、蓝蔚、陈贤一等先生和20世纪70年代考古实习学生的探方记录、图纸、对话、口述呈现于展览中，让第一展厅成为盘龙城遗址考古故事的回忆空间。

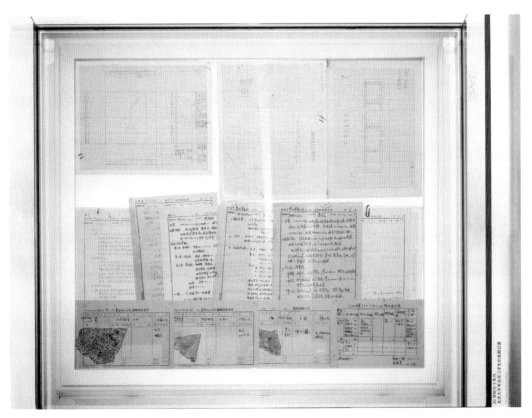

图四　考古资产展示

　　展览依照组合成套式呈现的思路有机组合文物，有助于多角度挖掘文物信息，讲好文物背后的故事。盘龙城遗址陈列综合运用展品组合成套展示和重点文物突出展示的方法，按照出土单位、年代、生产生活场景、人群、地域对比、历史演进等进行文物陈列，最大程度重现盘龙城遗址。如将普通平民、一般贵族、高等级贵族的随葬器物分展柜组合陈列，通过数量多寡、种类材质、精美程度等，一目了然反映盘龙城遗址的人群生活状况。

　　展示文物保护成果既可以表现现代文保技术，起到公共考古教育的作用，又给文物复原提供了方案，帮助观众对遗址产生完整的认知。盘龙城遗址陈列展出的绿松石镶金饰件，经过多学科专家研究，复原为"一首双身龙形器"，将复原件一并展出，并配有复原过程的图文说明，让观众感受到实验室考古的魅力。展览保护性地修复了数十件存在碎器葬情况的青铜器，保留人为破坏的痕迹，在实物展出中传递文物背后的历史信息，直观表现盘龙城商代墓葬的碎器葬俗。

图五　绿松石镶金饰件复原展示

　　为弥补考古遗址出土文物集中的不足，有必要适当借展文物以丰富展览内容，借展方向包括与该遗址有文化交流的其他遗址出土文物、遗址所在历史背景的相关文物、从侧面反映遗址重要意义的文物等。盘龙城遗址陈列借展武汉市从石器时代至明清典型器物，反映盘龙城遗址作为武汉城市之根在武汉历史文脉传承中的影响。借展荞麦岭遗址、荆门寺遗址、铜鼓山遗址的文物，表现盘龙城与周边遗址的共性与差异。借展郑州商城的铜瓿、爵、斝和盘龙城进行比较，表现盘龙城青铜礼器组合与中原的高度一致性，在夏商大背景下阐述盘龙城遗址的缘起、地位和影响。

图六 盘龙城遗址与郑州商城陶器组合对比

3. 定制有记忆点的形式设计

考古语言的生涩难懂要求展览把研究成果转化为公众易于理解的语言，在现代人的语境中解释古代人的文化现象。考古遗址展览的内容与形式应当高度统一，互不脱节，通过具有遗址特色的艺术设计，给观众感官的直接记忆，从而激发观众的观展热情和好奇心，让观展成为难忘的文化之旅。

为了营造考古环境，盘龙城遗址陈列将考古元素贯穿展览始终，展厅保留考古探方样的天顶，与遗址区宫殿基址复原展示的考古探方相呼应。展览注重氛围营造，制造沉浸式大场景，以城墙为墙面以宫殿为中心，把整个第二展厅筑造成宫城。

"人在观察外界事物的最初二十秒，对色彩的注意力和感觉占80%左右，而对形的注意力和感觉仅占20%左右"[4]，因此展览色彩的调配十分重要，盘龙城遗址陈列整体空间色调以深色为主，利于呈现文物本色，使文物跃然于眼中；跳跃的饱和色用于提示要点，强化记忆。

过多的文字说明和重复的文物陈列，会增加参观者的疲劳感，产生烦躁情绪。这就要求形式设计者和内容设计者有着良好的沟通，充分理解文字内容，从而进行适度

图七　故邑风物展厅大场景

的图像转化，让图像、文字、展品互相穿插，延长观众的专注力。盘龙城遗址陈列提炼盘龙城文化元素，在展柜内用绘画和立体剪影还原文物的文化场景，将文物置于场景中艺术化展示，既直接表现文物用法，又富有意境。展陈创造性地实践了信息传播

图八　繁盛阶段的陶器场景展柜

的图像美学，以轻松的图像丰富了版式的趣味，打破了传统的陈列手段，让文物、人物和场景融为一体。根据已有的考古研究设计出钢网人、金属剪影和卡通人物等形象元素，运用在背景画、文字版面、多媒体和艺术模型中，为专业的考古展览增添了轻松的图像表达，强化展览的辨识度。

在科技发展迅速的当代，虚拟现实技术、全息投影、触控互动屏等多媒体技术几乎已成为展览的"标配"，在利用现代科技提升解读的时效性与易读性的同时，可以考虑增设物理互动装置，来触发关于考古遗址真实的感官体验。盘龙城遗址陈列采用触摸陶片、3D打印模型，让观众亲手感受文物。展线中贯穿提问式引导，如将文物的功能与现代日常用品对应，制作成生动直观的拼读滚筒，提示观众亲自动手找出答案，强化对知识的记忆。

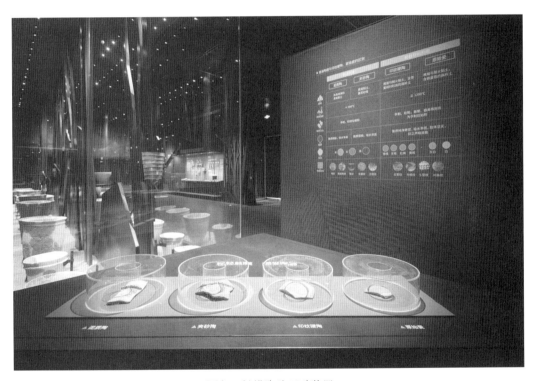

图九　触摸陶片互动装置

4. 营造专属的情感体验

"博物馆学应致力于研究人和物的关系"[5]，在重视文物本体、陈述专业知识的同时，还应该注重参观者的主观地位，在展览中突出"人"。在主题明确的考古遗址展览中，打破冷静的展陈模式，把展览当做一个充满情感的温暖空间，营造专属于每个观者的情感体验。

盘龙城遗址陈列关注三个不同身份的群体：第一，发现者、发掘者和研究者都受到重视。盘龙城遗址的发掘与研究绝不只是冷冰冰的文字和图像，更是历代考古人的心血。第一展厅浪淘千古，用珍贵的手迹、老照片和老物件集中叙述了这些盘龙城考古人的事迹，让观众沉浸其中。第二，盘龙城先民受到重视。展厅随处可见的人物造型串联了三个展厅。第二展厅故邑风物，紧紧围绕盘龙城的城、盘龙城的人、盘龙城人的精神、盘龙城人的技术等话题分版块展开，盘龙城先民的身影在展览中再现。第三，观众受到了特别关注，通畅的叙事逻辑、语言的通俗转化、文表的图像表达、互动装置和知识补充板的设置等，从展览的策划到落地，每一个环节都站在观众的角度考量。

博物馆展览是实践性极强的项目，不可避免要运用定制式阐释的思维去完成考古学向博物馆展览转化的过程。博物馆建设前期的选址、建筑设计，到内容整合、大纲撰写、形式设计、实施施工，再到运营中的服务、社教和文创，都应紧盯该处考古遗址，挖掘富有特色的亮点，才能打造出一个不可复制的考古遗址博物馆展览。

注　释

［1］　国家文物局：《关于公布第一批国家考古遗址公园名单和立项名单的通知》（文物保发〔2010〕35号）；《关于公布第二批国家考古遗址公园名单和立项名单的通知》（文物保发〔2013〕19号）。

［2］　单霁翔：《实现考古遗址保护与展示的遗址博物馆》，《博物馆研究》2011年第1期。

［3］　吴永琪、李淑萍、张文立：《遗址博物馆学概论》，陕西人民出版社，1999年，第231页。

［4］　杨春青：《人体工程学与设计应用》，机械工业出版社，2012年。

［5］　王宏钧：《中国博物馆学基础（修订本）》，上海古籍出版社，2001年。

对考古遗址类博物馆原创性临展策划的实践与思考

——以"长江万里青——长江流域青铜器精品展"为例

李 琪

（盘龙城遗址博物院）

　　盘龙城遗址位于武汉市北郊，距今约3500年，是目前我国长江流域保存最为完整的一座商代早期城址，被誉为"商朝南土中心城邑""长江流域青铜文明中心""武汉城市之根"。遗址保护区面积3.95平方千米，其中核心区面积1.39平方千米。发现有大型建筑基址、平民居住区、墓葬区、作坊区等遗迹，宫城东北部分布的两座宫殿基址，是目前我国最早发现的"前朝后寝"式建筑格局的实物史料。盘龙城遗址发现以来，发掘面积已超过2万平方米，出土各类文物3000余件，品类繁多，造型精美。作为古代长江流域的中心城市，盘龙城遗址见证了长江流域在华夏文明形成中与黄河流域的交融汇聚，是长江、黄河同属华夏文明的实物见证。

　　盘龙城国家考古遗址公园于2017年12月获批挂牌，2019年9月27日博物院正式对外开放。盘龙城遗址博物院作为武汉市首家考古遗址类博物院，坐落于公园西部，与周围自然环境浑然一体。馆体建筑占地100亩，建筑面积16300平方米，展厅面积3800平方米，有三个主展厅和一个临时展厅，其中临展厅面积575平方米，展线160米长。基于临展厅基础情况限制，临展类型以中小型展览为主。

　　盘龙城遗址博物院临展办展方式，经历了由引进向原创转变的过程。2019~2020年，开放之初，主要以引进展为主，先后成功举办"庞贝：瞬间与永恒""甲骨文的记忆"临时展览，社会反响强烈，掀起一阵打卡观展热潮。随着办展经验日益增多，策展团队日渐成熟，2021年自主策划原创展览"长江万里青——长江流域青铜器精品展"。

　　"长江万里青——长江流域青铜器精品展"由武汉市文化和旅游局指导，盘龙城遗址博物院、湖北省博物馆、武汉大学长江文明考古研究院主办，联合金沙遗址博物馆、三星堆博物馆、重庆中国三峡博物馆、随州市博物馆、荆州博物馆、湖南省博物馆、湖南省文物考古研究所、长沙博物馆、江西省博物馆、安徽省文物考古研究所等全国10家文博单位共同举办，展览于2021年6月12日至11月12日在盘龙城遗址博物院临展厅展出。

　　展览展出长江流域商周时期上、中、下游重要遗址的典型青铜器代表118件

（套），如四川三星堆遗址铜人像、湖北随州曾侯方缶、江西新干大洋洲兽面纹虎耳方鼎、湖南蚕桑纹尊等精品文物。长江万里青展览，以长江流域青铜器精品为展陈对象，由小及大，由点及面，集中展现长江流域高度发达且独具魅力的青铜文明，实证长江与黄河共同孕育了辉煌灿烂的中华文明。

本文全面回顾长江万里青展览实践，以此探索如何做好考古遗址类博物馆原创性临展策划。

一、长江万里青展览架构

图一　长江万里青展览一单元标题板

展览根据商周时期长江流域文化特征，划分为"既田疾兵""设宴飨客""异彩华章"三个单元，分别展示长江流域代表性的青铜兵器、农具、炊器、宴饮器、祭祀用具和乐器，另设有精品文物展区"物华天宝"。

（一）既田疾兵

商周时期的长江流域，平静与动荡并存，农耕和战争是当时复杂社会非常典型的两个缩影。农业生产，是社会经济发展基础，而战争则是国家获取资源，实现扩张的重要手段。可以说，二者皆是关系国本的两件大事。反映在考古学上，最为直观的就是各类农具和兵器（图一）。

本单元由"耕耘树艺""刀光剑影"两部分组成，选取长江流域代表性青铜农具、兵器，分别从农业生产和战争两个角度阐述长江流域青铜文明。本单元代表性展品有：新干大洋洲铲、夔纹刀、元戈、太保虘钺、复合铜剑等。

商周时期，长江流域的青铜农具仅有零星发现，尤以江西新干大洋洲商墓出土的最具代表性，地方特色十分浓厚。部分农具装饰有华美纹饰，甚至有丝织物包裹的痕迹，是统治者"社祀"活动的重要礼仪用具，突出了农业生产在当时社会生活中的重要意义。这些青铜农具在种类、数量、纹饰等方面与中原的差异，也表现了长江流域青铜文明的特殊性（图二）。

图二　"耕耘树艺"展厅实景图
（摄影：郭剑　盘龙城遗址博物院）

　　商周时期长江流域战争频繁，兵器是众多遗址最为常见的青铜器品类之一。这一时期，长江流域出土兵器，种类丰富，风格鲜明，主分为长兵器、短兵器、投射兵器等（图三）。

图三　"刀光剑影"展厅实景图
（摄影：郭剑　盘龙城遗址博物院）

（二）设宴飨客

煌煌中华，文华璀璨，奔涌不息的长江之水，融汇百川，滋养了中国历史文化独具特色的长江青铜文明。智慧的先民，以铜为载体，将生活习俗与传统融入其中，别具匠心创造出特色鲜明的铜器，并将其广泛应用于宴饮生活中。商周时期，长江流域的青铜文明具有十分丰富的宴饮习俗，铜器组合器类多样，常见有炊器、食器、酒器等几大类（图四）。

本单元由"列鼎而食""觥筹交错"两部分组成，选取长江流域代表性青铜炊器、食器、酒器，从宴饮的角度阐述长江流域青铜文明。本单元代表性展品有：虎耳虎形扁足圆鼎、兽面纹觥、蟠螭纹舆缶、提梁壶、噩中方盖鼎、夔龙扁足作宝鼎、带銎瓤形器、父辛爵等。

"民以食为天"，饮食促成了饮食器具的产生和发展，饮食器具的演进又与人们日常食谱的改变，食品质量的提高，烹饪技艺的改善，饮食风俗的变化等密切相关。商周时期，宴飨是长江流域贵族社会生活重要的礼仪活动之一，青铜饮食器具不仅具备实用功能，作为重要礼器，承载

图四　长江万里青展览二单元标题板

着政治、礼仪、文化、信仰等多重精神内涵，是记录与反映长江流域青铜文明的重要物质载体（图五）。

长江流域饮酒之风盛行，出土过大量铜酒器，主要分为盛酒器、饮酒器，其中盛酒器最为突出，饮酒器相对较少，在长江流域的地方性器物中，始终少见中原铜器中基本的觚、爵、斝饮器组合。尊、卣、罍等在中原铜器组合中不占重要地位的器类，广泛流行于长江流域，并发展成突出的地方性特色（图六）。

（三）异彩华章

独特的自然环境和别具一格的审美偏好，造就了商周时期长江流域极富想象、神

图五 "设宴飨客"展厅实景图
（摄影：郭剑 盘龙城遗址博物院）

图六 "觥筹交错"展厅实景图
（摄影：郭剑 盘龙城遗址博物院）

秘奇特的青铜文明。长江上游以金沙遗址、三星堆遗址为代表的古蜀文化群，塑造了诸多与众不同、造型独特的青铜器，被赋予了沟通神灵的祭祀功用。长江中下游，尤以江西、湖南、湖北等地为代表，出土了大量制作精良的青铜乐器，在音乐发展史上具有划时代的重要意义（图七）。

图七　长江万里青展览三单元标题板

本单元由"时祀尽敬""鼓震钟鸣"两部分组成，长江流域选取商周时期与精神文化生活关联紧密的铜器进行重点展示，如古蜀文化祭祀器物群、动物崇拜元素青铜器、乐器等，从祭祀和乐舞两个角度阐述长江流域青铜文明。本单元代表性展品有：人面具、眼形器、蚕桑纹尊、鸮卣、虎斑纹剑、铙、编钟一组等。

长江流域优越的自然环境，多彩的地理风貌，养育了丰富的自然物种。在自然科学知识匮乏的青铜时代，敬神好巫、"信巫鬼，重淫祀"成为长江流域先民深植的宇宙观念和精神信仰，体现在物质文化上，则是专门用于祭祀的器物群，和对动物形象的利用和动物能力的放大（图八）。

乐器是青铜文明礼乐制度的重要载体，广泛应用于战争、宴飨、祭祀等仪式活动中。长江流域商周遗址，出土有大量青铜乐器，以铙、镈、甬钟、铃、鼓等较为常见。其中尤以铙、甬钟和镈最具特

图八　"异彩华章"展厅实景图

（摄影：郭剑　盘龙城遗址博物院）

色，它们可能是起源于长江流域。

（四）物华天宝

本单元精选本次展览展出的长江流域最具特色的8件精品青铜器：兽面纹虎耳方鼎、"徸监"簋、曾侯丙方缶、蟠龙兽首罍、三星堆人头像、三星堆尊、菱格纹剑、蛙纹铙。集合物质文化和精神文化两个方面，从宴饮、战争、祭祀、乐舞多个角度，集中展现长江流域最为发达、最具特色的青铜文明风貌（图九）。

图九　"物华天宝"展厅实景图
（摄影：郭剑　盘龙城遗址博物院）

二、长江万里青展览的难点与亮点

长江万里青展览，展出长江流域商周时期精品青铜器总计118件（套），涵盖三星堆文化、金沙文化、盘龙城文化、随州曾侯墓葬群、新干大洋洲商墓、吴越文化等，涉及文化复杂多样，分布地域较广，时代跨度较大，文化面貌各异。难以在不到六百平米的展览空间里，通过118件（套）青铜器，完整呈现长江流域商周时期各不相同的青铜文明。并且，本次展览展品类型单一，均为青铜器，如何充分调动观众观展兴趣，避免随着参观进程的推进，对同质化展品产生审美疲倦，也是展览的一大挑战。在已有条件的制约下，本次展览依旧做到了以下几大亮点。

首先，长江万里青展览，是我国首次以长江流域青铜器为主体，集中展现长江青铜文明的专题性展览。万里长江作为中华文明的发展源头之一，伴随岁月长河，春秋风云，其两岸形成了各具特色既有共性又有个性的区域文化，共同构成了博大精深的中华文化。早在商周时期，长江流域就已经形成了发达的青铜文明，以青铜器为载体，观众得以窥见千年文脉传承。

其次，长江万里青展览，以功用为明线，形成点、线、面、体四位一体：

1）以代表性展品为点。本次展览展出青铜器均为精品青铜器，在此基础上，"既田疾兵""设宴飨客""异彩华章"三个单元，精选太保盧钺、虎耳虎形扁足鼎、兽面纹觥、蚕桑纹尊、人面具、蛙纹铙6件展品，作为独立欣赏的对象，分布于各个展区的显著位置，彰显长江流域青铜文明的独特风采。

2）以器物群组为线。强化"器物群组"概念，分别选取长江流域商周时期与物质文化生活和精神文化生活关联紧密的铜器进行重点展示。物质文化生活主要涵盖农作、战争、宴饮三个方面，即"既田疾兵""设宴飨客"两个单元。精神文化生活主要展示乐舞、祭祀两个方面，即"异彩华章"主单元。在此基础上，将同类别的青铜器，以一定的形式组织连结，共同阐述单元主题，诠释相关文化面貌与风格。

3）以展示单元为面。展板与展品之间相互呼应，避免自说自话，展板设计元素紧扣展示单元主题。

4）以展陈空间为体。展陈设计从展品需求出发，在空间、造型、色调等方面与陈列主题形成一体，整体空间以"长江"为意象，辅助以声光技术手段，在展墙、流线和空间装饰中，呈现出江水蜿蜒之状（图一〇）。

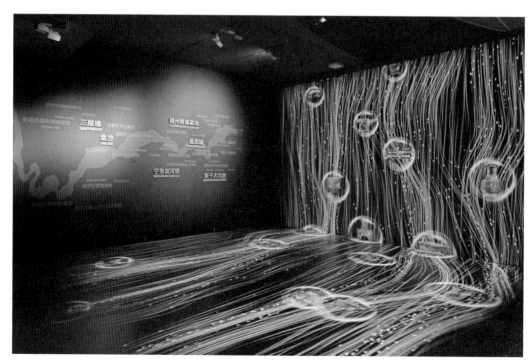

图一〇　长江万里青展览序厅模拟江水投影

（摄影：郭剑　盘龙城遗址博物院）

除此以外，长江万里青展览，以时间为暗线，将展品置身于情境之中。展览三个主单元，"既田疾兵""设宴飨客""异彩华章"，从时间维度，抽象地展现了长江流域商周先民的生活缩影，晨起耕作，忽闻邻国侵扰，战争来袭。战毕，大胜而归，设宴飨客。酒酣饭足之后，带着胜利的喜悦，祭祀乐舞。展览主题颜色，也随之而变化。主展区结合单元主题需求，分别以红棕、蓝绿、青金、橙红、红黑，代表战争、农作、宴饮、祭祀、乐舞，色彩鲜明且契合主题环境，并量身打造耕作、征战、宴飨、对饮、祭祀、乐舞主题场景画，以人物剪影的形式丰富主题场景柜，将展品放置于相关情境之中，丰富展厅视觉体验（图一一）。序厅以"青"及"青金"作为视觉引导色彩，在展览入口设置青色弧形展墙，引导观众提前进入展览情境，并在入口序厅处以模拟流水效果的投影模式，强调长江流域青铜文化分布。

图一一　人物剪影形象

最后，长江万里青展览始终注重激发观众延伸拓展的兴趣。特设"物华天宝"展区，精选8件展览展出最具特色的精品青铜器，集中展现长江流域最为发达、最具特色的青铜文明风貌，强化观众感官认知。弱化"百科全书"式讲解，深挖展品信息价值和关联价值，让青铜器的内涵得以延伸，使得观众对青铜器，对长江文明的固有印象得到丰富与扩充，比起大而全，更追求小而精。不执着于通过一个展览讲清楚，讲明白长江流域青铜文明是什么。始终希望，以此展览为契机，让观众直观感受到长江流域青铜文明最独有的魅力，从而激发观众自我深挖和了解各文化的兴趣。

三、关于考古遗址类博物馆原创性临展策划的思考

考古遗址类博物馆，不同于一般的综合类博物馆或历史类博物馆，面临着藏品数量有限、藏品类型单一、从业人员数量较少等局限。但其与考古遗址关系紧密，特色

鲜明，故而考古遗址类博物馆原创性临展策划需要立足自身发展实际。盘龙城遗址博物院根据自身特点，在策展实践中不断探索，总结反思，对考古遗址类博物馆原创性临展策划做出以下几点思考。

1）根据自身特色，形成专题性展览体系。盘龙城遗址博物院始终结合盘龙城遗址自身特色，围绕大遗址文化、大河文明、世界著名文化遗产三大主题，引进或策划相关临时展览，实现引进来，走出去，以临展为平台，增强馆际交流与学习，扩大盘龙城遗址影响力。2019—2020年先后引进"庞贝：瞬间与永恒""甲骨文的记忆"临时展览，引发观展热潮。本次策划长江万里青展览，既契合大遗址文化，又立足于大河文明。盘龙城作为长江流域早期青铜文明区域中心，对长江青铜文明的形成产生深远影响，其发现与研究，有助于从整体上认识长江文明在中华文明史上的地位和作用。此外，盘龙城遗址所在地武汉，作为国家中心城市、国家历史文化名城、长江文明的重要传承地，肩负着长江中游龙头担当作用，在漫长的历史长河中，充分发挥引领和辐射作用。长江万里青展览充分发掘了盘龙城遗址博物院和长江以及青铜文明的联系，契合自身特色展览体系。每个考古遗址类博物馆都有着自身鲜明特色，在中华文明形成发展过程中肩负着不可替代的作用，具有独一无二的意义。立足于此，紧扣遗址特点与内涵，不断实践探索，形成独具特色的展览体系。

2）做好展览配套活动与媒体宣传。博物馆举办临时展览除了要充分利用好已有展品外，相关配套活动和媒体宣传同样不可或缺。围绕长江万里青展览，盘龙城遗址博物院组织进行媒体集中报道、自媒体平台持续宣传、巡展展板制作及展出、主题社教活动、主题公益讲座等。展览开幕当天，中国文物报、新华社、人民网、长江日报、湖北电视台等32家媒体对该临展进行多渠道专题报道，同时武汉电视台对临展进行首次全流程直播。以直播形式对展览进行解读更是吸引了大批观众到馆观展。展览期间，各媒体更是采用不同方式对该展览进行深入报道，让观众在欣赏精美文物之余，感受到展览背后的立意和文化传承的魅力。除此以外在临展预热、开幕及展览期间，盘龙城遗址博物院通过本院运营自媒体平台包括官方网站、微信公众号、微博、B站和抖音等进行持续宣传推送。其中微博展览开展话题阅读量超200万，微博带话题"#长江万里青#"持续介绍临展展出文物，话题阅读量已累积到近400万，B站和抖音同步更新临展视频，其中"三星堆文物在武汉展出"的相关热搜登上了抖音同城榜，热度达690.9万。为宣传临展、拓展临展观展人群，结合"五进"工作，将"长江万里青——长江流域青铜器精品展"进行梳理整合，制作了同主题展板，以巡展方式将展览送到学校、社区、景区等。依托展览，宣教部策划主题活动"神奇动物在哪里"，由文物讲解、知识小课堂、手工制作三个环节组成，并计划推出有关于青铜器造型的"指尖上的吉金"主题活动。本次展览涵盖长江流域多个青铜文明，虽然有限的展陈空间，不能翔实呈现每个文明的风貌，但是讲座是展览的延伸。围绕临展的主题讲座，邀请业内专家学者，从不同角度解读长江流域文明发展。金沙遗址博物馆副馆长王方、中国社会科学院考古研究所研究员王仁湘、武汉大学历史学院教授张昌平、湖北省社会科学院原副院长刘玉堂先后带来精彩公益讲座，给热爱考古文博的观众们提供了深入了解展览的途径，极受欢迎。

3）优化策展团队，不断提升人才队伍建设。考古遗址类博物馆从业人员，一般相对较少，且策展经验有限。这就要求，通过实践不断优化策展团队，加强人才队伍建设。盘龙城遗址博物院通过常设展览策划和两次临展引入，让策展人员积累办展经验，培养独立办展能力，形成策展团队。并借由长江万里青展览，尝试实践策展人制度，打破部门职能的隔阂，充分发挥主观能动性，激发创造力与活力。另外，加强馆际、学院之间的交流与合作，通过与湖北省博物馆、武汉大学长江文明考古研究院建立长期有效的合作机制，引进专家、学者参与到本院的相关策展工作中，通过与专家、学者的不断交流学习，逐步带动本院人才队伍的培养。

附记："长江万里青——长江流域青铜器精品展"由盘龙城遗址博物院策展团队共同策划，策展人团队按姓氏笔画排列分别是：沈美辰、李琪、程酩茜、廖航。配套活动与宣传策划人分别是：白雪、宋若虹。他们对本文的成稿提供直接帮助，在此一并致谢。

展览性修复在盘龙城遗址博物院基本陈列中的应用

吕宁晨　赵　东

（盘龙城遗址博物院）

观众走进博物馆观看展览，在欣赏文物的艺术之美时，更希望能了解到文物背后的故事。考古遗址博物馆在满足观众需求方面有着自身优势，如通过整个遗迹单位出土文物的集中展示、考古出土场景的复原展示甚至是典型遗迹的现场展示，呈现出丰富的历史信息。考古遗址博物馆必须充分挖掘馆藏资源的优点和特色，向观众传达直观、准确的考古信息，全面深入地阐释遗址的历史文化面貌。

盘龙城遗址博物院在筹划基本陈列时，面临着院藏文物年代集中、类别重复、精品文物稀少的局面。不过，盘龙城遗址开展考古工作起步早，且一直在持续发掘与研究中，有着丰硕深厚的学术成果支撑，特别是近年来考古新发现充实了盘龙城遗址陈列的内容，展览中有近五分之二的展品为21世纪以来发掘出土的文物，如第二展厅城邑持续发展单元集中展出了2014年发掘的杨家湾17号商代贵族墓出土的绿松石镶金饰件、青铜带鋬觚形器、青铜兽面纹牌形器、玉戚等精美文物。青铜器是盘龙城遗址的重要文物类型，很多都发现于充斥"毁器"行为的墓葬中，多数高等级墓葬的青铜器都有不同程度的人为破坏，这是源于当时一种特殊的葬俗"碎器葬"。

博物馆展览修复是以文物展览为目的，使用文博行业通用的材料与技术修补复原残缺破损文物，尽可能保留器物本身的历史信息和艺术价值，给观众以高质量的美的享受的一种修复类型[1]。最大程度展示出文物的考古信息是盘龙城遗址陈列的原则和目标。为此，我院在委托中国社会科学院考古研究所保护修复新出土青铜器时，提出展览性修复的要求，即在保护青铜器的基础上尽可能保留文物的考古信息，以用于展览并兼顾以后的考古研究。

一、文物修复背景

本文涉及的这些藏品主要是盘龙城遗址新近考古发掘出土的青铜器，来自小王家嘴墓地、杨家嘴26号墓和小嘴2号墓。小王家嘴墓地位于盘龙城聚落的外围，是一处有意识规划的墓地，其发现为夏商时期社会习俗的研究增添了重要材料。杨家嘴26号墓和小嘴3号墓都为商代贵族墓葬，存在明显的"碎器"现象，为研究商代早期的墓葬葬俗和盘龙城的社会等级制度提供了重要线索，也为盘龙城遗址的考古工作保存了极为珍贵的文物。

　　这批青铜器发掘出土后大部分没有从土壤中提取出来，器物通常叠压、变形、混杂在一起，出土后保存于无恒温恒湿设备的库房环境中。通过离子色谱、X射线衍射、扫描电镜、X光探伤等诸多科学手段的分析表明，该批器物矿化严重，质地极其脆弱，多微裂隙及小残片，多处挤压变形、破碎，提取及修复的难度很大，存在残缺、断裂、裂隙、变形、表面硬结物、层状堆积、层状剥离、瘤状物、全面腐蚀、通体矿化等多种病害。

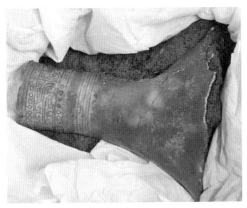

图一　小王家嘴M24：4铜瓿实验室提取前

图二　小王家嘴XWM26：7铜尊实验室提取前

图三　小嘴M3：5铜面具实验室提取前

图四　杨家嘴M26：7铜瓿实验室提取前

　　面对这种情况，策展人想尽办法让它们可以为展览服务。首先，博物院对这批文物进行保护修复立项，针对这批带土文物保留了丰富考古信息的特点，确定的文物修复理念是最大限度保留青铜器中包含的历史信息，特别是保留碎器葬中人为破坏的痕迹，同时兼顾还原器物整体造型，并坚持遵循不改变文物原状、最小干预、最少介入与可再处理性的修复原则。通过科学的保护手段文物从土壤中清理出来后，去除表面硬结物、加固脆弱的基体，必要时添加背衬，以维持其一定的强度并减缓文物的腐蚀速率，加固矿化脆弱的器物，保证物理稳定性，使文物可以在适当的环境中长时间保存。通过重新拣选、拼对文物残片，进行整形、补配、缓蚀以及封护等处理，恢复文物完整的外观，保留历史痕迹信息，达到较为满意的视觉效果，尽量充分展示文物的艺术价值，使之达到可以公开陈列展出的要求，作为盘龙城遗址博物院即将要开放的基本陈列展品出现在公众面前，并为科学研究提供可靠、稳定的实物资料。鉴于文物的出土环境和情境，在展览设计中，策展人并没有要求将破碎、变形的碎片完美拼对，也没有刻意追求非完整器不上展的标准，而是选择在保留考古原始发现的基础上，尽量让观众对文物本身有更多了解，同时结合展板信息和辅助设施，对看似不完美的青铜器，从文化背景方面体会商代盘龙城的社会习俗和时代特质。

中国社会科学院考古研究所在修复这批文物时，前期运用离子色谱、X射线衍射仪、扫描电镜、三维视频显微镜、X光探伤等不同的检测手段对青铜器基体、腐蚀产物、微观形貌进行了分析和观察，以达到对盘龙城遗址出土青铜器的保存现状、腐蚀病害形成情况具体全面的了解，为下一步保护修复方案编制和工作实施提供了技术支持。专家们对文物保存现状进行详尽的调查与评估，完成清土提取等工作后，针对文物不同的情况，提出了多种不同的保护修复方法。

二、文物修复经过

策展人希望能够生动展示"碎器葬"，因此对修复技术和材料提出了新要求。专家们按照青铜器文物保护修复的相关程序进行，参考国家文物局颁布的《馆藏青铜器病害与图示》《中华人民共和国馆藏金属文物档案编写规范》等标准，在修复工作开始之前，绘制病害图、制作保护修复档案并对病害加以分类表述；填写《文物保护修复信息记录表》，特别是对文物现状、残损状况、腐蚀程度进行准确清晰地描述，做好影像记录。对每一件文物量身制定可行的保护修复处理步骤，最终形成由保护修复技术路线、流程图、保护修复技术步骤三部分组成的青铜器保护修复技术路线。

1. 清土提取

大部分文物是带土整体从考古现场提取出来的，需要按照实验室考古的步骤，把文物从土壤中清理出来。清土工具主要采用软质的竹木小刀，硬结的填土视情况采用医用乙醇、无水乙醇或纯净水润湿软化。清理时从表面填土开始，逐层向器内清理，根据叠压的关系逐个取出。对有一定程度矿化的器物，失去了内部填土的支撑，结构脆弱，边清理边加固，涂刷4%的丙烯酸树脂（B-72）溶液。针对完全矿化毫无金属性的情况，为保全器形，需要涂刷聚醋酸乙烯酯乳液或B-72溶液后贴玻璃纤维布或脱脂纱布加背衬，提升器物自身强度，保证器物或碎片的完整性。多件器物叠加的情况，将器物逐件分离后再清理器物表面，尤其是花纹凹槽处的泥土。锈蚀严重覆盖纹饰的部分，使用5%的EDTA溶液浸润脱脂棉湿敷，去除表面锈蚀，对清除出的土进行二次拣选，挑出碎片，以便拼对与还原器形，或作为以后分析检测的可靠实物样品。

2. 缓蚀、封护、加固

铜质保存较好的器物，清理残片上的表面硬结物之后进行缓蚀、封护处理。缓蚀采用苯丙三氮唑（BTA）乙醇溶液浸泡或涂刷，缓蚀效果以最后一遍自然干燥后，不出现白色针状物为好。封护采用B-72丙酮溶液涂刷。对铜质保存较差的器物，清理的同时对其脆弱的部位用B-72进行加固。对矿化严重的器物，清理过程中对脆弱部位随时进行加固，并用宣纸、纱布、石膏等临时固定器物外形，保护碎小残片不丢失。加固采用B-72或丙烯酸（AC-33）水溶液。

3. 多种修整方式

针对不同情况，专家们提出了六种不同保护修复方法，具体操作如下：

传统恢复原状法。对该批文物中，残片能拼对成型，并且没有人为损坏痕迹的铜器采用此法。技术路线：初步采集影像资料→X光探伤→拍照、文字记录、建档→采集样品、分析检测→病害图绘制→表面清理→加固→粘接→补配→做色→缓蚀→封护。

内胎支撑法。铜质保存较好，有人为砸痕的，为保留葬制信息，使用此法。主要是将器物残片拼对、捆绑、固定在内胎上，展示器物埋藏状态的形貌，同时又可以保证随时拆卸进行研究。技术路线：初步采集影像资料→X光探伤→拍照、文字记录、建档→采集样品、分析检测→病害图绘制→表面清理→塑形、做模→补配→打磨、内部支撑→缓蚀→封护。

支架法。对变形严重，残缺较多的器物，为了展示埋葬中形状，采用此法修复，这样既避免干预变形的部位与臆造残缺的部分，同时又可以展示器物的整体形态。技术路线：初步采集影像资料→X光探伤→拍照、文字记录、建档→采集样品、分析检测→病害图绘制→表面清理→粘接→补配→支撑加固→做色→缓蚀→封护。

塑形支撑法。对于矿化严重、质地及其糟朽、缺损严重、变形无法恢复的器物采用此法。主要是填补辅助材料支撑，以展示器物埋藏状态的形貌，保留其破碎、残损及严重变形的状态。技术路线：初步采集影像资料→X光探伤→拍照、文字记录、建档→采集样品、分析检测→病害图绘制→表面清理→加固→塑形→粘接→补配→内部支撑→做色→缓蚀→封护。

部分复原型。对整体矿化、难以拼对整形，并且残缺部分形状不确定的器物，只做部分拼对粘接，不补全。技术路线：初步采集影像资料→X光探伤→拍照、文字记录、建档→采集样品、分析检测→病害图绘制→表面清理→加固→粘接→补配→做色→缓蚀→封护。

其他。这批铜器中，像兵器类器形较完整的，或仅有极少的残片无法拼对复原，都只进行了清土、加固等基本保护措施。技术路线：初步采集影像资料→X光探伤→拍照、文字记录、建档→采集样品、分析检测→病害图绘制→表面清理→加固→缓蚀→封护。

图五　传统恢复原状法修复铜鼎前后对比照片

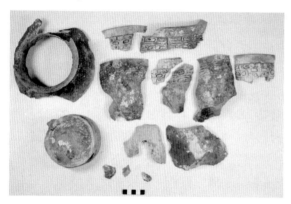

图六　内胎支撑法修复铜尊前后对比照片

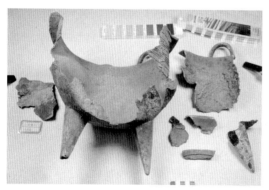

图七　塑形支撑法修复铜鼎前后对比照片

图八　外支撑捆绑法修复铜面具前后对比照片

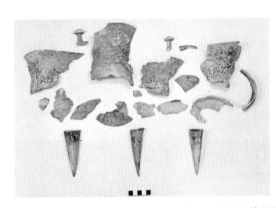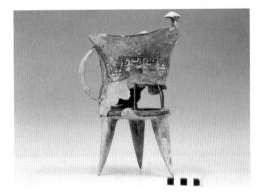

图九　支架法修复铜斝前后对比照片

修复过程中，修复专家对传统工艺进行改造创新，发明的内支撑捆绑法和外支撑捆绑法的文物修复方法，根据修复效果随时对修复技术进行变更优化，取得了显著成效。如修复杨家嘴 M26：5铜尊时，在进行翻石膏模过程中，原计划是做成透明内胎模型，后因考虑到观展美观问题，改用同材质半透明AB树脂材料做内胎，而且这种树脂流动性好，可达到更好的工艺效果；对树脂铜尊内胎做细致的修整、组装时，为使每一块残片在各自的相应位置贴服，采用透明尼龙线（鱼线）固定。这样在树脂内胎模型相应位置上钻孔，将残片分别拴牢，再与圈足扣合在一起形成完整的并最大化的保留埋藏时的原有历史信息的铜尊。如其他学科需要研究，可随时拆卸每块残片。

三、文物展示效果

"碎器"是一种将物品进行人为破坏或打碎后埋入祭祀坑或墓葬的行为。碎器葬俗在新石器时期已经出现，一直延续至历史时期。商代是碎器葬较为兴盛的阶段，中原地区郑州商城、偃师商城、殷墟墓葬中有不少此类发现，但打碎的器物以陶器居多。长江中游的盘龙城遗址作为南方地区商文化影响的重地，几乎一半的墓葬都存在碎器现象，且除陶器外，打碎的青铜器也非常多，甚至有的墓葬中对所有的青铜器均进行了碎器处理[2]。

　　盘龙城遗址陈列第二展厅城邑生活单元中，向观众展示了高级贵族、一般贵族、普通平民的墓葬模型和随葬品组合。此次修复涉及的小王家嘴24号墓是一座一般贵族墓葬，随葬品由陶缸、陶纺轮、铜刀、铜斝、铜觚、铜爵、铜鼎、玉钺组成。两件颇具碎器意味的铜鼎经修复后展示在文物柜中，通过对比两边高级贵族、普通平民的随

图一〇　小王家嘴24号墓（中）

图一一　小王家嘴24号墓铜器组合

葬品组合，可以直观地看出商代盘龙城社会等级的区别，同时将残损铜器暴露于观众视野中，增加了展览的趣味性和神秘感，促使观众在观展中探索这些扭曲展品的成因，心中疑问可以在接下来的探索中得到答案。

盘龙城遗址城邑生活中必不可少的葬俗展示，是把考古发现和科研成果搬进博物馆的重要部分。配合碎器葬展板的讲解和展柜旁3D打印的墓葬模型，杨家嘴26号墓的7件铜器通过残破的外表向观众诉说着它们的故事。每一处下葬时随葬品的打击部位和裂痕都是按照当时发掘出土的样子展示，借助修复技术，凹陷的鼎腹、破裂的尊腹、残缺的斝腹都被加固、整合。下葬时的器物原本完整，由于人为破坏形成了无数碎片，但在展示中并没有选择复制品或是完整修复来重建青铜器本身，而是希望透过伤痕累累的碎片拼出商代盘龙城丧葬习俗和精神世界的肌理和脉络。

图一二　碎器葬展示柜

小嘴3号墓出土的一件青铜面具也是这次展览性修复的代表。这件青铜面具出土时呈破碎状态，铜片细碎，根本无法提取。修复时，提取难题在修复师手中迎刃而解，将铜片清理、拼对、加固后，一张引发遐想的面具重生。铜面具被放在展现盘龙城军事主题的展柜中，策展人通过面具的形制推测用途，结合其他武器绘制了一名商代盘龙城士兵的卡通形象，传递给观众一种解读途径。展览性修复配合恰到好处的联想，不仅为严肃的话题增添一丝趣味，也成为展览中的小惊喜。

图一三　碎器葬文物铜斝特写

图一四　碎器葬文物铜爵特写

四、结　语

　　这批修复后的文物不仅使文物原状、艺术美感与研究成果三者兼而有之，还极大丰富了盘龙城遗址博物院展厅基本陈列的内涵，形成了自身特色，增强了文物的可视化、可读性和观赏性，更容易引导观众读懂文物背后的历史信息，从而更好地服务公众。

　　遗址博物馆是考古与公众服务紧密结合的纽带，恰当的展示表达是观众可以迅速获取遗址信息最重要的环节。贴合文物背景又兼顾艺术价值的展览性修复理念不仅在修复领域有着重要意义，更是凸显展览亮点、彰显文化内涵、提升展览服务的重要维度。对于策展方，当然期望自己的展览在观众眼中成为独一无二、富有能量和特色的文化大餐；对于观众，可以在有这样理念的展览中获取文化和新鲜感，不虚此行。盘龙城遗址博物院展览性修复是一次传统修复与现代科技的碰撞，也是一场古代文物与当代社会的对话，除去常规使用的展览语言外，展览性修复或许也当成为一把打开文化大门的钥匙。

注　释

［1］　赤银忠、韩凯英：《馆藏文物保护修复的标准与规范——我国文物行业统一的文物保护修复模式》，《第十二届全国文物修复技术研讨会论文集》，中国文物学会，2014年。

［2］　李雪婷：《盘龙城遗址碎器葬俗研究》，《江汉考古》2017年第3期。

谈多感官参与和博物馆游览体验的优化升级

沈美辰

（盘龙城遗址博物院）

随着社会经济文化发展，博物馆事业在兼顾保管、陈列和学术研究的同时，越发重视展陈内容对公众传播达到的成效以及公众在馆内的综合体验，博物馆正努力拉近与普罗大众的距离，成为更亲民、更活泼、服务性更强的机构。讲好展品故事，达到观有所获、看有所得的最佳效果，让观众在博物馆中获得良好的参观游览体验，这对博物馆展陈设计质量和硬件建设等方面提出了更高的要求，同时也是博物馆发展和进步的必由之路，更契合了博物馆服务公众、将科学文化知识转化为易于接受而又广受喜爱的精神营养的目标。

在各种主客观需求的敦促下，博物馆展览正朝着内容更丰富、表现形式更多样的方向发展，而博物馆主体也成为搭载更多美好体验的重要平台，这种体验不局限于视觉，也包括听觉、触觉、嗅觉、味觉等，诸多感官综合形成了我们对展览乃至整个博物馆的印象、感受、联想和记忆，多感官参观逐渐打破国内一贯以视觉为中心的主流参观模式，带来全新的体验。

一、博物馆多感官体验的由来

"多感官"对博物馆来说并不是一个新鲜的词汇。西方博物馆在建立之初，保留了一些过去私人收藏的特质，像主人乔迁宴客，向到访贵客展示新居一般，参观者可以对馆内部分藏品进行把玩，触摸感受其质地、重量，敲击以闻其声响，更有特殊藏品可供品尝气味的……[1]这也使人联想起自宋代以来逐渐勃兴的金石学，当时的文人墨客有不少收藏了带铭文的青铜器，一方面作为研究金文、篆刻的重要材料，另一方面也是会友交流的特殊物质媒介，对青铜器的展示还颇带了一些彰显学识、家底的意味，同仁间品读玩赏青铜器的画面不难想象，对其质地、重量的把握也就离不开触摸带来的直观感受。然而，今时不同往日，宋代以来属私藏的库房与当下的博物馆俨然没有什么可比性了，西方博物馆也从最初在17、18世纪那种可以上手体验的参观发展到19、20世纪严格的"禁止触摸"形式，博物馆参观成为一种高雅的、富于自我约束的活动，在展厅中我们需要保持安静，与展品保有"安全"距离，那种直接的、故意的接触，会被认为是不够文明的、甚至粗俗的行为。直到近几十年，单一的眼观路径才有所改变，最开始受到西方学者的关注与探讨，触摸等手段也被有限地用于盲人等特殊群体的参观。本为心理学概念的"感觉"在人类学、历史学、社会学、地理学等多学科中的研究也推动了这一概念向博物馆领域的扩张，即有了所谓的"感官博物馆学"（sensory museology）[2]，近年国内学者也逐渐重视起这一问题，同时在博物馆的策展实践中运用起来，大有兴盛之势，这无疑是博物馆发展的新气象。多感官一改往日展品与图文搭配的单调形式，开辟了博物馆实践的新路径，但此种形式毕竟还是一个有待进一步研究和开发的新领域，其实施面临诸多困难和挑战。如何恰如其分地将多感官融入到博物馆展览建设的实践，对博物馆建设和展陈设计提出了诸多苛刻的要求，后文将做进一步的探讨。

在感官博物馆学之外，"多感官"参与还离不开另一个与其息息相关的概念——沉浸式体验（immersive experience）。"沉浸式体验"来源于著名心理学家米哈里·契克森米哈（Mihaly Csikszentmihalyi）的心流理论（flow）[3]，心流是一种全身心投入、注意力高度集中、沉浸于活动中并能够获得成就感和愉悦感的最佳状态。在心流状态下，我们能够高效完成目标，而要达到心流体验，则需要满足个体面临的挑战与其自身能力相匹配、相平衡的条件[4]。于观众而言，如果他们在观展过程中体验到心流，达到沉浸效果，那么逛博物馆的意义无疑得到了最大化的实现。本文讨论的主题"多感官"参与，则在心流体验的获取中发挥着巨大的作用，是让参观者沉浸展览的重要铺路石。

展览的基本目的在于让观众获取策展人想要传达的信息，理解展览的主旨和内容，观有所得、所思、所感，最理想的状态是能与策展人达到共鸣。然而博物馆展览的主题五花八门，观众的知识背景也迥乎不同，因此，能否在观众与信息间架起畅通无阻的沟通桥梁，就成为衡量展览成功与否的关键。理想的"多感官"在博物馆展览和体验设计中，能做到充分调动观众的视、听、触、嗅、味觉等感官体验，使观众对展览需要传达的信息，获取更丰富的体验，尤其是在展览内容对观众来说完全陌生的情况下。单纯而枯燥的文字介绍与图片配合展品，在调动观众的兴趣与积极性上存在相当的局限，而适当的音效、与展览情境相关的触摸聆听等，则更容易吸引观者注意力，将其带入沉浸式氛围。

当代博物馆在展览本身运用多感官的同时，也会在馆内综合体验的多感官上有所推进，诸如提供观众沟通交流和休憩调整的娱乐空间及特别项目，馆内咖啡厅、活动室、互动体验区等，推出的与展览和博物馆整体配套的文创产品也在吸纳多感官的设计元素……多感官在博物馆的发展过程中经历了借鉴、中断到复兴的过程，未来博物馆的发展势必离不开"多感官"以达到沉浸式效果，升级优化参观游览体验。

二、多感官在博物馆中的实践

我们对多感官产生的客观条件和理论支撑都有了一定的了解，目前博物馆中的多感官实践也在如火如荼地进行，不妨从一些具体的例子上看一看现下多感官实践产生的具体效果。

博物馆类型多样，展陈主题和展品种类各异，体验形式和效果迥异，多感官运用与否和使用程度在馆际存在差别，博物馆实例可以直观体现这一状况。科技馆擅长将复杂的科学原理和技术知识转换为可视可听的直观效果：在香港科学馆，力学、声学、生命科学、光电等知识，都有生动而富吸引力的展示方式，在"漂移的瀑布"、巨型悬挂飞机（图一）、模拟心脏收缩舒张压力的乒乓球、"镜子的世界"等展示场景前，不少青少年学生驻足流连，对演示的特殊科学现象表现出浓厚的兴趣，视听结合，动静协同，很容易抓住观众的注意力。服装和时尚类博物馆则注重观众的参与式体验，触摸、佩戴、穿着等现场活动带来的感受十分深刻：在伦敦的时尚和纺织品博物馆（Fashion and Textile Museum）、巴斯的时装博物馆（Fashion Museum Bath）（图二）等，观众一方面可以通过精致的服装配饰等展品，体验时尚元素发展演变的过程，另一方面经由馆方开设的社教类课程和实践活动，或试穿服装或动手参与服装设计与制作，寓教于乐[5]。在这些参与式体验过程中，博物馆不再单纯通过看物览字手段，让观众被动接受知识教化，而是通过充分调动感官体验，刺激观众主动活化对

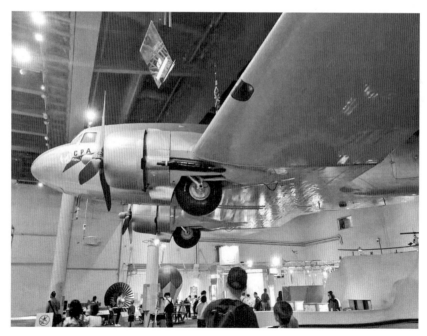

图一　香港科学馆展示空间巨型悬挂飞机

（笔者2018年拍摄）

图二　巴斯时装博物馆服装体验活动
（图源自该博物馆官网①）

展品的印象，使得这种印象同实践一起在思维中形成更立体而丰富的反映，对展陈主题形成更深刻的认知。

目前内地很多博物馆也开设了与展览主题契合的社教活动，以馆藏文物的背景知识及相关学科研究成果为支撑，带动部分观众深度体验博物馆。依托大遗址建设的盘龙城国家考古遗址公园，其公园建设与考古活动密不可分，因此在普及考古学专业知识上有自身的使命，让公众对考古学本身有一个科学的认识也是其展览活动的重要内容。馆内宣教团队策划有"小小考古学家"活动，馆方建设了小型考古模拟探方，可供参与活动的小朋友们亲身体验考古发掘过程，在土层中事先掩埋有仿真的小型器物，参与者通过层层发掘的实践，感性认知考古发掘的操作过程，同时触摸"文物"，这种活动形式提供了一个沉浸式的体验过程，充分调动了视觉、触觉参与，给实践群体留下较深刻的印象，效果较好。

类似调动多感官参与的例子，还在一些专题展中有所体现。安徽博物院文房四宝展的歙砚部分和广东省博物馆的端砚展，都辟开独立的角落，放置石砚供观众"上手"触摸体验，安徽博物院的巨型砚石，温润细腻，滑如凝脂，触手难忘（图三）；粤博选择了不同产地、类型的砚石，供观众触摸敲打对比，经由不同的手感、音色，砚石的品质优劣立见分晓。盘龙城遗址博物院是依托盘龙城遗址建成的遗址类博物馆，历年的考古发现出土了大量的陶器、印纹硬陶等，在引导观众辨识器物的不同质

---

① 　https://www.fashionmuseum.co.uk/dressingup

地上，馆方保留了泥质陶、夹砂陶、印纹硬陶、原始瓷碎片，供观众触摸体验，与前述砚石的辅助展示方式如出一辙，效果也很明显（图四）。触觉的充分调动，一方面深化观众对展品的认识，另一方面也能带来超脱视觉之外的生动美感体验，此外，根据西方早期研究，触摸更能带来"疗愈"感，与文物、珍宝的亲密接触可以提升幸福感。粤博前几年开办的临展"牵星过洋——万历时代的海贸传奇"，在交易货品讲述相关单元，将香料装进香炉供观众闻嗅（图五），笔者至今对郁金香味印象深刻，对展览保有了特殊的记忆。目前已有的对博物馆嗅觉场域的相关研究也表明气味因素常常给人以新奇的感受，有时还能唤起对过去的记忆、引起情感反应[6]。20世纪70年代出土于随州曾侯乙墓的编钟，是当之无愧的惊世大发现，整套编钟体量巨大，工艺精湛，不仅视觉震撼，编钟本身的演奏功能也完整地保存了下来，如今湖北省博物馆和随州市博物馆（图六），都组建了专门的编钟演奏团队，采用复刻的编钟，向观众演

图三　安徽博物院歙砚触摸体验区

（笔者2021年拍摄）

图四　盘龙城遗址博物院陶片触摸体验

（笔者2020年拍摄）

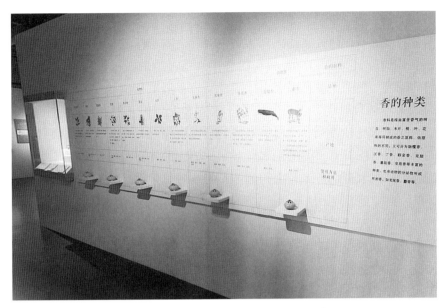

图五　广东省博物馆"牵星过洋"展览闻香体验区
（数字展览截图①）

图六　随州市博物馆编钟表演
（笔者2021年拍摄）

绎数千年前的悦耳绝响，使人闻之如痴如醉。这种生动的展现手法赋予了曾经深埋地
下两千余年的瑰宝以新的生命，观众在为视觉体验上的宏伟气势所折服的同时，也徜
徉在编钟音乐营造的沉浸式魅力之中，感受古朴厚重的音质传递出的一种特殊力量。

①　http://www.4dage.com/SuperPanoramic/index.html?m=16

　　多感官实践在调动视听与触感上收获颇丰，而涉及嗅觉与味觉的实例相对较少，国内外学者对多感官的研究也注意到了这一问题。嗅、味觉较听和触摸面临更大的实施难度，具体而言，画面、声音和实物替代品都是策展方可以相对轻易制作和提供的，考究的陈设、独特而富有吸引力的展品、合乎展览情境的配乐都是一些性质稳定的因素，效果具体且直观，保有时间长。嗅觉和味觉则不然，气味是一种挥发性物质，对于空间要求比较苛刻，它所能影响的范围也相对有限，更易受到微环境及人的影响，同时人造气味具有很强的主观性，展厅提供的气味与原生场景、想要表现的情境、参观者的印象都可能产生较大的偏差，影响展览效果，尤其是当气味变成展览的核心时，单一的嗅觉表现手法会加剧这种问题，使得矛盾更为突出。

　　在味觉方面，味道载体的安全性是首要考虑的基础问题。展览设计中，为使观众了解某类展品、加深对其印象或是唤醒特殊的味道记忆，策展人提供专门的味觉载体给观众品尝，博物馆接待观众较多，如此，就不得不考虑到载体的数量、保质期、保存方式等问题，供人试验味道的主体是否安全、能否满足每一位到访者的体验心理，无疑对博物馆提出了巨大的挑战。在实际操作中，这种味觉为主导的博物馆往往与商业活动相关，进而发展成一类非传统意义上的特殊博物馆，拥有限定的主角。诸如青岛啤酒博物馆，以啤酒为主题，在介绍啤酒生产流程、产业发展历史、品牌影响力形成等文化知识的同时，依托当地强大的啤酒生产能力，向公众提供啤酒品尝业务，正因为啤酒主题的特殊性，才需要味觉在展览效果的实现上有充分的参与。蒙牛乳业在和林格尔总部的生产线展览与此类似，游客在了解了乳制品的生产流程和企业的发展过程后，可以现场购买一般市场难以见到的特别产品或即将上市的新品（图七）。近年还出现了臭豆腐博物馆、辣条博物馆等一批集游览、拍照、品尝、购买于一体的商业性博物馆，有别于传统意义上的公益性质，嗅觉和味觉对这类博物馆来说是不可或缺的关键感官途径。

　　回到传统的历史型、知识型博物馆，针对嗅觉与味觉的难以呈现，这类博物馆尝试在文创产品等衍生领域探索有益的多感官呈现方式[7]。眼下，各博物馆的文创雪糕、饼干等在市场上有异军突起之势，将馆内的代表性文物制模运用到食物外观上形成食品，观众在观展之后还能品尝博物馆带来的特殊味道，这种形式也起到了很好的宣传效果。展品联名的生活用品包括香薰、各类化妆品等，虽然不带有展品本身的气味，同样也能影响观众在每次使用时联想观展记忆，产品带有的文物元素频繁的出现，也能加深观众印象，另外，还有一批因为首先接触文创产品，产生兴趣随后慕名而来观展的潜在游客，恰是衍生产品可能带来的又一积极反馈。

图七　蒙牛企业展览造景
（笔者2015年拍摄）

三、在挑战中发展的多感官

多感官在现阶段博物馆实践中取得了一定进展，我们看到了不少综合运用视、听、触等途径，将展陈内容生动呈现给观众的实例。然而，在具体的实施过程中，多感官依然面临着不少困境。

国内博物馆运用多感官的尝试方兴未艾，尚没有成熟的模式或体系，而针对不同的展览主题和藏品，多感官的介入也需要视具体情况而定。近年关于多感官的研讨是建立在西方已有博物馆学理论的基础之上，我们较多着眼于国外的博物馆展陈设计，试图从他者的实践中学习经验，从这一方面来说，多感官对国内传统博物馆无疑是新鲜事物。当下，多感官在展陈和博物馆设计中的使用并不十分普遍，这是诸多因素影响的结果。首先，博物馆类型众多，展陈主题五花八门，在以看为基础的游览模式下，能否在展览中运用多感官是基础性问题，不同的展示内容对感官类别的选择不尽相同，而有的展品性质基本杜绝了其他感官的参与。历史类博物馆在这方面表现得尤为突出，其展品多是珍贵文物，触摸原件会造成不可逆的损坏，而制作复制品又有严格的限制，其使用多被圈定在眼观的展示范围内，文物复制本身也是具有一定敏感性的话题，如此，触觉难以介入历史文物的展示。即使规章制度允许，则还存在仿制技术、制作成本等诸多需要考虑的难题，寸步难行。历史类博物馆的展陈设计一贯以展品为中心、以看为主，意图通过多感官活化参观体验，一改枯燥深奥叙事传统的想法往往囿于困难重重的现实。

在因展施感，选择合适感官上，策展人的精心筹划同样至关重要，这对策划团队的专业能力提出了较高的要求。在展览策划或博物馆建设之初，策划团队应该给予多感官足够的重视，而不应将其仅仅作为结构补充或次级考虑，换言之，多感官不单是观展的途径，本身也是展览的重要内容，如果能被完美融合在主题之中，就能很自然地充分调动起观众的积极性。展览中新感官的融入依赖较多的实践和经验积累，在时间打磨下培养敏锐的专业策展团队和策展人，也是推动多感官发展的重要条件。在确定了较合适的感官类型后，还可能面临实施技术上的硬伤，如前文提及的嗅觉的还原和保存、味觉的载体安全问题等。概括说来，多感官的运用存在类型选择、具体策划、实施技术等多方面的难题，对于不同的展览类型，其实施需要考量的问题都具有特殊性和差异性。

多感官兴起是博物馆职能偏重点变化的一个缩影。过去，展陈、收藏和研究旗鼓相当，都是博物馆重要职能，不可偏废，而当下的博物馆建设在兼顾收藏、研究的同时，更突出了展陈的重要性，不同于库房和研究所，博物馆的对外功能、对公众的传播作用，是其区别于其他机构的关键特征。做好收藏是博物馆建设的基本要求和基础，加深研究、提高学术水平则是建设更优质博物馆、办好展览的前提，而博物馆最根本的作用在于将藏品、将研究成果转化为高质量的展览，把文化艺术、科学知识、自然百态等丰富多样的内容呈现给观众，给予不同身份、不同年龄、不同经验的人以精神涵养，这种精神涵养包括但不限于知识、观念、态度、情感等。以往的博物馆主体在展陈设计中，往往以展品为中心，采用说教式、铺陈型叙述，对信息进行罗列，鲜少考虑观众的知识背景和接受度；当下的博物馆展陈则显现出一种逐渐将观众作为中心的趋势，所谓的"以人为中心"而非"以物为中心"。

"以人为中心"强调了观众反馈对于博物馆的重要性。一般而言，博物馆的性质要求其作为宣传与文化教育机构，向外发声是基本，但随着物质文化的发展、公众精神需求的增长，其发展有了新的外驱推力：重视观众的体验和感受，关注公众对展览的反馈，以此来改进自身的建设，成为新型博物馆发展的重要参考。在观展和博物馆游览的过程中，在既定的策划主题之下，公众的感官体验被充分调动，沉浸展览，收获知识的同时获得愉悦，这种结果无疑是策展人与观众期待的双赢局面。

四、结　语

"走进博物馆，大家脑袋里都在想什么？"台北故宫博物院发布在"趣看博物馆"微信视频号上的短片不单是自身的宣传片，更体现了当代博物馆的新气象。不同身份、年龄层的人走进博物馆的目的和体验侧重点不同，牙牙学语的小孩、朝气蓬勃的学生、不拘一格的自由职业者、事业有成的中青年、迟暮之年的老人……大家都能在博物馆里找到自己的乐趣，博物馆中的文物、新技术、互动体验带给他们不同的体悟，文物与观众之间存在一种静默的对话，这种对话源自观众的主动联想或是对过去的回忆，而馆内的说教式宣传和讲述则被淡化。

博物馆发展至今，已不再是因循不变的藏宝阁、展示柜，传统单一的视觉展览远不能满足观众多样化的需求，充分调动感官，引起联想与想象、情感反应，造就沉浸式体验，是探索博物馆参观优化升级的有益尝试。在科技日新月异的时代背景下，博物馆融合了更多新元素，多媒体、数字化等硬件设施为展陈添绘了更生动的色彩，而多学科理论的交流碰撞，感官体验、具身认知[8]等在博物馆学研究中的活跃，引发了我们对于参观体验优化升级的深层次思考。博物馆被赋予的宣传教育职能没有改变，但宣教的方式早已摆脱枯燥说教、平铺直叙的老样貌，同时强调了"社会化和文明开化"[9]功能，走进博物馆，是走进一个多元化的感官场域，展览带给观众知识的同时也能引发更深刻的情感认知[10]，博物馆陈列以藏品为基础，更应兼顾参观体验的最优化，让展品活起来，架起与观众沟通的桥梁，"以人为中心"，突出参观带来的美好体验，也让更多人热衷游览博物馆。

注　释

［1］　David Howes, Introduction to Sensory Museology. The Senses & Society, 2014, 9(3), p259-267.

［2］　王思怡：《博物馆作为感官场域——从多感官博物馆中的嗅觉说起》，《中国博物馆》2016年第4期。

［3］　张娟：《沉浸式体验在博物馆展示系统中的应用》，《建筑与文化》2019年第10期。

［4］　Mihaly Csikszentmihalyi, Flow: The Psychology of Optimal Experience. New York: Harper Collins, 1990.

［5］　Nina Levent, Alvaro Pascual-Leone, The Multisensory Museum. Lanham: Rowman & Littlefield, 2014.

［6］　王思怡：《多感官体验在博物馆展览营造中的理论与运用——以浙江台州博物馆"海滨之民"展项为例》，《东南文化》2017年第4期。

［7］　张祖耀、叶镠勤：《基于多感官体验的博物馆文创产品设计研究》，《包装工程》2019年9月。

［8］　王思怡：《何以"具身"——论博物馆中的身体与感官》，《东南文化》2018年第5期。

［9］　丽贝卡·麦金尼斯、王思怡：《启迪之岛：博物馆体验的当下与未来》，《中国博物馆》2016年第2期。

［10］　陈阳：《略论多重感官体验设计在展览中的重要性》，《中国文物报》2018年9月26日第6版。